お詫びと訂正

「事例でわかる　基礎からはじめる旧民法相続に関する法律と実務」

　本書に，下記の誤りがございました。深くお詫び申し上げますとともに訂正させていただきます。

日本加除出版株式会社

記

・　19頁―下から3行目
　　（誤）　直系卑属若しくは直系卑属が数人の場合は
　　→　（正）　直系卑属が数人の場合は

・　108頁―上から10行目
　　（誤）　子が女子だけで家で　→　（正）　子が女子だけの家で

・　148頁―下から14行目
　　（誤）　オ　～，その戸主には，婿養子を除いて，法定推定家督相続人である男子がいないこと（旧民法839条）
　　→　（正）　オ　～，その戸主には，婿養子として養子とする場合を除いて，法定推定家督相続人である男子がいないこと（旧民法839条）

・　215頁―上から15行目
　　（誤）　縁組前に出生していた…継親子関係成立前に出生していた
　　→　（正）　縁組後に出生した…継親子関係成立後に出生した

・　259頁―上から5-6行目
　　（誤）　養子縁組前に出生していた…継親子関係成立前に出生していた
　　→　（正）　養子縁組後に出生した…継親子関係成立後に出生した

・　272頁―相続事例61の図
　　E男とD男を結ぶ線を二重線にしてください。

・　282頁――下から10行目
　　（誤）　E女，M女が，各々　→　（正）E女，N女が，各々

・　322頁――下から2行目
　　（誤）　C男，K女との親子関係　→　（正）C男，N男との親子関係

以上

事例でわかる

基礎からはじめる
旧民法相続に
関する法律と実務

民法・戸籍の変遷、家督相続・遺産相続
戸主、婿・養子、継子・嫡母庶子、入夫
相続人の特定、所有者不明土地

司法書士 **末光 祐一** 著

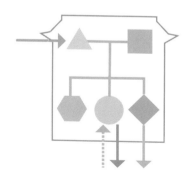

日本加除出版株式会社

推薦のことば

　均分相続制は，なにを私たちにもたらしたか。

　所有者不明土地問題の困難を増したばかりである，などと述べることは，もちろん誤りである。良いものも，当然のことながらもたらした。それから，所有者不明土地問題の原因が均分相続制である，と述べることも，いささか偏っている。均分相続制でなかった時代にも，所有者がわからない土地はあった。さらにはまた，現代社会において深刻な問題は，かならずしも所有者不明土地問題に限られない，ということも，確かである。

　これらの慎重な留保を添えたうえで，しかし，このようなことは指摘されてもよいものではないか。すなわち，都市の縮小や高齢化を迎える現代において，必ずしも価値を生むばかりとは限らない土地という財貨を使いこなすことが，私たちの人生の知恵として求められる。そして，その土地を親の代から受け継ぐにあたり，戦後に導入された均分相続制が，所有者不明問題と一つの関わりをもつ。

　均分相続制の前は，どうであったか。

　代替わりに際し，親の財産は，ふつう一人の者が受け継ぐ。多くの場合において，その一人の者は，家督というものを委ねられた責任を意識する。受け継いだ土地などの財産をきちんと管理しようとするであろう。

　この家督相続制に代わる均分相続制が導入され，どのようになったか。複数の者らが土地を受け継ぎ，それらの人々にさらに代替わりが生ずるならば，また複数の関係者が生まれる。こうして数次にわたり相続が生ずると，一筆の土地は，じつに多くの，しかも，しばしば疎遠である人たちの共有に属する。管理は等閑にされ，きちんと登記がされることもない。

　ここで気づかれなければならないこととして，均分相続制こそ，しっかりした法律家の支援を要請する。代替わりに際し，遺産分割とそれに基づく登記の手続を支援し，調整をする専門家が要る。

　この本は，それらの専門家のために書かれた。あるいは，専門家の必要を人々に理解してもらうために書かれた。また，ひょっとすると，専門家

の手を借りず自ら問題を処する（もちろん，それでもよい）気概を抱く人たち
の役にも立つであろう。これらのどれであってもよい。こうした仕方で読
者の皆さんには，この本を用いていただきたい。

　念押しをするまでもないことであるが，ここで述べていることは，なに
も均分相続制を止めにして家督相続制に戻ろう，という提案ではない。た
しかに，財産を受け継ぐ者が一人にとどまることは，簡明である。しかし，
その一人は，どのようにして定まったか。今日の遺産分割のように，皆が
相談をして定めるものではない。法の規定が，つまり権力が上から決める。
その決まる内容も，問題である。子が複数あるとき，男が女に勝る。先に
生まれた男が後に生まれた男に勝る。ただし，正室を母とする男は，先に
生まれた家の外の男に勝る。なお，正室を母とする女と，家の外の男がい
るときは，前者が勝る。これらの重苦しく，かつ複雑な決まりを介して，
ようやく家督相続人は定まる。最後のルールで明らかであるように，根幹
をなしているものは家であり，それは，この国の戦前の支配の仕組みであ
る典憲体制の一角を構成した。明治から昭和22年まで，その重圧のもとで
苦しんだ人々を解放したものが，戦後改革であり，その一角をなす均分相
続制にほかならない。均分相続制は，人と人との間に優劣を設けない，と
することにより，個人の尊厳を制度として貫こうとする。これを賢く用い
ていくことが，私たちに求められるであろう。この本は，そのガイドであ
る。

　相続の仕組みを精確に理解して運用するのには，よく歴史を知らなけれ
ばならない。そこで歴史は単なる過去の出来事ではなく，現在の法律関係
を正当ならしめる根拠となる。この本の著者は，法制史学会の会員であっ
て，法制史家である。同時に司法書士という実務家でもあるが，一人が二
つの顔をもっているというよりも，一つの顔のなかに歴史と実務とがつな
がりをもって凝縮されているとみるべきであろう。ここまで述べるならば，
この本がなぜ書かれ，また，なぜ著者によって書かれたか，もはや説明の

推薦のことば

必要はないにちがいない。本書が多くの読者を得ることを望む。

令和元年 5 月

山野目　章夫

はしがき

　筆者は，平成29年9月，「事例でわかる　戦前・戦後の新旧民法が交差する相続に関する法律と実務」を，日本加除出版から公刊させていただいた。該著では，旧民法施行中に家督相続が開始したときであっても遡って新民法が適用される場合（家督相続人の不選定）と，新民法後に相続が開始したときであっても旧民法の規律に基づく家附の継子にも相続権が認められる場合（家附の継子の相続権）とについて解説した。それらいずれの場合においても旧民法の理解が欠かせないため，家督相続人の不選定，家附の継子の相続権についての解説を中心に，旧民法に基づく親族，相続の概要についても言及した。

　そこで，本書では，その姉妹書として，さらに旧民法そのものに焦点を当てて，その親族，相続に関する規定を中心に解説した。

　まず，相続実務において相続人を特定する際に重要となる旧民法をはじめとする歴代の民法，戸籍の変遷を取り上げ，加えて，相続人の特定に当たって旧民法に基づく相続が適用される場面も多いであろう，所有者不明土地に関する新しい法律「所有者不明土地の利用の円滑化等に関する特別措置法」についても概説した。そのうえで，以下，なるべく，旧民法第4編親族，第5編相続に規定された流れに沿った形で，親族の範囲，養親子関係，継親子関係，家，戸主及び家族，隠居，廃家，絶家，入夫婚姻，婿養子縁組などの親族に関する規定，そして，家督相続，遺産相続という相続に関する規定について，基本的な事項を解説した。

　本書は「基礎からはじめる」とあるとおり，明治31年から昭和22年までの旧民法相続の基礎編ともいうべき内容であり，家督相続，遺産相続のほか，継親子関係や戸主，隠居，入夫婚姻など家制度を基調とする旧民法特有の相続制度，親族関係も多く取り入れた。なじみの少ない方にとっては難解と感じることもあるかもしれないが，親族，相続に関する事例を示しつつ，旧民法の条文に基づいて，論点を整理しながら，平易に著すことを心がけたつもりである。

はしがき

　旧民法は既に旧法となっているものではあっても，相続人の特定，相続登記等の場面に当たっては，まさに「現行法」であるともいえ，旧民法に対する知識，理解は欠かせない。さらには，現在，国会で審議されている「表題部所有者不明土地の登記及び管理の適正化に関する法律案」の成立後においては，表題部所有者不明土地の調査に関わる所有者等探索委員にとっても必須の知識であるといえる。

　本書が，司法書士のみならず，相続に携わる多くの専門家等に基本書として活用され，相続人の特定など，相続に関する諸手続に多少でも資することがあれば，また，実務の場面を離れても，歴史的な意味において当時の親族，相続の制度について関心のある方の参考となることがあれば，筆者として望外の喜びである。

　最後に，本書に対して「推薦のことば」を寄せて下さいました，早稲田大学大学院法務研究科の山野目章夫教授には，心から感謝を申し上げ，また，貴重な示唆をいただき，校正についてもご協力を頂いた，静岡県司法書士会会員の白井聖記氏，山形県司法書士会会員の佐藤剛氏に，そして，出版に向けてご尽力いただいた日本加除出版株式会社の佐伯寧紀氏，松原史明氏の各氏に，お礼を申し上げる。

　令和元年5月

　新幹線のぞみN700A車内にて

末光　祐一

凡　例

凡　例

1　本文中，法令，図表等の表記については，以下の略号を用いた。

■　**法令**

◎　新民法　昭和22年12月22日法律第222号「民法の一部を改正する法律」により改正された明治29年4月27日法律第89号「民法」の「第4編第5編」（昭和23年1月1日施行）

◎　応急措置法　昭和22年4月19日法律第74号「日本国憲法の施行に伴う民法の応急的措置に関する法律」（昭和22年5月3日施行）

◎　旧民法　明治31年6月21日法律第9号「民法中修正ノ件」により追加制定された明治29年4月27日法律第89号「民法」の「第4編第5編」（明治31年7月16日施行）

◎　旧々民法　明治23年10月7日法律第98号「民法財産取得編・人事編」

◎　土地特措法　平成30年6月13日法律第49号「所有者不明土地の利用の円滑化等に関する特別措置法」

◎　土地特措法施行令　平成30年11月9日政令第308号「所有者不明土地の利用の円滑化等に関する特別措置法施行令」

◎　土地特措法施行規則　平成30年11月9日国土交通省令第83号「所有者不明土地の利用の円滑化等に関する特別措置法施行規則」

◎　土地特措法登記省令　平成30年11月15日法務省令28号「所有者不明土地の円滑化等に関する特別措置法に規定する不動産登記法の特例に関する省令」

※　学問上，旧民法を明治民法，旧々民法を旧民法と呼ぶ場合があるが，本書においては，実務上の慣行によった。

※　太政官布告・達等は，すべて，国立国会図書館：日本法令索引〔明治前期編〕・法令全書によった。

vii

凡　例

■　判例

- 大判大11・6・27大民集1巻353頁
  - →　大審院判決大正11年6月27日大審院民事判例集1巻353頁
- 東京控判明43・7・7新聞661号11頁
  - →　東京控訴院判決明治43年7月7日法律新聞661号11頁
- 最二小判平3・4・19民集45巻4号477頁
  - →　最高裁判所第二小法廷判決平成3年4月19日最高裁判所民事判例集45巻4号477頁
- 最大決平25・9・4民集67巻6号1320頁
  - →　最高裁判所大法廷決定平成25年9月4日最高裁判所民事判例集67巻6号1320頁

■　事例等

- 被相続人とは，本書においては，相続登記における登記名義人である被相続人をいい，数次相続の場合は，登記名義人である初代の被相続人をいう。
- 事例の各図は，登記所に提出する相続関係説明図，法定相続情報一覧図，裁判所に提出する親族関係説明図と一致するものではない。
- 事例において現れた親族関係以外は，考慮しないものとする。
- 図

甲家（点線枠）	甲家の戸籍を意味する。
甲家分家　甲家新家	各々，甲家の分家の戸籍，甲家の者（又は，一家創立がないとしたら甲家に入るべき者）が一家創立した家の戸籍を意味する。
甲家（斜線）	甲家が廃家され，又は絶家となったことを意味する。

viii

凡　例

$\boxed{\text{A男}}$　　B男	A男は戸主で，B男は家族であることを意味する。

A男＝＝＝＝B女　　A男とB女は婚姻関係にあることを意味する。

A男＝＝＝＝B女
　　　｜
　　　C女

C女はA男・B女の実子であることを意味する。

A男＝＝＝＝B女
　｜　｜　｜
E女　D男　C女

C女・D男・E女はA男・B女の実子であることを意味する。

A男＝＝＝＝B女
　　　‖
　　　C女

C女はA男・B女の養子であることを意味する。

A男
‖
C女

C女はA男の養子であることを意味する。

B女（死亡）　　B女の死亡を意味する。

B女───┼─→　　B女が除籍したことを意味する。

B女←──┼───　　B女が入籍したことを意味する。

B女───┼─→　　B女が再入籍したことを意味する。

ix

凡　例

B女←┼→　　　　B女が復籍したことを意味する。

A男✕＝B女　　A男✕＝B女　　　A男とB女が離婚したことを意
　　　　　　　　　｜　　　　　　　味する。
　　　　　　　　 C女

A男＝＝B女　　　A男・B女とC女が離縁したことを意味する。
　　✕
　　｜
　　C女

　A男　　　　　A男とC女が離縁したことを意味する。
　 ✕
　 ｜
　C女

B女＝＝（A男）　B女✕＝（A男）　　A男はC男の親であるが，C
　｜　　　　　　　｜　　　　　　男のいる家（戸籍）には一度も
　C男　　　　　　C男　　　　　　在籍していないことを意味する。

A男―――B女　　A男とB女は婚姻関係になく，C男はA男，B女の
　　｜　　　　　非嫡出子で，A男の認知があることを意味する。
　　C男

A女　　　　　　C男はA女の非嫡出子で，父の認知がないことを意
｜　　　　　　　味する。
C男

A男が1番目の戸主で，B男が2番目の戸主であることを意味する。

A男	A男が被相続人であることを意味する。
~~A男~~	A男が被相続人で，その死亡によって相続が開始したことを意味する。
~~B女~~	B女が被相続人より後に死亡したことを意味する。

■　その他

養親子関係（→養親子関係2-1-2）

　→　養親子関係については，第2編第1章第2節参照を意味する。

2　出典の表記につき，以下の略号を用いた。

■　判例集等

集民	最高裁判所裁判集民事
高民	高等裁判所民事判例集
民集	最高裁判所民事判例集
大刑録	大審院刑事判決録
大民録	大審院民事判決録
大民集	大審院民事判例集

3　以下の書籍を参考にした。

■　参考文献

南敏文 監修，髙妻新 著，青木惺 補訂『最新　体系・戸籍用語事典』
　（日本加除出版，2014年）

大里知彦 著『旧法　親族相続戸籍の基礎知識』（テイハン，1995年）

髙妻新 編『判例・先例・学説・実例　相続における実務総覧　―旧法
　以前より現行法まで』（日本加除出版，1998年）

髙妻新 著『新版　旧法・韓国・中国関係　Q＆A　相続登記の手引
　き』（日本加除出版，2007年）

凡　例

髙妻新＝荒木文明　著『全訂第二版　相続における戸籍の見方と登記手
　続』（日本加除出版，2011年）

辻朔郎ほか編『司法省　親族・相續・戸籍・寄留　先例大系』（清水書店，
　1940年）＊国立国会図書館所蔵

※　本書では，現在では呼称することが不適当な用語であっても当時のまま使用して
　いることがあるが，歴史的に正確を期す意味から使用していることをご理解賜りた
　い。

目　次

目　次

第1編　相続人の特定と旧民法

第1章　歴代の民法の適用 ─────────────────── 1

第1節　相続人の特定と民法の適用 ·· 1

第2節　相続に関する民法の変遷 ··· 3

第1　民法の制定，改正の歴史の概要　*3*

第2　相続人の特定に関する民法の規定の変遷　*5*

　　1　平成25年9月5日から，現在までに開始した相続　　*5*

　　2　平成13年7月1日から，平成25年9月4日までの間に開始した相続　　*7*

　　3　昭和56年1月1日から，平成13年6月30日までの間に開始した相続　　*10*

　　4　昭和37年7月1日から，昭和55年12月31日までの間に開始した相続　　*11*

　　5　昭和23年1月1日から，昭和37年6月30日までの間に開始した相続　　*13*

　　6　昭和22年5月3日から，昭和22年12月31日までの間に開始した相続　　*15*

　　7　明治31年7月16日から，昭和22年5月2日までの間に開始した相続
　　　──家督相続　　*17*

　　8　明治31年7月16日から，昭和22年5月2日までの間に開始した相続
　　　──遺産相続　　*19*

　　9　明治23年10月7日から，明治31年7月15日までの間に開始した相続
　　　──家督相続　　*20*

　　10　明治23年10月7日から，明治31年7月15日までの間に開始した相続
　　　──遺産相続　　*21*

　　11　明治初期，前期に開始した相続　　*22*

第3節　相続人の特定において時代の異なる民法が適用される事例 ············· 22

第1　概要　*22*

第2　隠居との関係　*23*

第3　入夫婚姻との関係　*24*

第2章　戸籍 ───────────────────────── 25

第1節　相続人の特定と戸籍謄本等 ·· 25

第2節　戸籍の変遷 ··· 26

第1　前史　*26*

第2　壬申戸籍　*27*

第3　明治19年式戸籍　*27*

xiii

目　次

第 4　明治31年式戸籍　*28*
第 5　大正 4 年式戸籍　*28*
第 6　新戸籍への改製　*29*
第 7　昭和23年式戸籍　*29*
第 8　現在戸籍　*30*

第3章　所有者不明土地の利用の円滑化等に関する特別措置法──*30*

第1節　制定と目的，責務など……*30*

第2節　所有者不明土地など……*31*

第 1　所有者不明土地と土地の所有者の探索の方法　*31*
第 2　特定所有者不明土地　*33*
第 3　特定登記未了土地　*33*

第3節　所有者不明土地の利用の円滑化のための特別の措置……*34*

第 1　地域福利増進事業による土地の使用　*34*
　1　地域福利増進事業　*34*
　2　裁定による特定所有者不明土地の使用　*34*
第 2　特定所有者不明土地の収用又は使用に関する土地収用法の特例　*36*
第 3　不在者の財産及び相続財産の管理に関する民法の特例　*37*

第4節　土地の所有者の効果的な探索のための特別の措置……*37*

第 1　土地所有者等関連情報の利用及び提供　*37*
第 2　特定登記未了土地の相続登記等に関する不動産登記法の特例　*38*
　1　概要　*38*
　2　登記手続等　*39*

第2編　親　　族

第1章　総則────*43*

第1節　親族の範囲……*43*

親族事例1　自己の妻の兄の妻　*45*

第2節　養親子関係……*47*

親族事例2　養子と，養父の実父との孫祖父の関係　*48*
親族事例3　養子の実子と，養父との孫祖父の関係　*48*

第3節　継親子関係……*51*

親族事例4　妻と，夫と夫の先妻との間の実子との関係　*53*
親族事例5　夫と，妻と妻の先夫との間の実子との関係　*53*
親族事例6　継子と，継父の実父の孫祖父の関係　*54*
親族事例7　継子の実子と，継父の孫祖父の関係　*55*

|目　　次|

|親族事例 8| 妻と，夫の養子との関係　　*55*
|親族事例 9| 嫡母庶子関係　　*57*
|親族事例10| 夫と，妻の私生子との関係　　*58*
|親族事例11| 継親の離婚　　*60*
|親族事例12| 継親の去家　　*60*
|親族事例13| 継子の除籍　　*61*

第4節　養親子関係の消滅……………………………………………………………………*65*
|親族事例14| 離縁した養父及び養父の実父と養子との関係　　*66*
|親族事例15| 離縁した養父と養子の実子との関係　　*68*
|親族事例16| 養親の去家　　*70*

第2章　戸主及び家族 ————————————————————*73*

第1節　家…………………………………………………………………………………………*73*
|親族事例17| 家と戸籍　　*74*

第2節　子の入る家………………………………………………………………………………*78*
|親族事例18| 嫡出子の入る家　　*79*
|親族事例19| 非嫡出子の入る家　　*80*

第3節　入夫婚姻…………………………………………………………………………………*83*
|相続事例 1| 入夫が戸主となる入夫婚姻　　*85*
|親族事例20| 入夫が戸主とならない入夫婚姻　　*85*

第4節　入籍………………………………………………………………………………………*87*
|親族事例21| 親族入籍　　*90*
|親族事例22| 引取入籍　　*90*

第5節　復籍………………………………………………………………………………………*92*
|親族事例23| 離縁による実家復籍　　*93*

第6節　復籍すべき実家の廃絶等による一家創立…………………………………………*94*
|親族事例24| 復籍すべき実家の廃絶による一家創立　　*96*

第7節　分家，他家相続，廃絶家の再興……………………………………………………*98*
|親族事例25| 分家　　*100*
|親族事例26| 携帯入籍　　*100*
|相続事例 2| 他家相続　　*102*
|親族事例27| 廃家の再興　　*104*
|親族事例28| 絶家の再興　　*105*

第8節　法定推定家督相続人の去家の制限………………………………………………*108*
|相続事例 3| 法定推定家督相続人の去家の制限と本家相続　　*109*

第9節　妻の随従入籍…………………………………………………………………………*111*
|親族事例29| 夫の分家　　*112*

xv

目　次

第10節　隠居———*113*
　　相続事例 4 　隠居　*115*
　　相続事例 5 　法定隠居　*116*
第11節　廃家———*118*
　　親族事例30　廃家　*119*
第12節　絶家———*121*
　　相続事例 6 　絶家と一家創立　*126*
　　相続事例 7 　職権絶家　*127*

第3章　婚姻———*129*

第1節　婚姻———*129*
　　親族事例31　妻の入る家　*132*
　　親族事例32　入夫，婿養子の入る家　*133*
第2節　離婚———*135*
　　親族事例33　離婚と戸籍　*136*

第4章　親子———*137*

第1節　実子———*137*
　　親族事例34　嫡出子の出生　*138*
　　親族事例35　父の認知　*141*
　　親族事例36　婚姻準正　*145*
　　親族事例37　認知準正　*145*
第2節　養子———*148*
　　親族事例38　養子の戸籍　*150*
　　親族事例39　婿養子縁組　*153*
　　親族事例40　離縁　*155*

第3編　相　　続

第1章　家督相続—————————————————————————————————————*157*

第1節　家督相続総則———*157*
　　相続事例 8 　戸主の死亡　*163*
　　相続事例 9 　隠居　*164*
　　相続事例10　入夫婚姻　*164*
第2節　第1順位の家督相続人（第1種法定家督相続人）—————————————————*167*
　　相続事例11　家族たる直系卑属（異親等間）　*172*
　　相続事例12　家族たる直系卑属（男女間）　*173*

目　次

相続事例13	家族たる直系卑属（男女間：嫡出子姉と庶子弟間）　*174*
相続事例14	家族たる直系卑属（嫡出子非嫡出子間）　*174*
相続事例15	家族たる直系卑属（嫡出子庶子と私生子間）　*175*
相続事例16	家族たる直系卑属（年長年少者間）　*176*
相続事例17	家族たる直系卑属（年長年少者間：分家に在籍する者との関係）　*176*

第3節　第1種法定家督相続人の順序の特則································*180*

相続事例18	準正子と家督相続　*181*
相続事例19	養子と家督相続　*182*
相続事例20	継子と家督相続（家附の実子の女子と家附でない男子の継子との間）　*185*
相続事例21	継子と家督相続（家附の男子の継子と家附の男子の実子との間）　*186*
相続事例22	入籍者と家督相続　*189*
相続事例23	携帯入籍と家督相続　*190*
相続事例24	復籍と家督相続　*191*
相続事例25	婿養子と家督相続　*194*
相続事例26	家女の夫である養子の家督相続の順序　*195*
相続事例27	婿養子と当該妻の家督相続の順序　*196*
相続事例28	入夫婚姻による家督相続　*199*
相続事例29	入夫の離婚　*200*

第4節　家督相続の代襲相続··*203*

相続事例30	代襲による家督相続（孫）　*206*
相続事例31	代襲による家督相続（子の養子）　*207*
相続事例32	代襲による家督相続（養子の子）　*208*
相続事例33	代襲による家督相続（離縁養子の子）　*209*
相続事例34	代襲による家督相続（子の継子）　*210*
相続事例35	代襲による家督相続（継子の子）　*211*

第5節　第2順位の家督相続人（指定家督相続人）··················*215*

| 相続事例36 | 指定家督相続人　*217* |

第6節　第3順位の家督相続人（第1種選定家督相続人）·········*219*

| 相続事例37 | 第1種選定家督相続人　*222* |
| 相続事例38 | 第1種選定家督相続人（家女である配偶者）　*223* |

第7節　第4順位の家督相続人（第2種法定家督相続人）·········*225*

相続事例39	父母祖父母　*227*
相続事例40	父母祖父母と亡妹　*228*
相続事例41	養父母実父母　*229*

第8節　第5順位の家督相続人（第2種選定家督相続人）·········*232*

xvii

目　次

|相続事例42| 家族の選定　*234*
|相続事例43| 他人の選定　*235*

第9節　財産留保────────────────────*238*

|相続事例44| 不動産の取得時期と隠居との関係　*241*

第10節　国籍喪失───────────────────*244*

|相続事例45| 国籍喪失と家督相続　*245*

第2章　遺産相続────────────────────*247*

第1節　遺産相続総則───────────────────*247*

|相続事例46| 家族の死亡　*250*

第2節　遺産相続人────────────────────*251*

|相続事例47| 直系卑属（実子）　*252*
|相続事例48| 直系卑属（他家の実子，養子，継子）　*253*
|相続事例49| 直系卑属（婿養子と家女）　*254*
|相続事例50| 直系卑属（嫡出子，非嫡出子）　*255*
|相続事例51| 代襲による遺産相続（子と孫）　*259*
|相続事例52| 代襲による遺産相続（孫と孫）　*260*
|相続事例53| 代襲による遺産相続（子の養子）　*261*
|相続事例54| 代襲による遺産相続（養子の子）　*262*
|相続事例55| 代襲による遺産相続（離縁養子の子）　*263*
|相続事例56| 代襲による遺産相続（子の継子）　*264*
|相続事例57| 代襲による遺産相続（継子の子）　*265*
|相続事例58| 配偶者　*270*
|相続事例59| 直系尊属　*270*
|相続事例60| 直系尊属（異親等）　*271*
|相続事例61| 直系尊属（実親と養親）　*272*
|相続事例62| 戸主　*272*

第4編　応急措置法

第1章　家に関する規定の不適用──────────────*275*

第1節　旧民法特有の親族関係の消長──────────────*275*

|相続事例63| 継親子関係の消長　*278*
|相続事例64| 養子の離縁後の養親と養子の子の関係の消長　*279*
|相続事例65| 養親の去家による養親子関係の消滅の消長　*280*
|相続事例66| 応急措置法後の婿養子　*281*

第2節　家督相続の不適用──────────────────*283*

xviii

目　次

　　　相続事例67　「戸主」の応急措置法施行後の死亡　*283*

第2章　応急措置法施行中に開始した相続人の順位，相続分───*285*

　　　相続事例68　直系卑属と配偶者　*288*
　　　相続事例69　直系卑属　*289*
　　　相続事例70　直系尊属と配偶者　*290*
　　　相続事例71　直系尊属　*291*
　　　相続事例72　兄弟姉妹と配偶者　*291*
　　　相続事例73　兄弟姉妹　*292*
　　　相続事例74　配偶者のみ　*293*
　　　相続事例75　直系卑属の代襲相続　*294*
　　　相続事例76　兄弟姉妹の代襲相続　*294*

第5編　新民法附則

第1章　家督相続人不選定───*299*

　　　相続事例77　家督相続人不選定　*303*
　　　相続事例78　単身戸主の家督相続人不選定　*303*
　　　相続事例79　家督相続人不選定による家督相続　*304*
　　　相続事例80　数次の家督相続人不選定　*305*
　　　相続事例81　家督相続人不選定による遺産相続　*306*
　　　相続事例82　家督相続人不選定と継子　*306*
　　　相続事例83　職権絶家の無効　*308*

第2章　家附の継子───*313*

第1節　新民法施行後の家附の継子の相続権────*313*

　　　相続事例84　家附の継子　*315*
　　　相続事例85　家附の継子（複数人）　*316*
　　　相続事例86　家附の亡継子の子　*317*
　　　相続事例87　分家戸主であった者の家附の継子　*318*
　　　相続事例88　家附でない継子　*319*

第2節　応急措置法施行中の家附の継子の相続財産分配請求権────*324*

　　　相続事例89　応急措置法施行中の家附の継子　*325*

xix

目　次

付　録

■ 索引

事項索引　　*331*

条文索引　　*335*

判例索引　　*338*

先例索引　　*339*

■ 資料

資料①　・明治19年式戸籍の記載例　　縦組〈1〉

資料②　・明治31年式戸籍の記載例　　縦組〈2〉

資料③　・大正 4 年式戸籍の記載例　　縦組〈3〉

資料④　・新戸籍への改製の記載例　　縦組〈5〉

資料⑤　・昭和23年式戸籍の記載例　　縦組〈6〉

資料⑥　・養子縁組に関する戸籍（明治31年式戸籍）の記載例　　縦組〈7〉

資料⑦　・継子を記載した戸籍の記載例　　縦組〈8〉

　　　　・継親を記載した戸籍の記載例　　縦組〈9〉

資料⑧　・養親の去家による養親子関係の消滅に関する戸籍の記載例　　縦組〈10〉

資料⑨　・入夫婚姻に関する戸籍の記載例　　縦組〈11〉

資料⑩　・親族入籍に関する戸籍の記載例　　縦組〈11〉

資料⑪　・引取入籍に関する戸籍の記載例　　縦組〈12〉

資料⑫　・分家に関する戸籍の記載例　　縦組〈12〉

資料⑬　・携帯入籍に関する戸籍の記載例　　縦組〈13〉

資料⑭　・廃絶家再興に関する戸籍の記載例　　縦組〈14〉

資料⑮　・家督相続（隠居）に関する戸籍の記載例　　縦組〈15〉

資料⑯　・絶家に関する戸籍の記載例　　縦組〈16〉

資料⑰　・職権絶家に関する戸籍の記載例　　縦組〈16〉

資料⑱　・協議離婚に関する戸籍の記載例　　縦組〈17〉

資料⑲　・認知に関する戸籍の記載例　　縦組〈17〉

資料⑳　・養子縁組に関する戸籍（大正 4 年式戸籍）の記載例　　縦組〈18〉

資料㉑　・婚養子縁組に関する戸籍の記載例　　縦組〈18〉

資料㉒　・家督相続の戸籍の例　　縦組〈19〉

資料㉓　・家督相続人の指定に関する戸籍の記載例　　縦組〈20〉

資料㉔　・選定家督相続に関する戸籍の記載例　　縦組〈20〉

第1編 相続人の特定と旧民法

第1章 歴代の民法の適用

第1節　相続人の特定と民法の適用

　相続登記，遺産分割の協議や調停の申立て，遺留分の減殺請求（侵害額請求）訴訟など，相続に関する諸手続，そして，法定相続情報一覧図の保管及び交付の申出には，当然のことながら，被相続人を基準にして，その相続人が特定されなければならない。相続人を特定するということは，ある相続が開始した場合において，その相続において，具体的に，誰（と誰）が相続人であるかということを特定することであり，その相続人が複数人であるときは，必要に応じて，各相続分を算出することを含む。

　相続人は，「民法」を適用して特定することになるが，ここで適用される「民法」とは，その相続が開始した当時に施行されていた民法である。原則として，相続が開始した時点より後に施行された「民法」や，その前に施行されていたものの，その開始した時点においては効力を失っている「民法」，つまり，その当時に施行されていなかった「民法」の規定は適用されないのである。例えば，旧民法施行中に開始した相続については，たとえ，相続による所有権の移転の登記（以下，「相続登記」という。）の手続を新民法施行後に行う場合であったとしても，相続人の特定に当たっては旧民法を適用しなければならないことを意味する。

　したがって，相続人の特定に当たっては，歴代の「民法」のうち，相続開始の当時に施行されていたものを知り，その「民法」のなかで，相続に関する規定を適用しなければならないのである。ここで，相続に関する規定とは，次の二つの規律に関する規定のことで，一つは相続そのものに関

第 1 章　歴代の民法の適用

する規律（相続法）と，もう一つは，その基礎となる親族・身分に関する
規律（親族法・身分法）をいう。誰が相続人となるのかという規律と，その
「誰」とは何ぞやという規律である。例えば，「被相続人が死亡したときは，
その最直近の直系卑属が相続人となる。」という相続に関する規律があっ
たとすると，当然，その直系卑属である子が，まず相続人となることはい
うまでもないが，その「子」自体が，歴代の民法の中では，現行の民法に
基づく「子」の概念とは必ずしも一致しない場合もあるわけである。

　このように，相続に関する規定を適用するには，時間軸の中で，どの時
点の法令を適用するのか，本書では主に旧民法が施行されていた時期を中
心に解説しているが，この時間軸を縦軸とすると，場所的範囲でどの場所
の法令を適用するのかということが横軸に当たる。その横軸の中で，日本
国籍を有する者について開始した相続には日本の民法が適用されるが，日
本国籍を有しない外国人について開始した相続には，まず，その本国の法
令（外国の法令）が適用された（山北英仁『渉外不動産登記の法律と実務』，『渉外
不動産登記の法律と実務 2』（日本加除出版，2014年，2018年））。また，日本国籍
を有する者であっても，過去（主に，旧民法の施行当時）の日本の領域には外
地があり，**外地**においては旧民法が全面的に適用されるものではなかった
ことや（向英洋『詳解　旧外地法』（日本加除出版，2007年）），日本の本土におい
て応急措置法，新民法が施行された以降であっても，**南西諸島**においては
一時期，旧民法が施行されていたことがあったが（拙著『事例でわかる　戦
前・戦後の新旧民法が交差する相続に関する法律と実務』（日本加除出版，2017年）第
5 編），本書では，日本国籍を有する者（外地におけるものを除く。）を被相続
人とし，主に，旧民法施行中に開始した相続について解説している。さら
に，同一の時代，同一の場所であっても，当事者の属性によって適用され
る法令が異なる場合もある。我が国においては，明治初期の士族や平民な
どの族籍毎に適用される法令が異なる場合があったことや，諸外国では，
現代でも，その属する宗教等によっても適用される法令が異なるところも
ある。これは，相続に関する規定を適用するに当たっての高さ軸ともいえ
る。相続法は，いつ（時間），どこの（場所），誰の（属性）を特定すること

2

により，適用される法令が正確に定まるものである。

第2節　相続に関する民法の変遷

第1　民法の制定，改正の歴史の概要

　我が国に，はじめて制定，公布された成文の民法は，明治23年4月21日法律第28号「民法財産編財産取得編債権担保編証拠編」及び明治23年10月7日法律第98号「民法財産取得編人事編」であった（本書では，**旧々民法**と呼称する。）。

　その民法の制定以前は，明治維新以来，当時の慣例や，当時の法令である，個々の，太政官布告，太政官達，太政官布達，太政官指令，内務省達，司法省達，司法省指令など（以下，「**太政官布告・達等**」という。）によって処理され，明治6年1月22日には，近代的民法典といえるものではないが，相続に関して一定程度の体系化された初めての成文法「華士族家督相続法」が発出され，同年7月22日の改正によって，原則として長男が家督相続人となるとされた。その後，華族，士族だけでなく，平民にも適用され，それまで相続について出願を要したものが，明治12年2月13日には届出で足りる法定相続制へと移行していった。

　さて，前述の「民法財産編財産取得編債権担保編証拠編」及び明治23年10月7日法律第98号「民法財産取得編人事編」であるが，相続に関しては，その後者に規定され，概ね，それが，その後の「民法」の第4編親族，第5編相続に相当した。この民法は，明治26年1月1日から施行予定であったが，その後，施行が延期され，結局，施行されることなく，「民法中修正ノ件」明治29年4月27日法律第89号「民法第一編第二編第三編」，「民法中修正ノ件」明治31年6月21日法律第9号「民法第四編第五編」の公布により廃止された。

　この民法が，現代まで続く「民法」の最初の姿である。その民法の第4編が親族法，第5編が相続法であり，いわゆる「**旧民法**」である（実務の慣行により，本書では※「旧民法」と呼称する。）。旧民法は，家制度を基礎として，相続に関しては，戸主の戸主権及び財産権の相続である家督相続と，

第1章　歴代の民法の適用

家族の財産権の相続である遺産相続を中心に規定され，特に家督相続においては，それ以前と同様，長男が単独で家督相続をすることが原則とされた。

　昭和20年8月，ポツダム宣言の受諾後，個人の尊厳と両性の本質的平等を基調とした**日本国憲法**が昭和21年11月3日に公布され，昭和22年5月3日から施行された。まず，昭和22年4月19日法律第74号日本国憲法の施行に伴う民法の応急的措置に関する法律が日本国憲法の施行の日から施行され，旧民法中，戸主，家族その他家に関する規定，家督相続に関する規定は適用されなくなり，相続については，旧民法中の遺産相続に関する規定が適用されるものの，配偶者が常に相続人となることとなり，また，相続人の順位が改められた。

　いわゆる**応急措置法**であったが，そのあとを受け，昭和22年12月22日法律第222号「民法の一部を改正する法律」によって，民法第四編第五編（旧民法）が全面改正され，昭和23年1月1日から施行された。これが，いわゆる**新民法**である。新民法では，相続に関しては，人の死による相続のみとなり，その相続人の順位と範囲は応急措置法時代と同じであったが，昭和37年3月29日法律第40号「民法の一部を改正する法律」によって改正され，第1順位の相続人が直系卑属から子へと改められた。この改正は，昭和37年7月1日から施行された。

　昭和55年5月17日法律第51号「民法及び家事審判法の一部を改正する法律」による改正で，配偶者と第1順位以下の相続人との相続分の割合が改められ，兄弟姉妹が相続人である場合の代襲相続人が，兄弟姉妹の子までに制限された。この改正は，昭和56年1月1日から施行された。

　昭和62年9月26日法律第101号「民法等の一部を改正する法律」による改正で，新たに**特別養子縁組**の制度が創設された。これにより，特別養子は，実方の血族との親族関係が終了し，以後，実方の血族を被相続人とする相続については，相続人とはならなかった。この改正は，昭和63年1月1日から施行された。

　平成25年9月4日最高裁判所大法廷決定によって，「民法の規定で，嫡

出子と非嫡出子の法定相続分を区別する合理的な根拠は失われていたというべきであり，その規定は，遅くとも平成13年7月当時において，憲法第14条第1項に違反していたものというべきである。」とされた。これを受けて，平成25年12月11日法律第94号「民法の一部を改正する法律」が成立，公布され，嫡出子と非嫡出子の法定相続分は同等とされた。この改正は，同日施行され，平成25年9月5日に遡って適用された。

　平成30年7月6日，平成30年法律第72号「民法及び家事事件手続法の一部を改正する法律」が成立し，同年7月13日に公布された。この改正は相続人の特定には影響を与えないものの，配偶者の居住権を保護するため配偶者短期居住権，配偶者居住権を新設し，遺産分割に関する見直し等として配偶者のための持戻し免除の意思表示の推定規定を導入，遺産分割前の払戻し制度を創設し，遺言制度に関する見直しとして自筆証書遺言の方式を緩和，遺言執行者の権限を明確化し，遺留分制度に関する見直しとして遺留分減殺請求を遺留分侵害額請求へと改め，相続人以外の者の貢献を考慮するため相続人以外の被相続人の親族が無償で被相続人の療養看護等を行った場合には一定の場合に相続人に対して金銭請求をすることができる制度を導入するなどした。このうち，自筆証書遺言の方式の緩和については平成31年1月13日から施行された。なお，その他の項目は，配偶者短期居住権，配偶者居住権の新設を除いて令和元年7月1日から，配偶者短期居住権，配偶者居住権の新設については令和2年4月1日から施行される。

※　法務省HP「主な法定相続情報一覧図の様式及び記載例」
（http://houmukyoku.moj.go.jp/homu/page7_000015.html）の
「いわゆる旧民法（明治31年法律第9号）下における相続が生じている場合」

第2　相続人の特定に関する民法の規定の変遷
1　平成25年9月5日から，現在までに開始した相続
　根拠：民法第5編（平成25年法律第94号による改正）

第1章　歴代の民法の適用

常に相続人	第1順位	第2順位	第3順位
配偶者	子	直系尊属（親等の近い者が相続人となる。）	兄弟姉妹
	子が数人の場合，各相続分は同等である（非嫡出子と嫡出子の相続分とは同等である。）。	直系尊属が数人の場合，各相続分は同等である。	兄弟姉妹が数人の場合，各相続分は同等である（半血の兄弟姉妹の相続分は，全血の兄弟姉妹の相続分の2分の1である。）。
	配偶者と子が，ともに相続人となる場合，配偶者と子の相続分は，各2分の1となる。	配偶者と直系尊属が，ともに相続人となる場合，配偶者と直系尊属の相続分は，各々3分の2，3分の1となる。	配偶者と兄弟姉妹が，ともに相続人となる場合，配偶者と兄弟姉妹の相続分は，各々4分の3，4分の1となる。
代襲相続は不適用	代襲相続は無制限	代襲相続は不適用	代襲相続は被代襲者の子まで
890条	887条，900条1号・4号	889条1項1号，900条2号・4号	889条1項2号・2項，900条3号・4号

　この間は，被相続人の死亡によってのみ相続が開始し，相続登記における登記の原因は「年月日相続」である。

　配偶者は常に相続人となるが，配偶者以外では，第1順位の相続人は子で，子が数人の場合の各相続分は同等である（非嫡出子と嫡出子の相続分とは同等である。）。第2順位の相続人は直系尊属で，親等の近い者が相続人となり，直系尊属が数人の場合の各相続分は同等である。第3順位の相続人は兄弟姉妹で，兄弟姉妹が数人の場合の各相続分は同等である（**半血の兄**

6

弟姉妹の相続分は，全血の兄弟姉妹の相続分の2分の1である。）。

　代襲相続は，子が相続人となるべき場合と，兄弟姉妹が相続人となるべき場合に適用され，子についての代襲相続は無制限に（被相続人の孫，曾孫以下にも）適用されたが，兄弟姉妹についての代襲相続は被代襲者の子（被相続人の甥姪）までに限られている。

　配偶者と子がともに相続人となる場合の配偶者と子の相続分は各2分の1，配偶者と直系尊属がともに相続人となる場合の配偶者と直系尊属の相続分は各々3分の2，3分の1，配偶者と兄弟姉妹がともに相続人となる場合の配偶者と兄弟姉妹の相続分は各々4分の3，4分の1となる。

　現行の民法であり，次の2「平成13年7月1日から，平成25年9月4日までの間に開始した相続」とは，条文上は，非嫡出子と嫡出子の相続分が同等であることが異なった。

2　平成13年7月1日から，平成25年9月4日までの間に開始した相続

根拠：民法第5編（昭和55年法律第51号による改正），平成25年9月4日最高裁判所大法廷決定

常に相続人	第1順位	第2順位	第3順位
配偶者	子	直系尊属（親等の近い者が相続人となった。）	兄弟姉妹
	子が数人の場合，各相続分は同等であった（非嫡出子と嫡出子の相続分とは同等であった。）。	直系尊属が数人の場合，各相続分は同等であった。	兄弟姉妹が数人の場合，各相続分は同等であった（半血の兄弟姉妹の相続分は，全血の兄弟姉妹の相続分の2分の1であった。）。

第1章 歴代の民法の適用

	ただし，条文上は，非嫡出子の相続分は嫡出子の相続分の2分の1であり，非嫡出子の相続分を嫡出子の相続分の2分の1とすることを前提として，既に遺産分割の協議や裁判が終了している場合など確定的なものとなった法律関係については，その効力が否定されることはない。		
	配偶者と子が，ともに相続人となる場合，配偶者と子の相続分は，各2分の1となった。	配偶者と直系尊属が，ともに相続人となる場合，配偶者と直系尊属の相続分は，各々3分の2，3分の1となった。	配偶者と兄弟姉妹が，ともに相続人となる場合，配偶者と兄弟姉妹の相続分は，各々4分の3，4分の1となった。
代襲相続は不適用	代襲相続は無制限	代襲相続は不適用	代襲相続は被代襲者の子まで
890条	887条，900条1号・4号	889条1項1号，900条2号・4号	889条1項2号・2項，900条3号・4号

　この間は，被相続人の死亡によってのみ相続が開始し，相続登記における登記の原因は「年月日相続」である。

　配偶者は常に相続人となったが，配偶者以外では，第1順位の相続人は子で，子が数人の場合の各相続分は同等であった（非嫡出子と嫡出子の相続分

とは同等であった。）。第2順位の相続人は直系尊属で，親等の近い者が相続人となり，直系尊属が数人の場合の各相続分は同等であった。第3順位の相続人は兄弟姉妹で，兄弟姉妹が数人の場合の各相続分は同等であった（半血の兄弟姉妹の相続分は，全血の兄弟姉妹の相続分の2分の1であった。）。

　代襲相続は，子が相続人となるべき場合と，兄弟姉妹が相続人となるべき場合に適用され，子についての代襲相続は無制限に（被相続人の孫，曾孫以下にも）適用されたが，兄弟姉妹についての代襲相続は被代襲者の子（被相続人の甥姪）までに限られていた。

　配偶者と子がともに相続人となる場合の配偶者と子の相続分は各2分の1，配偶者と直系尊属がともに相続人となる場合の配偶者と直系尊属の相続分は各々3分の2，3分の1，配偶者と兄弟姉妹がともに相続人となる場合の配偶者と兄弟姉妹の相続分は各々4分の3，4分の1となった。

　以上は，先の1「平成25年9月5日から，現在までに開始した相続」と同じである。民法の条文上は，非嫡出子の相続分は，嫡出子の相続分の2分の1となっているところ，平成25年9月4日最高裁判所大法廷決定により，平成13年7月1日から平成25年9月4日までの間に開始した相続についても，嫡出子と嫡出でない子の相続分は同等のものとして扱われることになったことによる。ただし，同期間中に開始した相続（相続人の中に嫡出子と非嫡出子の双方がいる事案）であっても，非嫡出子の相続分を嫡出子の相続分の2分の1とすることを前提として，既に遺産分割の協議や裁判が終了している場合など確定的なものとなった法律関係については，その効力が否定されることはない（最大決平25・9・4民集67巻6号1320頁，平25・12・11民二781号民事局長通達）。次の3「昭和56年1月1日から，平成13年6月30日までの間に開始した相続」とは，その最高裁判所大法廷決定にかかる部分以外は同じである。

第1章　歴代の民法の適用

3　昭和56年1月1日から，平成13年6月30日までの間に開始した相続
根拠：民法第5編（昭和55年法律第51号による改正）

常に相続人	第1順位	第2順位	第3順位
配偶者	子	直系尊属（親等の近い者が相続人となった。）	兄弟姉妹
	子が数人の場合，各相続分は同等であった（非嫡出子の相続分は，嫡出子の相続分の2分の1であった。）。	直系尊属が数人の場合，各相続分は同等であった。	兄弟姉妹が数人の場合，各相続分は同等であった（半血の兄弟姉妹の相続分は，全血の兄弟姉妹の相続分の2分の1であった。）。
	配偶者と子が，ともに相続人となる場合，配偶者と子の相続分は，各2分の1となった。	配偶者と直系尊属が，ともに相続人となる場合，配偶者と直系尊属の相続分は，各々3分の2，3分の1となった。	配偶者と兄弟姉妹が，ともに相続人となる場合，配偶者と兄弟姉妹の相続分は，各々4分の3，4分の1となった。
代襲相続は不適用	代襲相続は無制限	代襲相続は不適用	代襲相続は被代襲者の子まで
890条	887条，900条1号・4号	889条1項1号，900条2号・4号	889条1項2号・2項，900条3号・4号

　この間は，被相続人の死亡によってのみ相続が開始し，相続登記における登記の原因は「年月日相続」である。

　配偶者は常に相続人となったが，配偶者以外では，第1順位の相続人は子で，子が数人の場合の各相続分は同等であった（非嫡出子の相続分は，嫡出

10

第2節　相続に関する民法の変遷

子の相続分の2分の1であった。)。第2順位の相続人は直系尊属で，親等の近い者が相続人となり，直系尊属が数人の場合の各相続分は同等であった。第3順位の相続人は兄弟姉妹で，兄弟姉妹が数人の場合の各相続分は同等であった（半血の兄弟姉妹の相続分は，全血の兄弟姉妹の相続分の2分の1であった。)。

　代襲相続は，子が相続人となるべき場合と，兄弟姉妹が相続人となるべき場合に適用され，子についての代襲相続は無制限に（被相続人の孫，曾孫以下にも）適用されたが，兄弟姉妹についての代襲相続は被代襲者の子（被相続人の甥姪）までに限られていた。

　配偶者と子がともに相続人となる場合の配偶者と子の相続分は各2分の1，配偶者と直系尊属がともに相続人となる場合の配偶者と直系尊属の相続分は各々3分の2，3分の1，配偶者と兄弟姉妹がともに相続人となる場合の配偶者と兄弟姉妹の相続分は各々4分の3，4分の1となった。

　以上は，先の2「平成13年7月1日から，平成25年9月4日までの間に開始した相続」のうち，平成25年9月4日最高裁判所大法廷決定が及ばないものと同じ，つまり，非嫡出子の相続分は嫡出子の相続分の2分の1であり，次の4「昭和37年7月1日から，昭和55年12月31日までの間に開始した相続」とは，兄弟姉妹についての代襲相続に関する規定，配偶者と他の相続人がともに相続人となる場合の各相続分の割合が異なった。

4　昭和37年7月1日から，昭和55年12月31日までの間に開始した相続

根拠：民法第5編（昭和37年法律第40号による改正）

常に相続人	第1順位	第2順位	第3順位
配偶者	子	直系尊属（親等の近い者が相続人となった。)	兄弟姉妹

第1章　歴代の民法の適用

	子が数人の場合，各相続分は同等であった（非嫡出子の相続分は，嫡出子の相続分の2分の1であった。）。	直系尊属が数人の場合，各相続分は同等であった。	兄弟姉妹が数人の場合，各相続分は同等であった（半血の兄弟姉妹の相続分は，全血の兄弟姉妹の相続分の2分の1であった。）。
	配偶者と子が，ともに相続人となる場合，配偶者と子の相続分は，各々3分の1，3分の2となった。	配偶者と直系尊属が，ともに相続人となる場合，配偶者と直系尊属の相続分は，各2分の1となった。	配偶者と兄弟姉妹が，ともに相続人となる場合，配偶者と兄弟姉妹の相続分は，各々3分の2，3分の1となった。
代襲相続は不適用	代襲相続は無制限	代襲相続は不適用	代襲相続は無制限
890条	887条，900条1号・4号	889条1項1号，900条2号・4号	889条1項2号・2項，900条3号・4号

　この間は，被相続人の死亡によってのみ相続が開始し，相続登記における登記の原因は「年月日相続」である。

　配偶者は常に相続人となったが，配偶者以外では，第1順位の相続人は子で，子が数人の場合の各相続分は同等であった（非嫡出子の相続分は，嫡出子の相続分の2分の1であった。）。第2順位の相続人は直系尊属で，親等の近い者が相続人となり，直系尊属が数人の場合の各相続分は同等であった。第3順位の相続人は兄弟姉妹で，兄弟姉妹が数人の場合の各相続分は同等であった（半血の兄弟姉妹の相続分は，全血の兄弟姉妹の相続分の2分の1であった。）。

　代襲相続は，子が相続人となるべき場合と，兄弟姉妹が相続人となるべき場合に適用され，子についての代襲相続は無制限に（被相続人の孫，曾孫

第2節　相続に関する民法の変遷

以下にも）適用され，兄弟姉妹についての代襲相続も無制限に（被相続人の甥姪以下にも）適用された。

　配偶者と子がともに相続人となる場合の配偶者と子の相続分は各々3分の1，3分の2，配偶者と直系尊属がともに相続人となる場合の配偶者と直系尊属の相続分は各2分の1，配偶者と兄弟姉妹がともに相続人となる場合の配偶者と兄弟姉妹の相続分は各々3分の2，3分の1となった。

　以上は，兄弟姉妹についての代襲相続に関する規定，配偶者と他の相続人がともに相続人となる場合の各相続分の割合を除いて，先の3「昭和56年1月1日から，平成13年6月30日までの間に開始した相続」と同じであり，次の5「昭和23年1月1日から，昭和37年6月30日までの間に開始した相続」とは第1順位の相続人が直系卑属から子とされたことが異なったが，直系卑属については親等の近い者が相続人となり，代襲相続が適用されたため，相続人の特定に当たっては第1順位の相続人は実質的に子であるとして差し支えなく，その結果，5と同じであった。

5　昭和23年1月1日から，昭和37年6月30日までの間に開始した相続

根拠：民法第5編（昭和22年法律第222号による改正）

常に相続人	第1順位	第2順位	第3順位
配偶者	直系卑属（親等の近い者が相続人となった。）	直系尊属（親等の近い者が相続人となった。）	兄弟姉妹
	直系卑属が数人の場合，各相続分は同等であった（非嫡出子の相続分は，嫡出子の相続分の2分の1であった。）。	直系尊属が数人の場合，各相続分は同等であった。	兄弟姉妹が数人の場合，各相続分は同等であった（半血の兄弟姉妹の相続分は，全血の兄弟姉妹の相続分の2分の1であった。）。

第1章　歴代の民法の適用

	配偶者と直系卑属が，ともに相続人となる場合，配偶者と直系卑属の相続分は，各々3分の1，3分の2となった。	配偶者と直系尊属が，ともに相続人となる場合，配偶者と直系尊属の相続分は，各2分の1となった。	配偶者と兄弟姉妹が，ともに相続人となる場合，配偶者と兄弟姉妹の相続分は，各々3分の2，3分の1となった。
代襲相続は不適用	代襲相続は無制限	代襲相続は不適用	代襲相続は無制限
890条	887条， 900条1号・4号	889条1項1号， 900条2号・4号	889条1項2号・2項， 900条3号・4号

　この間は，被相続人の死亡によってのみ相続が開始し，相続登記における登記の原因は「年月日相続」である。

　配偶者は常に相続人となったが，配偶者以外では，第1順位の相続人は直系卑属で，親等の近い者が相続人となり，直系卑属が数人の場合の各相続分は同等であった（非嫡出子の相続分は，嫡出子の相続分の2分の1であった。）。第2順位の相続人は直系尊属で，親等の近い者が相続人となり，直系尊属が数人の場合の各相続分は同等であった。第3順位の相続人は兄弟姉妹で，兄弟姉妹が数人の場合の各相続分は同等であった（半血の兄弟姉妹の相続分は，全血の兄弟姉妹の相続分の2分の1であった。）。

　代襲相続は，直系卑属が相続人となるべき場合と，兄弟姉妹が相続人となるべき場合に適用され，直系卑属についての代襲相続は無制限に（被相続人の孫，曾孫以下にも）適用され，兄弟姉妹についての代襲相続も無制限に（被相続人の甥姪以下にも）適用された。

　配偶者と直系卑属がともに相続人となる場合の配偶者と直系卑属の相続分は各々3分の1，3分の2，配偶者と直系尊属がともに相続人となる場合の配偶者と直系尊属の相続分は各2分の1，配偶者と兄弟姉妹がともに相続人となる場合の配偶者と兄弟姉妹の相続分は各々3分の2，3分の1となった。

14

第2節　相続に関する民法の変遷

いわゆる**新民法**であり，子が直系卑属であったこと以外は先の4「昭和37年7月1日から，昭和55年12月31日までの間に開始した相続」と同じであり，次の6「昭和22年5月3日から，昭和22年12月31日までの間に開始した相続」とは，兄弟姉妹の代襲相続が認められ，半血の兄弟姉妹の相続分が全血の兄弟姉妹の相続分の2分の1とする旨の規定が設けられたことが異なった。

6　昭和22年5月3日から，昭和22年12月31日までの間に開始した相続

根拠：日本国憲法の施行に伴う民法の応急的措置に関する法律（昭和22年法律第73号）

常に相続人	第1順位	第2順位	第3順位
配偶者	直系卑属（親等の近い者が相続人となった。）	直系尊属（親等の近い者が相続人となった。）	兄弟姉妹
	直系卑属が数人の場合，各相続分は同等であった（非嫡出子の相続分は，嫡出子の相続分の2分の1であった。）。	直系尊属が数人の場合，各相続分は同等であった。	兄弟姉妹が数人の場合，各相続分は同等であった（半血の兄弟姉妹の相続分が，全血の兄弟姉妹の相続分の2分の1となると規定されてはいなかった。）。
	配偶者と直系卑属が，ともに相続人となる場合，配偶者と直系卑属の相続分は，各々3分の1，3分の2となった。	配偶者と直系尊属が，ともに相続人となる場合，配偶者と直系尊属の相続分は，各2分の1となった。	配偶者と兄弟姉妹が，ともに相続人となる場合，配偶者と兄弟姉妹の相続分は，各々3分の2，3分の1となった。

15

第1章　歴代の民法の適用

代襲相続は不適用	代襲相続は無制限	代襲相続は不適用	代襲相続に関する 規定の不存在
8条2項	8条1項・2項1号	8条1項・2項2号	8条1項・2項3号
旧民法994条，995条，1004条等			

　この間は，被相続人の死亡によってのみ相続が開始し，相続登記における登記の原因は「年月日相続」である。

　配偶者は常に相続人となったが，配偶者以外では，第1順位の相続人は直系卑属で，親等の近い者が相続人となり，直系卑属が数人の場合の各相続分は同等であった（非嫡出子の相続分は，嫡出子の相続分の2分の1であった。）。第2順位の相続人は直系尊属で，親等の近い者が相続人となり，直系尊属が数人の場合の各相続分は同等であった。第3順位の相続人は兄弟姉妹で，兄弟姉妹が数人の場合の各相続分は同等であった（半血の兄弟姉妹の相続分が，全血の兄弟姉妹の相続分の2分の1となるとの規定はなかった。）。

　代襲相続は，直系卑属が相続人となるべき場合に無制限に（被相続人の孫，曾孫以下にも）適用されたが，兄弟姉妹についての代襲相続に関する規定は設けられていなかった。

　配偶者と直系卑属がともに相続人となる場合の配偶者と直系卑属の相続分は各々3分の1，3分の2，配偶者と直系尊属がともに相続人となる場合の配偶者と直系尊属の相続分は各2分の1，配偶者と兄弟姉妹がともに相続人となる場合の配偶者と兄弟姉妹の相続分は各々3分の2，3分の1となった。

　いわゆる**応急措置法**であり，**半血の兄弟姉妹**の相続分を全血の兄弟姉妹の相続分の2分の1とする規定がなかったこと，兄弟姉妹が相続人となるべきときに代襲相続が適用されなかったことを除いて，先の5「昭和23年1月1日から，昭和37年6月30日までの間に開始した相続」と同じであり，次の7「明治31年7月16日から，昭和22年5月2日までの間に開始した相続−家督相続」が適用されなくなり，8「明治31年7月16日から，昭和22

第2節 相続に関する民法の変遷

年5月2日までの間に開始した相続－遺産相続」に基づく遺産相続が応急措置法に基づく相続に改められた。

応急措置法に基づく相続については，詳しくは第4編で解説している。

7　明治31年7月16日から，昭和22年5月2日までの間に開始した相続 ——家督相続

根拠：民法第5編（明治31年6月21日法律第9号）

死亡，隠居，入夫離婚，婚姻又は養子縁組取消による去家	入夫婚姻	国籍喪失
以下の順位で，最優先の者が単独で家督相続人となった。 第1順位　第1種法定家督相続人：家族である直系卑属 　第1順序　親等の近い者が優先 　第2順序　同親等間では男子を優先 　第3順序　同親等の男子間又は女子間では嫡出子が優先 　第4順序　同親等間では女子でも嫡出子，庶子が優先 　第5順序　同順序間では年長者が優先 第2順位　指定家督相続人 第3順位　第1種選定家督相続人：家族である配偶者，兄弟姉妹（の直系卑属）の中から選定 　第1　家女である配偶者 　第2　兄弟 　第3　姉妹 　第4　家女でない配偶者 　第5　兄弟姉妹の直系卑属	入夫が家督相続人となった（当事者が婚姻の際に反対の意思表示をしたときは，家督相続は開始しなかった。）。	本表最左行の順位順序に従って家督相続人が定まったが，財産の相続はなかった。

17

第1章　歴代の民法の適用

第4順位　第2種法定家督相続人：家族である最も親等の近い直系尊属で，男子と女子では男子が優先 第5順位　第2種選定家督相続人 　親族，家族，分家の戸主又は本家若しくは分家の家族の中から選定（場合によっては，他人の中から選定）		
第1順位のみ代襲相続は無制限に適用	代襲相続は不適用	
964条，970条，972条，979条，982条，984条，985条	736条，964条3号，971条	964条1号，990条

　この間，被相続人である戸主の死亡，隠居，入夫婚姻等によって家督相続が開始し，相続登記における登記の原因は「年月日家督相続」である。

　いわゆる**旧民法**に基づく相続であり，家督相続は，旧民法の最も基本的な原理として家制度を支える根幹であった。家督相続によって，戸主権と財産権が相続された。

　家督相続は応急措置法の施行によって不適用とされたため，先の6「昭和22年5月3日から，昭和22年12月31日までの間に開始した相続」以降，家督相続が開始しないことは当然である。

　旧民法に基づく家督相続については，詳しくは第3編第1章で解説している。

18

第2節　相続に関する民法の変遷

8　明治31年7月16日から，昭和22年5月2日までの間に開始した相続
——遺産相続

根拠：民法第5編（明治31年6月21日法律第9号）

第1順位	第2順位	第3順位	第4順位
直系卑属（親等の近い者が遺産相続人となった。）	配偶者	直系尊属（親等の近い者が遺産相続人となった。）	戸主
直系卑属が数人の場合，各相続分は同等であった（非嫡出子の相続分は，嫡出子の相続分の2分の1であった。）。		直系尊属が数人の場合，各相続分は同等であった。	
代襲相続は無制限	代襲相続は不適用	代襲相続は不適用	代襲相続は不適用
992条，994条，995条，1004条	992条，996条第1	992条，996条第2・2項	992条，996条1項第3

　この間，被相続人である家族（戸主でない者）の死亡によって遺産相続が開始し，相続登記における登記の原因は「年月日遺産相続」である。

　遺産相続は，旧民法における家督相続以外の相続であり，被相続人の財産権を相続した。

　遺産相続では，配偶者が常に相続人となることはなく，第1順位の遺産相続人が直系卑属（親等の近い者が遺産相続人となった。），第2順位の遺産相続人が配偶者，第3順位の遺産相続人が直系尊属（親等の近い者が遺産相続人となった。），第4順位の遺産相続人が戸主であった。また，遺産相続人となるべき直系卑属若しくは直系尊属は，被相続人と同じ家に在籍する者であることは必要とされず，直系卑属若しくは直系卑属が数人の場合は各相続分は同等であり（非嫡出子の相続分は，嫡出子の相続分の2分の1であった。），直系尊属が数人の場合も各相続分は同等であった。

第1章　歴代の民法の適用

代襲相続は，直系卑属が遺産相続人となるべき場合に無制限に（被相続人の孫，曾孫以下にも）適用された。

遺産相続に関する旧民法の規定は応急措置法の施行によっても適用されつつも，相続人の範囲，順位は，先の6「昭和22年5月3日から，昭和22年12月31日までの間に開始した相続」のとおりに改められた。

旧民法に基づく遺産相続については，詳しくは第3編第2章で解説している。

9　明治23年10月7日から，明治31年7月15日までの間に開始した相続 ——家督相続

根拠：民法財産取得編人事編（明治23年法律第98号）

死亡，隠居
以下の順位で，最優先の者が単独で家督相続人となった。 第1順位　法定家督相続人 　第1順序　家族である最も親等の近い卑属親が優先 　第2順序　その同親等間では男子が優先 　第3順序　その男子間では年長者が優先（但し，嫡出子と庶子又は私生子 　　　　　　　間では嫡出子が優先） 　第4順序　その女子間では年長者が優先（但し，嫡出子と庶子又は私生子 　　　　　　　間では嫡出子が優先） 第2順位　指定家督相続人 第3順位　血族選定家督相続人 　家族である兄弟姉妹（の卑属親）から選定 　第1　兄弟 　第2　姉妹 　第3　兄弟姉妹の卑属親中親等の最も近い男子，男子がいないときは女子 第4順位　尊属親 　家族である最も親等の近い尊属親 第5順位　配偶者 第6順位　他人選定家督相続人 　他人から選定

第2節　相続に関する民法の変遷

| 第1順位のみ代襲相続は無制限に適用 |
| 財産取得編286条〜305条 |

　この間，被相続人である戸主の死亡，隠居によって家督相続が開始し，相続登記における登記の原因は「年月日家督相続」であるが，その根拠となる成文の民法典がなかった。そのため，この間に開始した相続については，当時の慣例に基づいて処理することになる。

　ただ，この時期，施行はされることはなかったものの，明治23年10月7日法律第98号「民法財産取得編人事編」，いわゆる**旧々民法**が公布されていた。旧々民法は成文法としての効力はないが，概ね，当時の慣例に基づいて制定されたとされていることから，相続実務において大いに参考になると考える。

　旧々民法による家督相続は，概ね，旧民法に基づく家督相続と同じであったが，配偶者の家督相続の順位が異なるなどの差異もあった。なお，入夫婚姻の場合は，旧々民法によれば，婚姻中，入夫は戸主を代表して，その権を行使する（人事編258条）とされていた。

10　明治23年10月7日から，明治31年7月15日までの間に開始した相続
——遺産相続

　根拠：民法財産取得編人事編（明治23年法律第98号）

| 以下の順位で，最優先の者が単独で遺産相続人となった。 |
| 第1順位　家族である直系卑属 |
| 　第1順序　最も親等の近い直系卑属が優先 |
| 　第2順序　その同親等間では男子が優先 |
| 　第3順序　その男子間では年長者が優先（但し，嫡出子と庶子又は私生子間では嫡出子が優先） |
| 　第4順序　その女子間では年長者が優先（但し，嫡出子と庶子又は私生子間では嫡出子が優先） |
| 第2順位　配偶者 |
| 第3順位　戸主 |

21

第1章　歴代の民法の適用

第1順位のみ代襲相続は無制限に適用
財産取得編286条，312条〜314条

この間，被相続人である家族（戸主でない者）の死亡によって遺産相続が開始し，相続登記における登記の原因は「年月日遺産相続」である。9のとおり，この間に開始した相続については，当時の慣例に基づいて処理することになるが，相続実務において，旧々民法が大いに参考になると考える。

旧々民法による遺産相続は，旧民法に基づく遺産相続とは異なり，むしろ，家督相続に準ずるものとされていたため，遺産相続人となるべき卑属親（直系卑属）は被相続人と同じ家に在籍する者でなければならなかった（大二民判明39・10・4民録12輯1162頁，大二民判大5・12・25民録22輯2484頁）。旧々民法では遺産相続も単独相続であり，被相続人と同じ家に在籍する直系卑属が数人いた場合には，男子が女子に優先し，さらに最年長の者が単独で遺産相続人となった（大8・5・30民事1409号司法省民事局長回答）。

11　明治初期，前期に開始した相続

明治初期，前期に開始した相続については，当時の慣例を探る必要があり，太政官布告・達等や，司法省，法務省等の先例や，大審院，最高裁の判例を参考にすることとなろう（拙著『事例でわかる　戦前・戦後の新旧民法が交差する相続に関する法律と実務』（日本加除出版，2017年）第1編第2章第3節）。

第3節　相続人の特定において時代の異なる民法が適用される事例－

第1　概要

相続人の特定は，その被相続人について開始した相続の当時の民法を適用して行うが，事例によっては，時代の異なる民法を適用しなければ，正確な特定ができない（ように見える）場面があるので，注意を要する。

これらの場面としては，まず，家督相続不選定の場面と，家附の継子の相続権の場面である。もう一つの場面が，旧民法施行中に生前相続が生じ

第3節　相続人の特定において時代の異なる民法が適用される事例

ている場面である。家督相続不選定については第5編第1章で，家附の継子の相続権については第5編第2章で解説しているので，ここでは，旧民法施行中に生前相続が生じている場面の例について概説する。

　いずれにしても，死亡の時，又は死亡の前に戸主であったことがある者（過去，一度でも戸主となっていた時期がある者）が被相続人である事例は要注意であり，その死亡が応急措置法の施行の前であるか後であるかを問わず，死亡の時に適用されていた民法以外の民法が適用されることはないのか，あるいは，生前相続が生じていないか，つまり，同人を被相続人とする複数回の相続が開始していないか，検討を加える必要がある。

　なお，**数次相続**が生じている場合に相続登記を一件の申請で行う場合には，登記原因として，中間の相続と最終の相続にかかるものを記載することになるため（明32・3・7民刑局長回答），例えば，「年月日○○（中間の被相続人の氏名）相続，年月日相続」，「年月日○○家督相続，年月日遺産相続」，「年月日○○家督相続，年月日相続」などとする。

第2　隠居との関係

　第3編第1章第1節，第9節のとおり，**隠居**による家督相続は，被相続人の生前に行われ，その被相続人である戸主であった者は，以後，家族となったため，その後に家族として死亡した場合には遺産相続が開始し，応急措置法の施行後に死亡した場合には相続が開始した。

　例えば，被相続人A男が昭和38年に死亡し，A男を所有権の登記名義人とする不動産があったとし，A男には死亡の時において妻B女，長男C男，二男D男がいたとする。A男は昭和38年に死亡したのであるから第1章第2節第2の4が適用され，B女，C男，D男が，各3分の1の相続分で相続人となったはずである。ここで，A男の出生から死亡までの戸籍の記載事項を確認すると，A男は旧民法施行中に甲家の戸主であり，その後，昭和17年に隠居し，C男が甲家の戸主となっていた。そのため，当該不動産をA男が取得した時期によって，結論は変わった。つまり，A男が隠居する前から当該不動産を取得していたものであったとすると，当該不動産に

23

第1章 歴代の民法の適用

ついては隠居による家督相続が適用されて，Ｃ男が家督相続人として当該
不動産を承継した。他方，Ａ男が隠居して後に当該不動産を取得していた
ものであったとすると，当該不動産については隠居による家督相続は適用
されず，この例では先の４が適用されて，Ｂ女，Ｃ男，Ｄ男が，各３分の
１の相続分で相続人となった。

　また，例えば，甲家に在籍していたときには戸主Ａ男には妻も子もなく，
昭和17年に隠居し，指定家督相続人が甲家の家督相続人となっていたとし，
Ａ男は，応急措置法の施行後にＢ女と婚姻し，長男Ｃ男，二男Ｄ男が誕生
したとする。この場合には，Ａ男が隠居する前から取得していた不動産に
ついては当該指定家督相続人が家督相続人となったため，Ａ男が昭和38年
に死亡した時は，Ｂ女，Ｃ男，Ｄ男は相続人とはならなかった。

　以上の事例は，応急措置法，新民法の施行後に開始した相続について，
旧民法が適用されるわけではないが，以前に開始した家督相続について検
討を要する事例であり，一見すると，応急措置法，新民法の施行後に開始
した相続について旧民法が適用されるように見える事例である。

第3　入夫婚姻との関係

　第２編第２章第３節，第３編第１章第１節，第３節論点５，第９節のと
おり，入夫が戸主となる**入夫婚姻**によって，当該家においては入夫が新た
な戸主となったが，これも隠居と同様に被相続人である女戸主の生前に家
督相続が開始した。女戸主であった者は，以後，家族となったため，その
後に家族として死亡した場合には遺産相続が開始し，応急措置法の施行後
に死亡した場合には相続が開始した。

　例えば，被相続人Ｅ女が昭和38年に死亡し，Ｅ女を所有権の登記名義人
とする不動産があったとし，Ｅ女には死亡の時において亡夫Ｆ男（昭和30
年に死亡）との長男Ｇ男がいたとする。Ｅ女は昭和38年に死亡したのであ
るから第１章第２節第２の４が適用され，Ｇ男が相続人となったはずであ
る。ここで，Ｅ女の出生から死亡までの戸籍の記載事項を確認すると，Ｅ
女は旧民法施行中に甲家の女戸主であり，その後，昭和17年にＦ男と入夫

第1節 相続人の特定と戸籍謄本等

婚姻し，F男が甲家の戸主となっていた。そのため，当該不動産をE女が取得した時期によって，結論は変わった。つまり，E女が入夫婚姻する前から当該不動産を取得していたものであったとすると，当該不動産については入夫婚姻による家督相続が適用されて，F男が家督相続人として当該不動産を承継した。そして，F男が昭和30年に死亡したことで，その相続人として，E女，G男が，各々3分の1，3分の2の相続分で相続人となり，さらに，E女の死亡によってG男が相続人となった。他方，E女が入夫婚姻して後に当該不動産を取得していたものであったとすると，当該不動産については入夫婚姻による家督相続は適用されず，この例では先の4が適用されて，G男が相続人となった。

　以上の例では，最終的にG男が承継することに変わりはないが，F男は昭和30年に死亡しているところ，F男に，E女と入夫婚姻する前に婚姻していた亡前妻H女との長女I女がいたとする。この場合でも，E女が入夫婚姻して後に取得していた不動産についてはG男が相続人となったことに影響はない。しかしながら，E女が入夫婚姻する前から取得していた不動産についてはF男が入夫婚姻によって家督相続人となり，当該不動産を承継した後，昭和30年に死亡したことから，その開始した相続にあってはE女，G男のほか，I女も相続人となったのである（相続分は各3分の1。その後のE女の死亡によってE女の持分はG男が相続した。）。

　以上の事例は，前記第2の事例と同様，応急措置法，新民法の施行後に開始した相続について，旧民法が適用されるわけではないが，以前に開始した家督相続について検討を要する事例であり，一見すると，応急措置法，新民法の施行後に開始した相続について旧民法が適用されるように見える事例である。

第2章　戸籍

第1節　相続人の特定と戸籍謄本等────────────────

　相続の開始の当時に適用されていた民法を適用して相続人を特定するに

第2章　戸籍

は，その前提として，相続人を特定する範囲で被相続人の親族関係を明らかにする必要がある。そのため，まず，被相続人（代襲相続がある場合には，被代襲者を含む。）の出生時から死亡時までに在籍したすべての戸籍及び除かれた戸籍の謄本又は全部事項証明書（戸籍，原戸籍，除籍の謄本又は全部事項証明書であり，以下，「戸籍謄本等」という。）の交付を受ける必要がある。直系尊属が相続人となるべき場合は，加えて，被相続人の父及び母など親等の近い順で各戸籍謄本等の交付を受ける必要があり（例えば，父母が離婚し，被相続人である子と母が戸籍を異にしていても，母の戸籍謄本の交付を受けなければならないことは当然である。），また，兄弟姉妹が相続人となるべき場合には，全血だけでなく半血の兄弟も特定する必要があることから，被相続人の父及び母の両者の出生時からの戸籍謄本等をも交付を受ける必要がある。そして，特定されるべき相続人の戸籍謄本等の交付も受けなければならないが，家督相続の場合は，家督相続人の戸籍謄本等の交付を受ける必要はあるものの，例えば，長男と二男とがいた戸主が旧民法施行中に死亡し，長男が家督相続人となった場合には，その二男の戸籍謄本等の交付を受ける必要性はない（被相続人の戸籍と異なる戸籍に在籍していたとしても，その二男の生死については確認する必要性がないことを意味する。）。

　なお，除籍等の一部が滅失等していることにより，その謄本を提供することができないときは，「他に相続人はない」旨の相続人全員による証明書（印鑑証明書添付）の添付はなくても，戸籍及び残存する除籍等の謄本並びに，「除籍等の謄本を交付することができない」旨の市町村長の証明書が提供されていれば，滅失等した除籍等の謄本を除いて相続人を特定し，相続登記の申請をすることができる（平28・3・11民二219号民事局長通達）。

第2節　戸籍の変遷

第1　前史

　明治以前にも，我が国において，古代，律令に基づいて戸籍が作られた。庚午年籍，庚寅年籍などであり，国勢調査としての機能と，身分台帳，課税台帳としての機能等も有していた。その後，律令体制の崩壊と，武家の

第2節　戸籍の変遷

台頭によって，中世，鎌倉時代，室町時代，戦国時代には，全国的意味における戸籍は作成されなくなったが，安土桃山時代の太閤検地等を経て，近世，江戸幕府の下，全国的に身分を登録し，キリスト教の禁令を徹底するため，宗門人別改帳（宗門改帳，人別改帳）が整備された。これは，身分台帳や課税台帳としての機能も有し，婚姻などの場合には，人別改帳に記載をするなど，まさに当時の戸籍であったものである。

第2　壬申戸籍

　明治維新以降，近代的な全国統一の戸籍制度を施行し，明治4年4月4日太政官布告第170号「戸籍法ヲ定ム」が発せられた。この戸籍法により作成された戸籍が，いわゆる「**壬申戸籍**」である。壬申戸籍は，その施行された明治5年2月1日を基準に「**明治5年式戸籍**」とも呼ばれているが，その後の戸籍を経て，現代の戸籍につながる近代的な全国統一の戸籍の起源であるといえる。壬申戸籍は，戸籍としての機能の他，国勢調査，住民登録としての機能を有し（親族関係のない同居者も附籍として記載された。），姓名，年齢，族籍等だけでなく，職業，宗旨，犯歴等も記載されていた。そのため，壬申戸籍は現在では公開されることはない。

　壬申戸籍は，明治19年10月15日まで作成され，「明治19年式戸籍」に改製された（明治19年式戸籍を経ずに，「明治31年式戸籍」に改製されたものもある。）。

第3　明治19年式戸籍

　明治19年10月16日以後に作成された戸籍を，「**明治19年式戸籍**」という。明治19年式戸籍は，前出の明治4年4月4日太政官布告第170号の戸籍法に基づいて，明治19年10月16日内務省令第22号「戸籍取扱手続」及び同年同省訓令第20号「戸籍登記書式等」によって作成された。これ以後，除籍簿，戸籍の副本の制度が設けられ，廃棄，滅失等がない限り，その謄本として，相続実務に利用されている。

　明治19年式戸籍（後掲・戸籍記載例①）には，前戸主，戸主の氏名・出生年月日・父母・父母との続柄，族称（現在では，塗抹されている。），家族の

27

第2章　戸籍

名・続柄等が記載され，家督相続があった場合には，新たに戸籍が編製された。

　明治19年式戸籍は，明治31年7月15日まで作成され，「明治31年式戸籍」に改製された（明治31年戸籍を経ずに，「大正4年式戸籍」に改製されたものもある。）。

第4　明治31年式戸籍

　明治31年7月16日，つまり旧民法施行の日の以後に作成された戸籍を，「**明治31年式戸籍**」という。明治31年式戸籍は，明治31年6月21日法律第12号「戸籍法」に基づいて作成され，明治19年式戸籍の記載事項の他，「戸主ト為リタル原因及ヒ年月日」欄が設けられた（後掲・戸籍記載例②）。明治31年式戸籍は旧民法の家を表すものであり，同居であっても親族関係のない者（家を異にする者）が記載されることはなくなった（附籍が廃止された）ため，「戸」の「籍」というよりも，むしろ「家」の「籍」であったといえよう。

　明治31年式戸籍も，家督相続があった場合には新たに戸籍が編製され，大正3年12月31日まで作成され，「大正4年式戸籍」に改製された（大正4年式戸籍を経ずに，「昭和23年式戸籍」に改製されたものもある。）。なお，この時代，戸籍の他，身分登記の制度もあった（大正4年式戸籍の施行をもって廃止され，現在では公開されていない。）。

第5　大正4年式戸籍

　大正4年1月1日以後に作成された戸籍を，「**大正4年式戸籍**」という。大正4年式戸籍は，大正3年3月31日法律第26号「戸籍法」に基づいて作成され，「戸主ト為リタル原因及ヒ年月日」欄が廃止され，その事項が戸主の事項欄に記載された（後掲・戸籍記載例③）。族称は，華族及び士族は記載されたが，現在では，塗抹されている。

　大正4年式戸籍も，家督相続があった場合には新たに戸籍が編製され，昭和22年12月31日（新民法施行の前日）まで作成された。

28

第6　新戸籍への改製

　家制度を基調とする旧民法に基づいた大正4年式戸籍以前の戸籍は，家制度を廃止した新民法のもとではそぐわず，速やかに新民法に基づく戸籍法（昭和22年法律第224号（新戸籍法））に従った昭和23年式戸籍に改製される必要があったものの，全国一斉に行うことは困難であったため，従来の戸籍は，まず，そのままの状態で，新戸籍法による戸籍（**新戸籍**）であるとみなされた（新戸籍法128条1項本文）。そして，新戸籍法施行（新民法の施行と同日）後10年を経過した，昭和33年4月1日以降，順次，新民法に基づく昭和23年式戸籍に**改製**された。

　戸籍の改製は，二次にわたって行われ，その第1次の改製は簡易改製と呼ばれた。従来の戸籍は家を現すものであったため，親子孫のように3代にわたる者が在籍していたり，伯父や甥，従兄弟など広く傍系の者が在籍している戸籍も珍しくなかったが，そのうち，ちょうど，夫婦と氏を同じくする子のみが在籍する戸籍であれば（新戸籍法によって記載されるに合致する場合），様式の改製は行わずに，改製事由を記載することで，改製された戸籍とみなした（後掲・戸籍記載例④）。第2次の改製では，簡易改製とされたものも含めて，すべて，「昭和23年式戸籍」に改製された。例えば，祖父母と子夫婦と孫が従来の戸籍に在籍していた場合，祖父母の戸籍と，その子夫婦とその子の各戸籍に改製された。改製は，昭和41年3月末日までには完了したが，それまでの間も，婚姻，子の出生などあると，昭和23年式戸籍が編製されていった。

　これによって改製された戸籍の謄本は，昭和改製原戸籍とも呼ばれている。

第7　昭和23年式戸籍

　昭和23年1月1日（新民法施行日）以後に作成された戸籍は，「**昭和23年式戸籍**」と呼ばれている。昭和23年式戸籍は，昭和22年12月22日法律第224号戸籍法に基づいて作成され，それまでの戸籍と異なり，家を現すものではなく，現在に至るまで，夫婦と氏を同じくする子，つまり核家族を

基準とするものとなった（後掲・戸籍記載例⑤）。

　昭和23年式戸籍は，各市町村において現在戸籍となるまで作成され，現在戸籍へ改製された。改製された昭和23年式戸籍の謄本は，**平成改製原戸籍**とも呼ばれている。

第8　現在戸籍

　平成6年12月1日以降に，順次，作成された戸籍が「**現在戸籍**」であり，コンピュータ戸籍とも呼ばれる。これは，平成6年6月29日法律第67号「戸籍法及び住民基本台帳法の一部を改正する法律」によって改正された昭和22年12月22日法律第224号「戸籍法」に基づくもので，法務大臣の指定する市町村長は，戸籍事務の全部又は一部を電子情報処理組織によって取り扱うことができるとされた。

　現在戸籍は，それまでの戸籍と様式に変更があり，その事項証明書は横書きとなった。

第3章　所有者不明土地の利用の円滑化等に関する特別措置法

第1節　制定と目的，責務など─────────────

　所有者不明土地の利用の円滑化等に関する特別措置法が平成30年6月13日法律第49号として公布され，平成30年11月15日に一部が施行された。一部施行された事項は，所有者の探索を合理化する仕組み（土地所有者等関連情報の利用及び提供・特定登記未了土地の相続登記等に関する不動産登記法の特例）及び所有者不明土地を適切に管理する仕組み（財産管理に関する民法の特例）に関する規定であり，その余は，令和元年6月1日に施行される。

　この法律は，社会経済情勢の変化に伴い所有者不明土地が増加していることに鑑み，所有者不明土地の利用の円滑化及び土地の所有者の効果的な探索を図るため，国土交通大臣及び法務大臣による基本方針の策定について定めるとともに，地域福利増進事業の実施のための措置，所有者不明土地の収用又は使用に関する土地収用法の特例，土地の所有者等に関する情

報の利用及び提供その他の特別の措置を講じ，もって国土の適正かつ合理的な利用に寄与することを目的として制定されたものである（土地特措法1条）。

この法律に基づいて，国土交通大臣及び法務大臣は，所有者不明土地の利用の円滑化及び土地の所有者の効果的な探索（所有者不明土地の利用の円滑化等）に関する基本的な方針を定めることとなり，その基本方針においては，所有者不明土地の利用の円滑化等の意義及び基本的な方向，所有者不明土地の利用の円滑化等のための施策に関する基本的な事項，特定所有者不明土地を使用する地域福利増進事業に関する基本的な事項，特定登記未了土地の相続登記等の促進に関する基本的な事項，そのほか所有者不明土地の利用の円滑化等に関する重要事項が定められる（土地特措法3条）。

また，国は，所有者不明土地の利用の円滑化等に関する施策を総合的に策定し，及び実施する責務を有し（土地特措法4条1項），地方公共団体は，所有者不明土地の利用の円滑化等に関し，国との適切な役割分担を踏まえて，その地方公共団体の区域の実情に応じた施策を策定し，及び実施する責務を有する（土地特措法5条）。

第2節　所有者不明土地など

第1　所有者不明土地と土地の所有者の探索の方法

この法律において「**所有者不明土地**」とは，相当な努力が払われたと認められるものとして政令で定める方法により探索を行ってもなおその所有者の全部又は一部を確知することができない一筆の土地をいい（土地特措法2条1項），その探索の方法は，土地の所有者の氏名又は名称及び住所又は居所その他の当該土地の所有者を確知するために必要な情報（土地所有者確知必要情報）を取得するため，次に掲げる措置をとる方法とされる（土地特措法施行令1条）。

一　当該土地の登記事項証明書の交付を請求すること。

二　当該土地を現に占有する者その他の当該土地に係る土地所有者確知必要情報を保有すると思料される者であって国土交通省令で定めるものに対

第3章　所有者不明土地の利用の円滑化等に関する特別措置法

し，当該土地所有者確知必要情報の提供を求めること。

三　第一号の登記事項証明書に記載されている所有権の登記名義人又は表題部所有者その他の前二号の措置により判明した当該土地の所有者と思料される者（登記名義人等）が記録されている住民基本台帳，法人の登記簿その他の国土交通省令で定める書類を備えると思料される市町村の長又は登記所の登記官に対し，当該登記名義人等に係る土地所有者確知必要情報の提供を求めること。

四　登記名義人等が死亡し，又は解散していることが判明した場合には，当該登記名義人等又はその相続人，合併後存続し，若しくは合併により設立された法人その他の当該土地の所有者と思料される者が記録されている戸籍簿若しくは除籍簿若しくは戸籍の附票又は法人の登記簿その他の国土交通省令で定める書類を備えると思料される市町村の長又は登記所の登記官に対し，当該土地に係る土地所有者確知必要情報の提供を求めること。

五　前各号の措置により判明した当該土地の所有者と思料される者に対して，当該土地の所有者を特定するための書面の送付その他の国土交通省令で定める措置をとること。

　ここで，前記第2号において，当該土地を現に占有する者その他の当該土地に係る土地所有者確知必要情報を保有すると思料される者とは，主に，当該土地を現に占有する者，当該土地に関し所有権以外の権利を有する者，当該土地にある物件に関し所有権その他の権利を有する者，当該土地の所有者と思料される者が個人である場合においては親族や，当該土地の固定資産課税台帳を備えると思料される市町村の長，当該土地の地籍調査票を備えると思料される都道府県の知事又は市町村の長，当該土地が農地である場合においてはその農地台帳を備えると思料される農業委員会が置かれている市町村の長，当該土地が森林の土地である場合においてはその林地台帳を備えると思料される市町村の長などである（土地特措法施行規則1条）。

　前記第3号において，住民基本台帳，法人の登記簿その他の書類とは住民基本台帳，戸籍簿又は除籍簿，戸籍の附票，法人の登記簿（認可地縁団体である場合には，地方自治法施行規則第21条第2項に規定する台帳）をいい（土地特

措法施行規則2条1項），前記第4号において，戸籍簿若しくは除籍簿若しく
は戸籍の附票又は法人の登記簿その他の書類とは住民基本台帳，戸籍簿又
は除籍簿，戸籍の附票，法人の登記簿をいう（土地特措法施行規則2条2項）。

　また，前記第5号において，判明した当該土地の所有者と思料される者
に対して，当該土地の所有者を特定するための書面の送付その他の定める
措置とは，当該土地の所有者と思料される者（未成年者である場合にあっては，
その法定代理人を含む。）に対する書面の送付，当該土地の所有者と思料され
る者への訪問である（土地特措法施行規則3条）。

第2　特定所有者不明土地

　この法律で，「**特定所有者不明土地**」とは，所有者不明土地のうち，現
に，簡易建築物以外の建築物が存せず，かつ，業務の用その他の特別の用
途に供されていない土地をいい（土地特措法2条2項），簡易建築物とは，物
置，作業小屋その他これらに類するものであって（土地特措法施行令2条1
項），階数2及び床面積20㎡未満のものとされている（土地特措法施行令2条
2項）。

第3　特定登記未了土地

　この法律で，「**特定登記未了土地**」とは，所有権の登記名義人の死亡後
に相続登記等（相続による所有権の移転の登記その他の所有権の登記）がされてい
ない土地であって，土地収用法第3条各号に掲げるものに関する事業（収
用適格事業）を実施しようとする区域の適切な選定その他の公共の利益と
なる事業の円滑な遂行を図るため当該土地の所有権の登記名義人となり得
る者を探索する必要があるものをいう（土地特措法2条4項）。

第3章　所有者不明土地の利用の円滑化等に関する特別措置法

第3節　所有者不明土地の利用の円滑化のための特別の措置————
第1　地域福利増進事業による土地の使用
1　地域福利増進事業

　地域福利増進事業とは，地域住民その他の者の共同の福祉又は利便の増進を図るために行われる事業のうち，主に，次に掲げるもの（それら事業のために欠くことができない通路，材料置場その他の施設の整備に関する事業を含む。）をいうが（土地特措法2条3項），地域福利増進事業の実施のための措置として，地域福利増進事業を実施しようとする者は，一定の要件の下，特定所有者不明土地への立入り等（土地特措法6条），障害物の伐採等が認められ（土地特措法7条），さらに，次のとおり，裁定によって特定所有者不明土地を使用することができるようになった。

2　裁定による特定所有者不明土地の使用

　地域福利増進事業を実施する者（地域福利増進事業者）は，事業区域内にある特定所有者不明土地を使用しようとするときは，当該特定所有者不明土地の所在地を管轄する都道府県知事に対し，土地使用権等（当該特定所有者不明土地の使用権（土地使用権），所有者不明物件の所有権（物件所有権）又はその使用権（物件使用権）をいう。）の取得についての裁定を申請することができ，ここで，所有者不明物件とは，相当な努力が払われたと認められるものとして政令で定める方法により探索を行っても，なお，その所有者の全部又は一部を確知することができない物件をいった（土地特措法10条）。相当な努力が払われたと認められるものとして政令で定める方法（物件の所有者の探索の方法）とは，物件の所有者の氏名又は名称及び住所又は居所その他の当該物件の所有者を確知するために必要な情報（物件所有者確知必要情報）を取得するため，次に掲げる措置をとる方法である（土地特措法施行令6条）。

〈土地特措法施行令〉

第6条

一　当該物件（建物又は立木であるものに限る。）の登記事項証明書の交付を請求すること。

二　当該物件を現に占有する者その他の当該物件に係る物件所有者確知必要情報を保有すると思料される者であって国土交通省令で定めるものに対し，当該物件所有者確知必要情報の提供を求めること。

三　第一号の登記事項証明書に記載されている所有権の登記名義人又は表題部所有者その他の前二号の措置により判明した当該物件の所有者と思料される者（登記名義人等）が記録されている住民基本台帳，法人の登記簿その他の国土交通省令で定める書類を備えると思料される市町村の長又は登記所の登記官に対し，当該登記名義人等に係る物件所有者確知必要情報の提供を求めること。

四　登記名義人等が死亡し，又は解散していることが判明した場合には，当該登記名義人等又はその相続人，合併後存続し，若しくは合併により設立された法人その他の当該物件の所有者と思料される者が記録されている戸籍簿若しくは除籍簿若しくは戸籍の附票又は法人の登記簿その他の国土交通省令で定める書類を備えると思料される市町村の長又は登記所の登記官に対し，当該物件に係る物件所有者確知必要情報の提供を求めること。

五　前各号の措置により判明した当該物件の所有者と思料される者に対して，当該物件の所有者を特定するための書面の送付その他の国土交通省令で定める措置をとること。

　裁定申請があったときは，公告及び縦覧を経て（土地特措法11条），都道府県知事は，裁定申請をした地域福利増進事業者が土地使用権等を取得することが当該裁定申請に係る事業を実施するため必要かつ適当であると認めるときは，その必要の限度において，特定所有者不明土地の所在，地番，地目及び面積，土地使用権等の始期，土地等使用権の存続期間（裁定申請の範囲内かつ10年を限度とする。），並びに土地使用権等を取得することにより特定所有者不明土地所有者等が受ける損失の補償金の額を定めて，土地使用権等の取得についての裁定をし（土地特措法13条），都道府県知事は，裁

第3章　所有者不明土地の利用の円滑化等に関する特別措置法

定をしたときは，遅滞なく，裁定申請をした事業者及び当該事業に係る特定所有者不明土地所有者等で知れているものに文書で通知するとともに，公告する（土地特措法14条）。

裁定について，その公告があったときは，当該裁定の定めるところにより，裁定申請をした事業者は，土地使用権等を取得し，特定所有者不明土地等に関するその他の権利は，当該事業者による当該特定所有者不明土地等の使用のため必要な限度においてその行使を制限される（土地特措法15条）。

裁定によって土地使用権等を取得した地域福利増進事業者（使用権者）は，裁定において定められた土地等使用権の存続期間を延長して使用権設定土地（裁定によって取得された土地使用権の目的となっている土地をいう。）の全部又は一部を使用しようとするときは，当該存続期間の満了の日の9か月前から6か月前までの間に，当該使用権設定土地の所在地を管轄する都道府県知事に対し，土地等使用権の存続期間の延長についての裁定を申請することができる（土地特措法19条）。

なお，使用権者は，土地等使用権の存続期間が満了したとき又は裁定が取り消されたときは，当該使用権設定土地を原状に回復しないことについてその確知所有者の全ての同意が得られたときを除いて，使用権設定土地を原状に回復し，これを返還しなければならないとされている（土地特措法24条）。

第2　特定所有者不明土地の収用又は使用に関する土地収用法の特例

この法律では，特定所有者不明土地の収用又は使用に関する土地収用法の特例として，収用適格事業のための特定所有者不明土地の収用又は使用に関する特例と都市計画事業のための特定所有者不明土地の収用又は使用に関する特例が定められている。

前者については，起業者は，収用適格事業について，その起業地内にある特定所有者不明土地を収用し，又は使用しようとするときは，告示があった日から1年以内に，当該特定所有者不明土地の所在地を管轄する都

第4節　土地の所有者の効果的な探索のための特別の措置

道府県知事に対し，特定所有者不明土地の収用又は使用についての裁定を申請することができるとされている（土地特措法27条）。後者については，施行者は，認可又は承認を受けた都市計画事業について，その事業地内にある特定所有者不明土地を収用し，又は使用しようとするときは，当該特定所有者不明土地の所在地を管轄する都道府県知事に対し，特定所有者不明土地の収用又は使用についての裁定を申請することができるとされている（土地特措法37条）。

第3　不在者の財産及び相続財産の管理に関する民法の特例

　この法律では，不在者の財産及び相続財産の管理に関する民法の特例が定められた。これにより，国の行政機関の長又は地方公共団体の長（国の行政機関の長等）は，所有者不明土地につき，その適切な管理のため特に必要があると認めるときは，家庭裁判所に対し，民法第25条第1項の規定による命令（不在者の財産の管理）又は同法第952条第1項の規定による相続財産の管理人の選任の請求をすることができるとされた（土地特措法38条）。

　従前，国や地方自治体は，利害関係を有する場合には，家庭裁判所に対して，不在者財産管理人，相続財産管理人の選任の申立てをすることができたところ，この法律に基づくと，所有者不明土地につき，その適切な管理のため特に必要があると認めるときも，その申立てをすることができるようになった。

第4節　土地の所有者の効果的な探索のための特別の措置 ─────
第1　土地所有者等関連情報の利用及び提供

　都道府県知事及び市町村長は，地域福利増進事業，収用適格事業又は都市計画事業（地域福利増進事業等）の実施の準備のため当該地域福利増進事業等を実施しようとする区域内の土地の土地所有者等（土地又は当該土地にある物件に関し所有権その他の権利を有する者をいう。）を知る必要があるときは，当該土地所有者等の探索に必要な限度で，その保有する土地所有者等関連情報（土地所有者等と思料される者に関する情報のうちその者の氏名又は名称，住所

その他国土交通省令で定めるもの（本籍，出生の年月日，死亡の年月日及び連絡先（土地特措法施行規則4条））をいう。）を，その保有に当たって特定された利用の目的以外の目的のために内部で利用することができる（土地特措法39条1項）。

都道府県知事及び市町村長は，地域福利増進事業等を実施しようとする者からその準備のため当該地域福利増進事業等を実施しようとする区域内の土地の土地所有者等を知る必要があるとして土地所有者等関連情報の提供の求めがあったときは，当該土地所有者等の探索に必要な限度で，当該地域福利増進事業等を実施しようとする者に対し，土地所有者等関連情報を提供するものとし（土地特措法39条2項），その場合において，都道府県知事及び市町村長は，国及び地方公共団体以外の者に対し土地所有者等関連情報を提供しようとするときは，当該都道府県又は市町村の条例に特別の定めがあるときを除いて，あらかじめ，当該土地所有者等関連情報を提供することについて本人（当該土地所有者等関連情報によって識別される特定の個人をいう。）の同意（同意は，その所在が判明している者に対して求めれば足りる。）を得なければならない（土地特措法39条3項・4項）。

また，国の行政機関の長等は，地域福利増進事業等の実施の準備のため当該地域福利増進事業等を実施しようとする区域内の土地の土地所有者等を知る必要があるときは，当該土地所有者等の探索に必要な限度で，当該土地に工作物を設置している者その他の者に対し，土地所有者等関連情報の提供を求めることができる（土地特措法39条5項）。

第2 特定登記未了土地の相続登記等に関する不動産登記法の特例

1 概要

この法律によって，**特定登記未了土地**の相続登記等に関する不動産登記法の特例が設けられた。これにより，登記官は，起業者その他の公共の利益となる事業を実施しようとする者からの求めに応じ，当該事業を実施しようとする区域内の土地につきその所有権の登記名義人に係る死亡の事実の有無を調査した場合において，当該土地が特定登記未了土地に該当し，かつ，当該土地につきその所有権の登記名義人の死亡後10年以上30年以内

第4節　土地の所有者の効果的な探索のための特別の措置

において政令で定める期間を超えて相続登記等がされていないと認めるときは，当該土地の所有権の登記名義人となり得る者を探索した上，職権で，所有権の登記名義人の死亡後長期間にわたり相続登記等がされていない土地である旨その他当該探索の結果を確認するために必要な事項として法務省令で定めるものをその所有権の登記に付記することができることとなった（土地特措法40条1項）。ここで，所有権の登記名義人の死亡後10年以上30年以内において政令で定める期間（特定登記未了土地につき相続登記等がされていない期間）は，30年とされた（土地特措法施行令10条）。

　この場合，登記官は，その探索により当該土地の所有権の登記名義人となり得る者を知ったときは，その者に対し，当該土地についての相続登記等の申請を勧告することができ，相当でないと認めるときを除き，相続登記等を申請するために必要な情報を併せて通知するものとし（土地特措法40条2項），その施行に必要な限度で，関係地方公共団体の長その他の者に対し，その土地の所有権の登記名義人に係る死亡の事実その他当該土地の所有権の登記名義人となり得る者に関する情報の提供を求めることができる（土地特措法40条3項）。

2　登記手続等

i　法務省令

　特定登記未了土地の相続登記等に関する不動産登記法の特例に関し，所有権の登記にする付記についての登記簿及び登記記録の記録方法その他の登記の事務並びに勧告及び通知に関し必要な事項は，法務省令で定められた（土地特措法40条4項）。

ii　法定相続人情報

　登記官は，**長期相続登記等未了土地**の所有権の登記名義人となり得る者の探索を行った場合には，当該長期相続登記等未了土地の所有権の登記名義人に係る**法定相続人情報**を作成するものとされ，ここで，長期相続登記等未了土地とは，特定登記未了土地に該当し，かつ，当該土地の

第3章　所有者不明土地の利用の円滑化等に関する特別措置法

所有権の登記名義人の死亡後30年間を超えて相続による所有権の移転の登記その他の所有権の登記がされていない土地をいう（土地特措法登記省令1条1項）。法定相続人情報には，次の事項が記録され，法定相続人情報は電磁的記録で作成され，保存される。

〈土地特措法登記省令〉

第1条第2項

一　被相続人である所有権の登記名義人の氏名，出生の年月日，最後の住所，登記簿上の住所及び本籍並びに死亡の年月日

二　前号の登記名義人の相続人（被相続人又はその相続人の戸籍及び除かれた戸籍の謄本又は全部事項証明書により確認することができる相続人となり得る者をいう。）の氏名，出生の年月日，住所及び当該登記名義人との続柄（当該相続人が死亡しているときにあっては，氏名，出生の年月日，当該登記名義人との続柄及び死亡の年月日）

三　第一号の登記名義人の相続人（第一次相続人）が死亡している場合には，第一次相続人の相続人（第二次相続人）の氏名，出生の年月日，住所及び第一次相続人との続柄（当該相続人が死亡しているときにあっては，氏名，出生の年月日，当該第一次相続人との続柄及び死亡の年月日）

四　第二次相続人が死亡しているときは，第二次相続人を第一次相続人と，第二次相続人を第一次相続人の相続人とみなして，前号の規定を適用し，当該相続人（その相続人を含む。）が死亡しているときも，同様とする。

五　相続人の全部又は一部が判明しないときは，その旨

六　作成番号

七　作成の年月日

ⅲ　長期相続登記等未了土地である旨の登記

　所有権の登記名義人の死亡後長期間にわたり相続登記等がされていない土地である旨その他当該探索の結果を確認するために必要な事項の登記（土地特措法40条1項）は，長期間にわたり相続登記等がされていない土地である旨（長期相続登記等未了土地である旨）が，付記登記によってされる（土地特措法登記省令2条）。登記官は，職権で，その登記をしようと

第4節　土地の所有者の効果的な探索のための特別の措置

するときは，職権付記登記事件簿に登記の目的，立件の年月日及び立件
の際に付した番号並びに不動産所在事項を記録するものとし，長期相続
登記等未了土地である旨のほか，法務省令で定めるものとして，相続人
の全部又は一部が判明しないときは，その旨，そして作成番号が記録さ
れる（土地特措法登記省令3条）。

　長期相続登記等未了土地である旨の付記登記がされた所有権の登記名
義人について所有権の移転の登記がされ，これにより当該登記名義人が
所有権の登記名義人でなくなった場合には，登記官の職権で，その旨の
抹消の登記をするとともに，抹消すべき登記を抹消する記号が記録され
る（土地特措法登記省令7条）。

iv　勧告等

　土地特措法第40条第2項に規定する勧告は，長期相続登記等未了土地
に係る不動産所在事項及び不動産番号及び所有権の登記名義人となり得
る者を明らかにして行い（土地特措法登記省令4条1項），同項に規定する
通知は，長期相続登記等未了土地の所在地を管轄する登記所及び登記の
申請に必要な情報を明らかにして行うものとされている（土地特措法登記
省令4条2項）。

v　帳簿等

　登記所には，法定相続人情報つづり込み帳及び職権付記登記事件簿が
備えられ，法定相続人情報つづり込み帳には，関係地方公共団体の長そ
の他の者への照会書の写し，提出された資料，法定相続人情報の内容を
書面に出力したもの及び，その付記登記に関する書類がつづり込まれる
（土地特措法登記省令5条）。

　法定相続人情報は付記登記を抹消した日から30年間，職権付記登記事
件簿に記録された情報は立件の日から5年間，法定相続人情報つづり込
み帳は作成の年の翌年から10年間，保存される（土地特措法登記省令6条）。

41

第3章　所有者不明土地の利用の円滑化等に関する特別措置法

vi　法定相続人情報の活用

　表題部所有者又は登記名義人の相続人が登記の申請をする場合におい
て，当該表題部所有者又は登記名義人に係る**法定相続人情報**の作成番号
（法定相続人情報に相続人の全部又は一部が判明しない旨の記録がないものに限
る。）を提供したときは，当該作成番号の提供をもって，相続があった
ことを証する市区町村長その他の公務員が職務上作成した情報の提供に
代えることができ（土地特措法登記省令8条1項），これによって，相続が
あったことを証する市区町村長その他の公務員が職務上作成した情報の
提供を省略することができる（土地特措法登記省令8条1項）。

　また，表題部所有者の相続人が所有権の保存の登記の申請をする場合
又は登記名義人の相続人が相続による権利の移転の登記の申請をする場
合においても，法定相続人情報の作成番号（法定相続人情報に当該相続人の
住所が記録されている場合に限る。）を提供したときは，当該作成番号の提供
をもって，登記名義人となる者の住所を証する市町村長その他の公務員
が職務上作成した情報の提供に代えることができる（土地特措法登記省令
8条2項）。

　なお，法定相続人情報は登記簿の附属書類であり，その閲覧は，請求
人が利害関係を有する部分に限られる（不動産登記規則121条2項）。そのた
め，法定相続人情報に記録された相続人（その相続人を含む。）のほか，公
共の利益となる事業を実施しようとする者で，当該土地の所有者を探索
する必要があるもののみが法定相続人情報を閲覧することができると考
えられている（NBL1140号52頁）。

42

第1節　親族の範囲

第2編

親族

第2編
親　　族

第1章　総則

第1節　親族の範囲

〈**論点　配偶者の血族の配偶者は，親族なのか。**〉

【概　　説】

〈旧民法〉

第725条　左ニ掲ケタル者ハ之ヲ親族トス
一　六親等内ノ血族
二　配偶者
三　三親等内ノ姻族

第726条　親等ハ親族間ノ世数ヲ算シテ之ヲ定ム
2　傍系親ノ親等ヲ定ムルニハ其一人又ハ其配偶者ヨリ同始祖ニ遡リ其始祖ヨリ他ノ一人ニ下ルマテノ世数ニ依ル

　旧民法における**親族**の範囲，親等の計算に関する規定は，新民法から現行民法に至るまでと，内容に変わりはない。

　つまり，Xという日本人がいるとすると，Xの6親等内の血族，Xの配偶者，Xの3親等以内の姻族がXの親族となることは，旧民法以来，一貫している。

　まず**血族**には，**自然血族**と**法定血族**がある。自然血族とは，実親子関係から広がる実祖父母孫や実兄弟姉妹など，実の血族の間柄をいう。また，

第1章　総則

法定血族とは，自然血族ではないものの，血族として扱われる間柄をいい，これには養子縁組によって生じた養親子関係及び養親子関係から広がる親族関係が該当する。養親子関係（→**養親子関係2-1-2**）は，その成立の要件等に変更はあったものの，旧民法（以前から）以来現行民法に至るまで一貫して法定血族として認められてきたものであるが，旧民法（以前）においては，その他，継親子関係（→**継親子関係2-1-3**）も法定血族として認められていた。

次に，**配偶者**とは，夫にとっての妻，妻にとっての夫を指し（婚姻関係にある者をいい，内縁関係にある者は含まれない。），互いに親族であるが，互いに血族にも姻族に当たらない。

姻族であるが，これについては民法上に定義はないが，自己の配偶者の血族と，自己の血族の配偶者が該当する。

血族，姻族には**直系**，**傍系**の別がある。例えば，親と子や，祖父母と孫のように祖先と子孫の血族の関係を直系といい，兄弟姉妹や，叔父と甥のように互いに祖先と子孫の関係にはないが，祖先を同一とする者相互の血族の関係を傍系という。姻族にあっては，配偶者の直系血族は直系姻族，傍系血族は傍系姻族となる。

さらに血族には**親等**と**尊属**，**卑属**の別がある。親等は，直系の間では相互間の世数で定め，傍系の間では，その一方と同一の祖先間の世数に，その祖先と他方の世数を合算して定める。また，ある人（又は，その人の配偶者）から見てより古い世代（親を含み，親より古い世代）の者を尊属といい，ある人（又は，その人の配偶者）から見てより新しい世代（子を含み，子より新しい世代）を卑属という。例えば，子から見て親は**直系尊属**1親等の血族，孫から見て祖父は直系尊属2親等の血族，甥から見て伯父は傍系尊属3親等の血族，親から見て子は**直系卑属**1親等の血族，祖父から見て孫は直系卑属2親等の血族，伯父から見て甥は傍系卑属3親等の血族となる。兄弟姉妹，従兄弟姉妹（いとこ）のように相互に同一の世代にある者の間には尊属，卑属の別はないため，兄弟姉妹は傍系血族2親等，従兄弟姉妹は傍系血族4親等の血族となる。なお，嫡出子，非嫡出子の別は親等と尊属，

卑属の別に影響を及ぼさず，配偶者は相互に，親等と尊属，卑属の別はない。姻族にあっては，例えば，夫にとって妻の親は1親等の直系姻族と，妻の甥は3親等の傍系姻族となり，ある人にとって娘の夫は1親等の直系姻族となる。なお，夫婦の一方（例えば，夫）の血族（例えば，その夫の兄）と他方（例えば，妻）の血族（例えば，その妻の妹）とは，姻族に当たらない（大二刑判大4・5・24大刑録21輯657頁）。

親族事例1：自己の妻の兄の妻

明治29・8・5	甲家戸主Ａ男が乙家家族Ｂ女と婚姻（Ｂ女が甲家戸籍に入籍）
明治31・7・16	丙家戸主Ｃ男が丁家家族Ｄ女と婚姻（Ｄ女が丙家戸籍に入籍）
明治31・8・9	Ａ男とＢ女に嫡出子Ｅ男が誕生（Ｅ男は甲家戸籍に入籍）
明治33・4・19	Ａ男とＢ女に嫡出子Ｆ男が誕生（Ｆ男は甲家戸籍に入籍）
明治35・2・12	Ａ男とＢ女に嫡出子Ｇ女が誕生（Ｇ女は甲家戸籍に入籍）
明治36・12・5	Ｃ男とＤ女に嫡出子Ｈ男が誕生（Ｈ男は丙家戸籍に入籍）
明治39・10・23	Ｃ男とＤ女に嫡出子Ｉ女が誕生（Ｉ女は丙家戸籍に入籍）
昭和2・11・21	Ｈ男が戊家家族Ｊ女と婚姻（Ｊ女が丙家戸籍に入籍）
昭和3・12・3	Ｅ男がＩ女と婚姻（Ｉ女が甲家戸籍に入籍）
昭和4・8・31	己家戸主Ｌ男がＧ女と婚姻（Ｇ女が己家戸籍に入籍）
昭和5・10・25	Ｌ男とＧ女に嫡出子Ｎ男が誕生（Ｎ男は己家戸籍に入籍）
昭和6・7・3	Ｅ男とＩ女に嫡出子Ｋ男が誕生（Ｋ男は甲家戸籍に入籍）
昭和7・1・6	Ｈ男とＪ女に嫡出子Ｍ女が誕生（Ｍ女は丙家戸籍に入籍）

第1章　総則

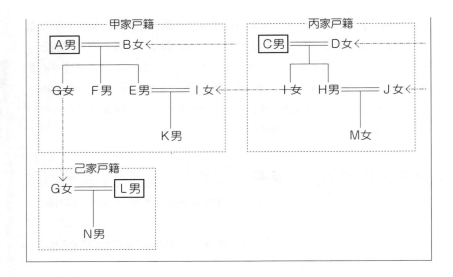

事例の解説

　この事例における親族関係を見ると，例えば，A男から見てE男は直系血族卑属1親等，K男から見てB女は直系血族尊属2親等，E男，F男，G女は互いに傍系血族2親等，E男から見てN男は傍系血族卑属3親等，K男，M女は互いに傍系血族4親等の親族となる。ある者と，ある者とが親族であるということは，それらの者が同一の戸籍，同一の家（→家2-2-1）に在籍，所属していることは要件とはされていない。

　姻族の関係では，例えば，E男にとってC男は直系姻族尊属1親等，H男は傍系姻族2親等，M女は傍系姻族卑属3親等，I女にとってN男は傍系姻族卑属3親等の親族となる。前述のとおり，血族の配偶者も姻族に当たるため，E男にとってL男は姻族に当たり，E男の親族となるが，J女は，E男にとっては自己の妻I女の血族である兄H男の妻であり，自己の配偶者の血族にも，血族の配偶者にも該当しない。したがって，姻族には当たらず，E男にとってJ女は親族とはならない。このような場合，世間的には，通常，E男はJ女のことを，「お義姉さん（おねえさん）」と呼ぶことも少なくないであろうが，民法上は，互いに親族の関係にはない。

46

第2節　養親子関係

> **まとめ**　**親族の範囲**
>
> 　親族には血族，配偶者，姻族があり，血族には自然血族と法定血族とがある。血族，姻族には親等と尊属，卑属の別があり，自己の血族であれば6親等内，自己の姻族であれば3親等内，そして自己の配偶者は，その在籍する戸籍，所属する家に関わらず，親族に当たる。

第2節　養親子関係───────────────

〈**論点　養子は，養親の血族と血族関係を生じるのか。**〉

■概　説■

> 〈**旧民法**〉
>
> **第727条**　養子ト養親及ヒ其血族トノ間ニ於テハ養子縁組ノ日ヨリ血族間ニ於ケルト同一ノ親族関係ヲ生ス

　養子縁組（→養子縁組2-4-2論点1）によって，**養子**と，養親及び養親の血族との間に相互に血族の関係（→法定血族2-1-1）が生じることは，旧民法以来，一貫している。

　養子縁組が成立すると，養親と養子が親子，つまり，親と，その嫡出子（→嫡出子2-4-1論点1）となり，あわせて，養親の親と養子とは祖父母と孫に，養親の子と養子は兄弟姉妹に，養親の兄弟姉妹と養子とは伯叔父母（おじおば）と甥姪になるなど，養子と養親の血族との間には血族関係が生じる。

　他方，養子縁組が成立しても，養親と養子の血族との間には血族関係が生じるものではない。例えば，養子に，養子縁組前に出生していた子がいたとしても，養親と当該養子の子とが祖父母と孫の関係になることはなく，養親と養子の兄弟との間に血族関係が生じることもない。

　養親子関係が成立しても，当該養子と，その実方の親族との親族関係が

第 1 章　総則

継続することは，特別養子の場合を除いて，応急措置法，新民法以来，現行民法の場合と変わらない。

親族事例2：養子と，養父の実父との孫祖父の関係

明治29・8・5	甲家戸主Ａ男が乙家家族Ｂ女と婚姻（Ｂ女が甲家戸籍に入籍）
明治31・8・9	Ａ男とＢ女に嫡出子Ｃ男が誕生（Ｃ男は甲家戸籍に入籍）
明治35・2・12	Ａ男とＢ女に嫡出子Ｄ女が誕生（Ｄ女は甲家戸籍に入籍）
大正5・2・5	Ｃ男が丙家家族Ｅ女と婚姻（Ｅ女が甲家戸籍に入籍）
大正6・4・17	丁家戸主Ｆ男が戊家家族Ｇ女と婚姻（Ｇ女が丁家戸籍に入籍）
大正8・3・5	Ｆ男とＧ女に嫡出子Ｈ男が誕生（Ｈ男は丁家戸籍に入籍）
大正10・8・9	Ｆ男とＧ女に嫡出子Ｉ男が誕生（Ｉ男は丁家戸籍に入籍）
昭和17・9・16	Ｃ男及びＥ女がＩ男を養子とする養子縁組（Ｉ男が甲家戸籍に入籍）

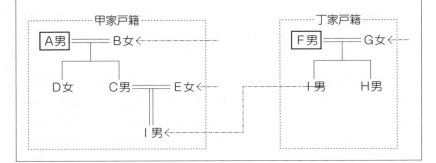

親族事例3：養子の実子と，養父との孫祖父の関係

| 明治29・8・5 | 甲家戸主Ａ男が乙家家族Ｂ女と婚姻（Ｂ女が甲家戸籍に入籍） |
| 明治31・8・9 | Ａ男とＢ女に嫡出子Ｃ男が誕生（Ｃ男は甲家戸籍に入籍） |

第2節 養親子関係

明治35・2・12　A男とB女に嫡出子D女が誕生（D女は甲家戸籍に入籍）
大正5・2・5　C男が丙家家族E女と婚姻（E女が甲家戸籍に入籍）
大正6・4・17　丁家戸主F男が戊家家族G女と婚姻（G女が丁家戸籍に入籍）
大正8・3・5　F男とG女に嫡出子H男が誕生（H男は丁家戸籍に入籍）
大正10・8・9　F男とG女に嫡出子I男が誕生（I男は丁家戸籍に入籍）
昭和16・12・17　E女が死亡
昭和17・9・16　I男が己家家族J女と婚姻（J女が丁家戸籍に入籍）
昭和18・11・8　I男とJ女に嫡出子K男が誕生（K男は丁家戸籍に入籍）
昭和19・5・7　C男がI男及びJ女を養子とする養子縁組（I男及びJ女が甲家戸籍に入籍）
昭和19・6・6　I男がK男を甲家に引取入籍（K男が甲家戸籍に入籍）
昭和20・7・7　I男とJ女に嫡出子L女が誕生（L女は甲家戸籍に入籍）

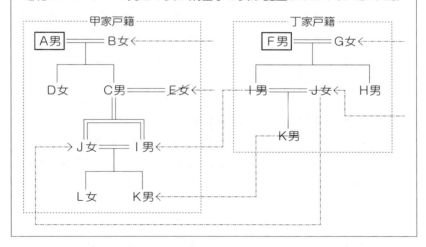

事例の解説

親族事例2では，C男を養父，E女を養母とし，I男を養子とする養親子関係が生じ，あわせて，I男はA男及びB女の孫（子の養子），D女の甥となる。他方，C男とH男との間に血族関係が生じるものではない。

第1章　総則

　親族事例3では，Ｃ男を養父とし，Ｉ男及びＪ女を養子とする養親子関係が生じ（Ｉ男及びＪ女は兄弟姉妹ともなる。），あわせて，Ｉ男及びＪ女はＡ男及びＢ女の孫，Ｄ女の甥姪となる。また，Ｌ女はＩ男及びＪ女がＣ男の子となってから出生した子であり，Ｃ男にとっては子の子，つまり孫（養子の子）になる。他方，Ｃ男とＨ男との間に血族関係が生じるものではなく，Ｋ男についても，Ｉ男及びＪ女の実子ではあるものの，Ｉ男及びＪ女がＣ男の養子となる前に出生していた子であるため，Ｃ男とＫ男との間には，Ｋ男が甲家戸籍に入った（→入籍2-2-4）後であっても血族関係が生じるものではなく，つまり，Ｋ男はＣ男の孫にはならなかった。

　以上のとおり，養子は養親の嫡出子となり，養親の血族との間に血族関係が生じたが，養子縁組があっても，実の親その他の血族との親子，血族関係が消滅しないことは，応急措置法，新民法以来，現行民法の場合（特別養子縁組の場合を除く。）と変わらない。例えば，親族事例2では，Ｉ男にとって，養子縁組後は，丁家は実家（→家2-2-1），甲家は養家（→家2-2-1）に当たり，Ｉ男は，Ｃ男，Ｅ女の嫡出子，Ａ男，Ｂ女，Ｄ女の血族（養方の血族）であると同時に，Ｆ男，Ｇ女の嫡出子，Ｈ男の血族（実方の血族）であることになる。

> **まとめ** 養親子関係の成立と親族関係
>
> 　養子縁組の成立によって養親子関係が生じ（後掲・戸籍記載例⑥），あわせて，養親の親と養子とは祖父母と孫になるなど，養子と養親の血族との間には血族関係が生じた（実方の親その他の血族との親子，血族関係は消滅しない。）。
>
> 　養子は養親の嫡出子となることから，養親を被相続人とする家督相続（→家督相続3-1-1）が開始したときは養子は家督相続人となり得（相続事例19），あるいは遺産相続（→遺産相続3-2-1）が開始したときは養子は実子である嫡出子と同順位，同相続分で遺産相続人となった（相続事例48）。
>
> 　養子は養親の親の孫となったことから，養親の親を被相続人とする

50

第3節　継親子関係

家督相続が開始したときに，その開始以前に養親が死亡していたとすると，養子は養親を代襲して家督相続人となり得（相続事例31），同様に遺産相続が開始したときに，その開始以前に養親が死亡していたとすると，養子は養親を代襲して遺産相続人となった（相続事例53）。

　養子の子については，養子縁組後に出生した子は養親の孫となるが，養子縁組前に出生していた子については養親の孫となることはない。したがって，養親を被相続人とする家督相続が開始したときに，その家督相続の開始以前に，子がいる養子が死亡していたとすると，養子縁組後に出生した子は養子を代襲して家督相続人となり得るが，養子縁組前に出生していた子は家督相続人となり得ないことを意味し，養親を被相続人とする遺産相続が開始したときに，その遺産相続の開始以前に，子がいる養子が死亡していたとすると，養子縁組後に出生した子は養子を代襲して遺産相続人となるが，養子縁組前に出生していた子は遺産相続人となり得ないことを意味する。

第3節　継親子関係

〈論点1　継親子関係とは，どのような親族関係なのか。〉

■【概　説】

〈旧民法〉

第728条　継父母ト継子ト又嫡母ト庶子トノ間ニ於テハ親子間ニ於ケルト同一ノ親族関係ヲ生ス

　法定血族には養親子関係のほか，旧民法においては**継親子**関係があった。継親子関係が成立すると，継親（継父，継母）と**継子**は親子となる。

　では，どのような場合に，継親子関係が生じるのであろうか。

　これについて，継親子関係が成立した場合の法的効果は前述のとおり，

第1章　総則

旧民法第728条に規定されているが，成立の要件は旧民法には明文化され
ていなかった。これは，旧民法施行以前から慣習として，例えば，夫に前
婚の子がいる場合は，一定の要件の下で妻にとって，その子は継子，その
子にとって，父の妻は継母（継親）となるとされていたもので，旧民法下
においても，再婚相手の前婚の子（俗にいう連れ子を含む。）との関係や，再
婚相手と自己の前婚の子との関係が継親子関係となった。

　そこで，一般に，当該子の親でない方の配偶者にとって，次のいずれか
の場合に，当該子との間に継親子関係が成立すると解されていた（大判大
9・4・8大民録26輯466頁）。

　ア　配偶者の子であって，その婚姻の当時，配偶者の家（→家2-2-
　　　1）にある子は，他方の配偶者の継子となる。
　イ　配偶者の子であって，その婚姻中に，配偶者の家に入った（→入
　　　籍2-2-4）子は，他方の配偶者の継子となる。

　要するに，夫婦が婚姻した際，その夫婦の家に夫婦の一方の前婚の子が
あるときは，婚姻の成立と同時に，その夫婦の他方（当該子の実親でない
方）を継親，当該子を継子とする継親子関係が成立し，また，夫婦が婚姻
し，その婚姻の継続中に，他家（→家2-2-1）にある夫婦の一方の前婚の
子が，その夫婦の家に入ったときは，その家に入ったと同時に，その夫婦
の他方（当該子の実親でない方）を継親，当該子を継子とする継親子関係が
成立したわけである。

　いずれの場合も，応急措置法，新民法以来，現行民法にあっては，その
配偶者と当該子とは姻族1親等の関係になるに過ぎず，もちろん，法律上
の親子関係が生じることはないが，旧民法にあっては，法定血族として継
親子関係が成立し，親子の関係となったのである。

第3節　継親子関係

親族事例4：妻と，夫と夫の先妻との間の実子との関係

明治39・8・5　　甲家家族Ａ男が乙家家族Ｂ女と婚姻（Ｂ女が甲家戸籍に入籍）

明治44・10・4　Ａ男とＢ女に嫡出子Ｃ男が誕生（Ｃ男は甲家戸籍に入籍）

大正3・7・14　Ａ男とＢ女が離婚（Ｂ女は乙家戸籍に復籍）

大正7・12・3　Ａ男が丙家家族Ｄ女と婚姻（Ｄ女が甲家戸籍に入籍）

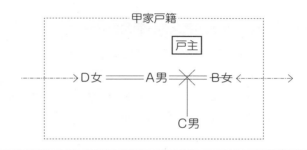

親族事例5：夫と，妻と妻の先夫との間の実子との関係

明治39・8・5　　乙家家族Ａ男が丙家家族Ｂ女と婚姻（Ｂ女が乙家戸籍に入籍）

明治44・10・4　Ａ男とＢ女に嫡出子Ｃ男が誕生（Ｃ男は乙家戸籍に入籍）

昭和13・7・4　Ａ男が死亡

昭和17・12・3　甲家戸主Ｄ男がＢ女と婚姻（Ｂ女が甲家戸籍に入籍）

昭和18・1・23　Ｂ女がＣ男を引取入籍（Ｃ男が甲家の戸籍に入籍）

第1章　総則

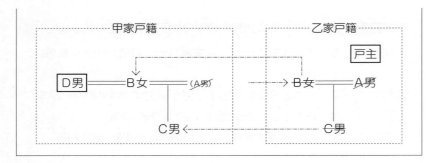

親族事例6：継子と，継父の実父の孫祖父の関係

明治39・8・5	甲家戸主A男が乙家家族B女と婚姻（B女が甲家戸籍に入籍）
明治44・10・4	A男とB女に嫡出子C男が誕生（C男は甲家戸籍に入籍）
昭和8・6・18	丙家家族D男が丁家家族E女と婚姻（E女が丙家戸籍に入籍）
昭和10・7・11	D男とE女に嫡出子F女が誕生（F女は丙家戸籍に入籍）
昭和13・7・4	D男が死亡
昭和17・12・3	C男がE女と婚姻（E女が甲家戸籍に入籍）
昭和18・1・23	E女がF女を引取入籍（F女が甲家戸籍に入籍）

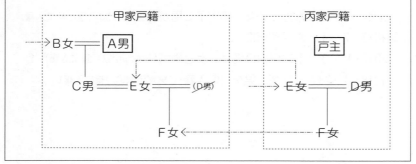

54

第3節　継親子関係

親族事例7：継子の実子と，継父の孫祖父の関係

明治39・8・5　甲家家族A男が乙家家族B女と婚姻（B女が甲家戸籍に入籍）

明治44・10・4　A男とB女に嫡出子C男が誕生（C男は甲家戸籍に入籍）

大正3・7・14　A男とB女が離婚（B女は乙家戸籍に復籍）

大正7・12・3　A男が丙家家族D女と婚姻（D女が甲家戸籍に入籍）

昭和8・9・21　C男が丁家家族F女と婚姻（F女が甲家戸籍に入籍）

昭和10・7・16　C男とF女に嫡出子G男が誕生（G男が甲家戸籍に入籍）

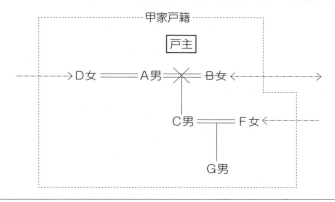

親族事例8：妻と，夫の養子との関係

明治44・10・4　甲家家族A男が乙家家族B男を養子とする養子縁組
　　　　　　　　（B男が甲家戸籍に入籍）

大正7・12・3　A男が丙家家族C女と婚姻（C女が甲家戸籍に入籍）

第1章　総則

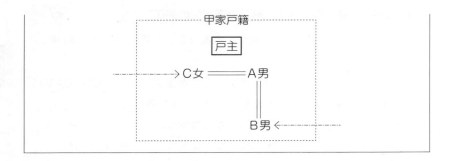

事例の解説

　親族事例4は，前記アの要件に該当する。甲家にはA男の前婚の子C男（A男とB女の嫡出子）があるところ，D女がA男と婚姻したことで，D女とC男がともに甲家にあることになったため，その婚姻と同時にD女を継母，C男を継子とする継親子関係が成立した。

　親族事例5は，前記イの要件に該当する。B女がD男と婚姻して甲家に入ったところ，B女には当該婚姻前の家である乙家に前婚の子C男（A男とB女の嫡出子）があった。そして，その後，B女がC男を甲家に引取り（→入籍2-2-4），その結果，D男とC男がともに甲家にあることになったため，その引取入籍と同時にD男を継父，C男を継子とする継親子関係が成立した。

　以上のような継親子関係においては，継子は継親の嫡出子（→嫡出子2-4-1論点1）として扱われた。

　親族事例6では，C男とE女が婚姻し，F女が甲家に引き取られることで，C男を継父，F女を継子とする継親子関係が成立したが，養親子関係と異なり，継親子関係が成立しても継親と継子が親子になるだけで，継子と継親の血族との間に血族関係が生じるものではなかった。そのため，**子の継子**であるF女はA男及びB女の孫にはならなかった。

　他方，親族事例7では，D女とA男が婚姻することで，D女を継母，C男を継子とする継親子関係が成立し，その後，G男が出生した。G男は，C男がD女の子になってから生まれた子であるため，D女の子の子として，

D女の孫（**継子の子**）となった。なお，継親子関係が成立する前に出生していた継子の子は，継親とは祖父母孫の関係は生じなかった（相続事例35）。

親族事例8でも，C女とB男との間に継親子関係が生じた。C女にとってB男は，配偶者A男の前婚の子ではないが，A男の養子であり，A男の子（嫡出子）であることには変わりない。そこで，C女にとって，配偶者A男の子（養子）であって，その婚姻の当時，甲家にあるB男は継子となる。配偶者の子（養子）であって，その婚姻中に，配偶者の家に入った（→入籍2-2-4）子も，同様に，他の配偶者の継子となる。

このように，継子となる配偶者の子とは，配偶者の嫡出子である実子に限られず，その養子（→**養親子関係2-1-2**）も含まれ（明44・5・24民事184号民事局長回答，大7・5・30民1159号法務局長回答），このような継親子関係の場合も，継子（配偶者の養子）は継親の（養子としてではなく）嫡出子として扱われた。

〈論点2　嫡母庶子関係とは，どのような親族関係なのか。〉

親族事例9：嫡母庶子関係

明治39・8・5　乙家家族B女が甲家戸主A男の庶子C男を出生（C男は甲家戸籍に入籍）

大正4・10・14　A男が丙家家族D女と婚姻（D女は甲家戸籍に入籍）

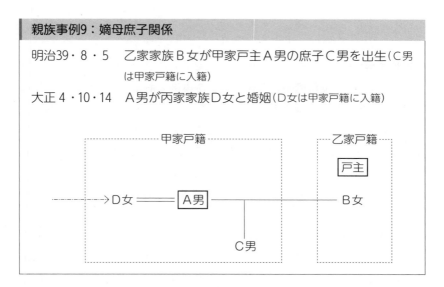

第1章　総則

親族事例10：夫と，妻の私生子との関係

明治39・8・5　甲家戸主D男が乙家家族E女と婚姻（E女が甲家戸籍に入籍）
明治44・10・4　D男とE女に嫡出子A女が誕生（A女は甲家戸籍に入籍）
昭和10・7・7　A女が私生子C男を出生（C男は甲家戸籍に入籍）
昭和15・8・9　D男及びE女並びにA女が丙家家族B男と婿養子縁組（B男が甲家戸籍に入籍）

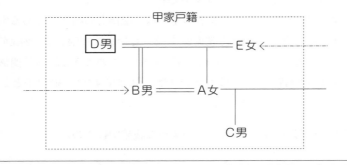

事例の解説

　親族事例9は，**嫡母庶子**の関係に関する事例である。ここでは，A男には**庶子**（→庶子2-4-1論点2）C男がいるところ，A男とD女が婚姻し，D女とC男とはともに甲家にいることとなった。この結果，その婚姻と同時に庶子C男にとって，D女を**嫡母**とする嫡母庶子関係が生じた。この場合，当該庶子は嫡母にとって子となるが，その夫の庶子（**非嫡出子**）であることから，当該子は嫡母にとっても非嫡出子である子になった。

*　広義の継親子関係と狭義の継親子関係

　このように嫡母庶子関係は，妻と，夫の庶子の間に非嫡出の親子関係が生じるものであり，いわば，非嫡出の継親子関係であるといえる。この場合，継母に相当する者が嫡母，継子に該当する者が庶子に当たる。親族事

58

第3節　継親子関係

例4，親族事例5のように継子に当たるべき者が嫡出子ではなく，非嫡出子である場合の継親子関係であるといえる。

　一般に，庶子の父の妻と当該庶子とがともに同じ家にいることとなった場合に，嫡母庶子関係が成立する。

　嫡母庶子関係を非嫡出の継親子関係であるとみると，親族事例4，親族事例5のような継親子関係は嫡出の継親子関係であり，それで，そのような嫡出の継親子関係と嫡母庶子関係を総称して広義の継親子関係というとすると，嫡出の継親子関係を狭義の継親子関係ということができる。

＊　夫と妻の私生子との関係

　親族事例10は，同じ家に，女子と，その**私生子**（→私生子2-4-1論点2）がいるところ，その女子が婚姻し，その夫と当該私生子がともに同じ家にいることになった事例である。ここでは，婚姻の一形態でもある婿養子縁組（→**婿養子2-4-2論点2**）によって，婿養子である夫B男と，その妻A女の私生子C男がともに甲家にいることになった。

　この場合において，B男とC男との間に嫡母庶子関係のような，非嫡出の継親子関係の成立については，否定されていた。

　これは，私生子の母が婚姻し，母の夫と私生子が同じ家になったとしても，私生子は，母の夫の継子とはならない（非嫡出の継子にもならない）とされていたことによる（大二民判明37・5・23大民録10輯712頁，大7・5・30民1159号法務局長回答）。

　この事例でも，B男にとっては，C男は，配偶者の私生子であるので，B男にとって，C男は，妻の子ではあっても，B男の継子となることはない。結局，B男にとってC男は子ではなく，単に妻の子（私生子）であるだけで，1親等の直系姻族になるにすぎなかった。

第1章　総則

〈論点3　継親子関係は，どのようなときに消滅するのか。〉

親族事例11：継親の離婚

明治39・8・5	甲家家族A男が乙家家族B女と婚姻（B女が甲家戸籍に入籍）
明治44・10・4	A男とB女に嫡出子C男が誕生（C男は甲家戸籍に入籍）
昭和13・7・4	B女が死亡
昭和17・12・3	A男が丙家家族D女と婚姻（D女が甲家戸籍に入籍）
昭和21・6・21	A男とD女が離婚（D女が丙家戸籍に復籍）

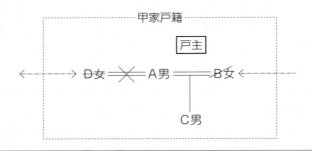

親族事例12：継親の去家

明治39・8・5	甲家家族A男が乙家家族B女と婚姻（B女が甲家戸籍に入籍）
明治44・10・4	A男とB女に嫡出子C男が誕生（C男は甲家戸籍に入籍）
昭和13・7・4	B女が死亡
昭和17・12・3	A男が丙家家族D女と婚姻（D女が甲家戸籍に入籍）
昭和19・4・13	A男が死亡
昭和21・9・14	D女が丙家に親族入籍（D女が丙家戸籍に入籍）

第3節　継親子関係

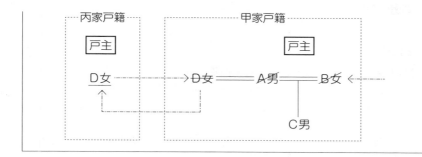

親族事例13：継子の除籍

明治39・8・5	甲家戸主Ａ男が乙家家族Ｂ女と婚姻（Ｂ女が甲家戸籍に入籍）
明治44・10・4	Ａ男とＢ女に嫡出子Ｃ女が誕生（Ｃ女は甲家戸籍に入籍）
大正2・6・21	Ａ男とＢ女に嫡出子Ｄ女が誕生（Ｄ女は甲家戸籍に入籍）
大正5・6・29	Ｂ女が死亡
昭和13・7・4	Ａ男が丙家家族Ｅ女と婚姻（Ｅ女が甲家戸籍に入籍）
昭和15・12・30	丁家家族Ｆ男がＤ女と婚姻（Ｄ女が丁家戸籍に入籍）

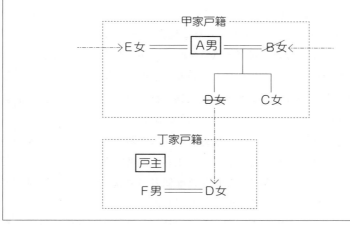

第1章　総則

事例の解説

〈旧民法〉

第729条　姻族関係及ヒ前条ノ親族関係ハ離婚ニ因リテ止ム

2　夫婦ノ一方カ死亡シタル場合ニ於テ生存配偶者カ其家ヲ去リタルトキ亦同シ

第731条　第729条第2項及ヒ前条第2項ノ規定ハ本家相続，分家及ヒ廃絶家再興ノ場合ニハ之ヲ適用セス

親族事例11では，D女がA男と婚姻したことで，一旦，D女を継母，C男を継子とする継親子関係が成立した。

その後，A男とD女が離婚したが，継親子関係は，継子の親と継親の婚姻関係に基礎を置く親子関係であるため，継子の親と継親が離婚したときは，その継親子関係は消滅する。

したがって，A男とD女が離婚した時に，D女とC男との継親子関係は消滅した。

親族事例12でも，D女がA男と婚姻したことで，まず，D女を継母，C男を継子とする継親子関係が成立した。

その後，A男が死亡し，D女が実家に親族入籍（→**親族入籍2-2-4**）したものである。この場合，継子の親（継親でない方）が死亡しても継親子関係は継続するため，A男が死亡後も，D女が継母，C男が継子であることに変わりないが，後日，D女が実家に親族入籍した。つまり，D女が甲家を去った（→**去家2-2-1**）ことになるわけである。

夫婦の一方の子と，その夫婦の他方との間に継親子関係があるとき，その夫婦の一方が死亡した場合において，生存配偶者である継親が，その家を去ったときは，生存配偶者と死亡した配偶者の血族との間の姻族関係が終了すると同時に，当該継親子関係も終了した。

したがって，D女が甲家を去家した時，D女とC男との継親子関係は消滅した。

第3節　継親子関係

　なお，その**去家**が，**本家相続**（→本家相続2-2-8），**分家**（→分家2-2-7
論点1），**廃家再興**（→廃家2-2-11，→再興2-2-7論点3），**絶家再興**（→絶家
2-2-12，→再興2-2-7論点3）の場合には，姻族関係も，継親子関係も消
滅しなかった。

　親族事例13は，継子が当該家から他家（→家2-2-1）に入った（→入籍
2-2-4）場合における継親子関係の消長についての事例である。まず，
A男とE女が婚姻したことで，E女と，同じ家にいるA男の前婚の子であ
るC女及びD女とは，各々継親子関係が生じたが，その後，D女が婚姻に
よって甲家を除籍したものである。

　親族事例12は継親が他家に入った事例であるが，この事例は継子が他家
に入った事例であるところ，旧民法第729条第2項の規定は継親の去家の
場合に適用され，継子の場合には適用されない。これは，継親子関係が成
立した後に，継子が婚姻や養子縁組等によって他家に入った場合であって
も，その継親子関係は継続するということを意味する。

　したがって，D女は婚姻によって甲家を除籍し，丁家に入っても，E女
との継親子関係は継続している。つまり，D女はE女の娘として「嫁に
行った」ことになり，なおも，E女の継子であった。もし，その後，E女
が子を出生すると，その子はE女の孫となった。

> **まとめ** 継親子関係，嫡母庶子関係の成立，消滅
>
> 　継親子関係とは，婚姻した夫婦の一方に前婚等の子がいる場合，一
> 定の要件のもとで，その夫婦の他方と当該子の間に親子の関係が認め
> られる旧民法特有の法定血族の関係であり，応急措置法，新民法以来，
> 現行民法では認められていない関係である。継親子関係は，一定の要
> 件を充たすことで当然に発生し，養子縁組のように，縁組に相当する
> 行為も必要とせず，養子縁組届に相当するような継親子関係の成立に
> ついての戸籍の届出もない。
>
> 　継親子関係は，夫婦の婚姻の当時，その配偶者（夫又は妻）の家に
> ある子と他方の配偶者（妻又は夫）の間に，あるいは，夫婦の婚姻中

第1章　総則

に，その配偶者（夫又は妻）の家に入った子と他方の配偶者（妻又は夫）の間に生じ，いずれも，それぞれ継子（継子男又は継子女）と継親（継母又は継父）となった（後掲・戸籍記載例⑦）。

この場合，配偶者の嫡出子が継子となる場合が嫡出の継親子関係であるが，夫の庶子が妻の継子となる場合は非嫡出の継親子関係として，当該庶子は当該妻にとっても庶子となり，この関係は嫡母庶子の関係と呼ばれる。ただ，夫と妻の私生子との間には継親子関係は成立しなかった（嫡母庶子に準ずる関係も成立しなかった）。

継親子関係（以下，特に断りのない限り，嫡母庶子関係を含んで継親子関係と総称する。）が成立すると継親と継子とは親子の関係となるが，養親子関係と異なり，継子と継親の血族との間に血族関係が生じるものではなかったため，継親の親と継子とは祖父母孫の関係にはならなかった（継子となった者と，その実親との親子関係は継続する。）。また，継親と継子の子との関係は養親子関係と同様，継親子関係成立後に出生した子は継親の孫となるが，継親子関係成立前に出生していた子については継親の孫となることはなかった。

継親を被相続人とする家督相続（→家督相続3-1-1）が開始したときは継子は家督相続人となり得（相続事例20，21），あるいは遺産相続（→遺産相続3-2-1）が開始したときは継子は子として遺産相続人となった（相続事例48）。

養親子関係と異なり，継子は継親の親の孫とならなかったことから，継親の親を被相続人とする家督相続又は遺産相続が開始したときに，その開始以前に継親が死亡していたとしても，継子は家督相続人又は遺産相続人とはなり得なかった（相続事例34，56）。

継子の子については，継親子関係成立後に出生した子は継親の孫となるが，継親子関係成立前に出生していた子については継親の孫となることはない。したがって，継親を被相続人とする家督相続が開始したときに，その家督相続の開始以前に，子がいる継子が死亡していたとすると，継親子関係成立後に出生した子は継子を代襲して家督相続

人となり得るが（相続事例35），継親子関係成立前に出生していた子は家督相続人となり得ないことを意味し，継親を被相続人とする遺産相続が開始したときに，その遺産相続の開始以前に，子がいる継子が死亡していたとすると，継親子関係成立後に出生した子は継子を代襲して遺産相続人となるが（相続事例57），継親子関係成立前に出生していた子は遺産相続人となり得ないことを意味する。

　成立した継親子関係は，継親と継子の合意によって継親子関係を消滅させることはできなかった（離縁に相当するものはなかった）が，当該夫婦が離婚すると消滅し，その他，当該夫婦の一方（継子の継親でない方）の死亡後に当該夫婦の他方（継親）が去家したときも，本家相続，分家，廃家再興，絶家再興（廃家及び絶家を廃絶家と総称し，廃家再興及び絶家再興を廃絶家再興と総称した。）の場合を除いて，継親子関係は消滅した。継親子関係が消滅すると，継親と継子は，以後，親子ではなくなった。つまり，継親子関係の消滅後に家督相続又は遺産相続が開始しても，継親と継子であった者とには相続関係は発生しない。

　なお，継親子関係が成立した後，継子が婚姻や養子縁組等によって他家に入った場合は，その継親子関係は消滅せずに継続する。

　継親子関係は応急措置法施行後には新たに成立することはなく，応急措置法施行までに成立した継親子関係は，応急措置法の施行によって消滅した（第4編第1章論点1）。

第4節　養親子関係の消滅

〈**論点1　養親子関係は，どのようなときに消滅するのか。**〉

▌【概　説】

〈**旧民法**〉

　第730条　養子ト養親及ヒ其血族トノ親族関係ハ離縁ニ因リテ止ム

第1章　総則

```
2　（後出）
3　（後出）
```

　離縁（→離縁2-4-2論点3）によって養親子関係が終了することは，応急措置法，新民法から現行民法に至るまでと同じであり，これにより，養親と養子とは親子ではなくなり，養親の血族と養子との血族関係もなくなる。

　なお，離縁によっても養親子関係に基づく血族関係が消滅しない場合があることと，離縁以外の事由で養親子関係が消滅する場合があることは，各々，本節の論点2，論点3で解説している。

親族事例14：離縁した養父及び養父の実父と養子との関係

明治29・8・5　　甲家戸主Ａ男が乙家家族Ｂ女と婚姻（Ｂ女が甲家戸籍に入籍）

明治31・8・9　　Ａ男とＢ女に嫡出子Ｃ男が誕生（Ｃ男は甲家戸籍に入籍）

明治35・2・12　Ａ男とＢ女に嫡出子Ｄ女が誕生（Ｄ女は甲家戸籍に入籍）

大正5・2・5　　Ｃ男が丙家家族Ｅ女と婚姻（Ｅ女が甲家戸籍に入籍）

大正6・4・17　丁家戸主Ｆ男が戊家家族Ｇ女と婚姻（Ｇ女が丁家戸籍に入籍）

大正8・3・5　　Ｆ男とＧ女に嫡出子Ｈ男が誕生（Ｈ男は丁家戸籍に入籍）

大正10・8・9　Ｆ男とＧ女に嫡出子Ｉ男が誕生（Ｉ男は丁家戸籍に入籍）

昭和17・9・16　Ｃ男及びＥ女がＩ男を養子とする養子縁組（Ｉ男が甲家戸籍に入籍）

昭和19・11・4　Ｃ男及びＥ女とＩ男が離縁（Ｉ男が丁家戸籍に復籍）

第4節　養親子関係の消滅

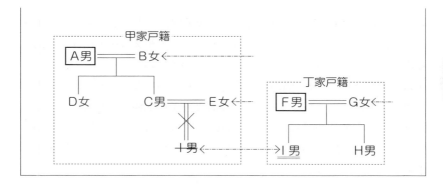

事例の解説

この事例では，C男及びE女とI男が離縁したことで，C男及びE女とI男が親子ではなくなったのと同時に，I男は，A男及びB女の孫ではなくなり，D女の甥でもなくなった。

〈論点3　離縁によっても養親子関係に基づく血族関係が消滅しない場合があるのか。〉

概　説

〈旧民法〉

第730条　（前出）
2　（前出）
3　養子ノ配偶者，直系卑属又ハ其配偶者カ養子ノ離縁ニ因リテ之ト共ニ養家ヲ去リタルトキハ其者ト養親及ヒ其血族トノ親族関係ハ之ニ因リテ止ム

養親と養子の子（養子縁組後に出生した子）とは，親族事例3のとおり，祖父母と孫との関係になるが，この場合，応急措置法，新民法以来，現行民法においては養親と養子が**離縁**すると，養親と養子の当該子との祖父母と孫の関係も終了する。

ところが，旧民法においては，このような場合に，養親と養子の当該子との祖父母と孫の関係が終了しない場合があった。それは，養親と養子

第1章　総則

（当該子の親）が離縁し，養親と養子の養親子関係が消滅しても，当該子が，なお当該家に在籍している限り，養親と当該子の祖父母孫の関係は消滅しなかったというものである。これは，養子の子以外でも，養子の配偶者，子以外の直系卑属，その配偶者の場合も同様であった。つまり，このような場合，養親と養子が離縁しても，養親と養子の配偶者，直系卑属，その配偶者との親族関係は継続し，その後，それらの者が，当該養家（養親の家）を去って，養子が復籍した実家に入ったときに，養親との親族関係が消滅することになったのである。

　旧民法第730条第3項では「之（離縁した養子）ト共ニ養家ヲ去リタルトキ」と規定されているが，例えば，養子の子は当該養子（子の親）とともに（養子の離縁と同時に）養家を去ることはできず，後に，当該子が，離縁した養子に引き取られて当該養子の実家に入籍（→引取入籍2-2-4）したときに，養親と当該子との親族関係が消滅した。なお，当該子が，養家の法定推定家督相続人（→法定推定家督相続人3-1-2）であるときは去家をすることができず（→去家の制限2-2-8），引取入籍をすることはできなかった。

親族事例15：離縁した養父と養子の実子との関係

明治29・8・5	甲家戸主Ａ男が乙家家族Ｂ女と婚姻（Ｂ女が甲家戸籍に入籍）
大正9・5・7	Ａ男及びＢ女が丙家家族Ｃ男を養子とする養子縁組（Ｃ男が甲家戸籍に入籍）
大正12・2・5	Ｃ男が丁家家族Ｄ女と婚姻（Ｄ女が甲家戸籍に入籍）
昭和3・8・9	Ｃ男とＤ女に嫡出子Ｅ男が誕生（Ｅ男は甲家戸籍に入籍）
昭和16・12・17	Ｄ女が死亡
昭和19・5・7	Ａ男及びＢ女とＣ男が離縁（Ｃ男が丙家戸籍に復籍）

第4節　養親子関係の消滅

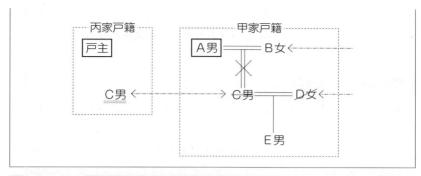

▌事例の解説

　この事例では，E男は，C男がA男及びB女の養子となってから出生し，A男及びB女の孫となった。その後，A男及びB女とC男が離縁し，C男が実家に復籍したものの，E男は，なお，甲家に在籍している。そのため，いまだ，E男はA男及びB女の孫であるわけである。

〈論点3　離縁以外の事由で養親子関係が消滅する場合があるのか。〉

▌概　説

〈旧民法〉

第730条　（前出）
2　養親カ養家ヲ去リタルトキハ其者及ヒ其実方ノ血族ト養子トノ親族関係ハ之ニ因リテ止ム
3　（後出）

　応急措置法，新民法以来，現行民法においては，養親子関係は，離縁がない限り終了することはないが，旧民法においては，離縁以外の事由によっても養親子関係が消滅することがあった。それが，養親の去家（→去家2-2-1）によって養親子関係が消滅する場合（**養親の去家による養親子関係の消滅**）である。

　これは，養親のうち婚姻や養子縁組等によって他家から婚家や養家（→家2-2-1）に入って，当該家で養子縁組をし，養親となった後に，当該

69

第1章　総則

家を去った場合には，離縁がなくても，当該養親と養子との養親子関係が消滅し，同時に当該養親の実方の血族と養子との血族関係も消滅した。

親族事例16：養親の去家

明治29・8・5	甲家戸主Ａ男が乙家家族Ｂ女と婚姻（Ｂ女が甲家戸籍に入籍）
明治31・8・9	Ａ男とＢ女に嫡出子Ｄ男が誕生（Ｄ男は甲家戸籍に入籍）
明治35・2・12	Ａ男とＢ女に嫡出子Ｅ女が誕生（Ｅ女は甲家戸籍に入籍）
明治37・4・17	丁家戸主Ｆ男が戊家家族Ｇ女と婚姻（Ｇ女が丁家戸籍に入籍）
大正8・3・5	Ｆ男とＧ女に嫡出子Ｈ男が誕生（Ｈ男は丁家戸籍に入籍）
大正10・8・9	Ｆ男とＧ女に嫡出子Ｉ男が誕生（Ｉ男は丁家戸籍に入籍）
大正11・3・5	丙家戸主Ｃ男がＥ女と婚姻（Ｅ女が丙家戸籍に入籍）
昭和17・9・16	Ｃ男及びＥ女がＩ男を養子とする養子縁組（Ｉ男が丙家戸籍に入籍）
昭和19・11・4	Ｃ男とＥ女が離婚（Ｅ女が甲家戸籍に復籍）

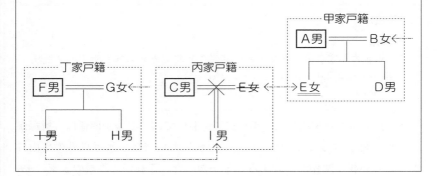

事例の解説

この事例では，Ｃ男とＥ女（甲家から丙家に入った妻）が婚姻後にＩ男と養子縁組をし，Ｃ男，Ｅ女が各々養父，養母，Ｉ男が養子となった後に，Ｃ

第4節　養親子関係の消滅

男とE女が離婚し，E女が丙家を去って甲家に復籍した。そこで，E女の去家によって（自動的に），E女とⅠ男との養親子関係が消滅し，A男，B女，D男とⅠ男との血族関係も消滅した。なお，この場合，C男とⅠ男の養親子関係は消滅しなかった。

　応急措置法施行後に，E女が離婚によって当該戸籍を除籍となり，婚姻前の戸籍に復籍しても，E女とⅠ男の養親子関係が消滅することにはならない（第4編第1章論点1）。

> **まとめ　養親子関係の消滅**
>
> 　養親子関係は離縁により終了し，同時に養親の血族と養子との血族関係も消滅した。ただ，養親と養子が離縁しても，養親と養子の子（養子縁組後に出生した子）や，その他の直系卑属，養子の配偶者，養子の直系卑属の配偶者とは，養親と養親子関係後に生じた親族関係は直ちには消滅せず，それらの者が養親の家を去って，養子が復籍した実家に入ったときに，養親との親族関係が消滅することになった。
>
> 　旧民法では，離縁の他に，養親の去家によっても養親子関係が終了した。養親のうち婚姻や養子縁組等によって他家から入って，当該家で養子縁組をし，養親となった後に，当該家を去った場合には，当該養親と養子との養親子関係が消滅し，同時に当該養親の実方の血族と養子との血族関係も消滅した。この場合，その去家が，本家相続，分家，廃家再興，絶家再興の場合には養親子関係が消滅しないことは，これらの場合に継親子関係が消滅しないことと同じであり（親族事例12），養子が除籍しても養親子関係が消滅しないことは，継子が除籍しても継親子関係が消滅しないことと同じである（親族事例13）。なお，養親の去家による養親子関係の消滅に関する戸籍の記載については，養子の事項欄に，養親が家を去ったことによって養親の氏名及び養親との続柄を抹消する旨の記載をして（後掲・戸籍記載例⑧），それらの事項が抹消されたが（大5・11・13民1556号法務局長回答，大13・7・14民事8408号民事局長回答），これらの回答が発せられる以前にあっては戸籍

第2編　親族

71

第1章　総則

に特段の記載はされなかったものもあった。そのため，実体法上は養親の去家によって養親子関係が消滅していても，戸籍上は一見して明らかでない場合もあり得るが，そのような場合であっても，旧民法第730条第2項（本節論点3）の規定に該当し，同法第731条（前節論点3）の規定に該当しないものであれば，養親子関係が消滅したと判断しなければならないことに注意を要する。

　養親子関係が終了し，法定血族関係が消滅した後に家督相続（→家督相続3-1-1）又は遺産相続（→遺産相続3-2-1）が開始しても，養親と養子であった者，養親の親と養子であった者とには相続関係が発生しないことは当然であるが，養親と養子が離縁したあとも，養父と養子の子との祖父母孫の関係が消滅していないときに養父を被相続人とする家督相続が開始したときは養子であった者の子は，当該養子であった者を代襲して家督相続人になり得（相続事例33），あるいは，養父を被相続人とする遺産相続が開始したときは養子であった者の子は，当該養子であった者を代襲して遺産相続人になった（相続事例55）。

　また，養親の去家によって養親子関係が消滅した後に当該養親であった者を被相続人とする家督相続又は遺産相続が開始しても，養子であった者が，家督相続人又は遺産相続人になることはない。このように養親子関係が消滅した後，応急措置法施行後に，その養親であった者が死亡した場合において，その養子であった者が相続人となることはない（相続事例65）。

　なお，養親と養子の離縁後において，養親と養子の子（養子縁組後に出生した子）や，その他の直系卑属，養子の配偶者，養子の直系卑属の配偶者との消滅していない親族関係は，応急措置法の施行によって消滅した（第4編第1章論点1）。

第1節　家

第2章　戸主及び家族

第1節　家————————————————————————

〈論点　家とは何か。〉

【概　説】

> 〈旧民法〉
>
> 　第732条　戸主ノ親族ニシテ其家ニ在ル者及ヒ其配偶者ハ之ヲ家族トス
> 　②　戸主ノ変更アリタル場合ニ於テハ旧戸主及ヒ其家族ハ新戸主ノ家族
> 　　　トス
>
> 　第746条　戸主及ヒ家族ハ其家ノ氏ヲ称ス

　旧民法は，家制度，つまり家を中心とする規律された親族，相続の制度
に基づいて構成されている。家制度は，応急措置法，新民法以来，現行民
法にはない制度であり，家とは，一般にいう，家庭や家屋などとは異なる
概念である。

　旧民法における**家**とは，その団体員の一人を中心人物とし，その中心人
物と他の者との権利義務によって法律上連結された親族団体であり，その
中心人物を**戸主**という。あえて誤解をおそれずにいえば，家とは，西郷家
や大久保家などというときの「家」のことであり，戸主とは，その「家」
の当主，家長を意味しよう。

　家には，必ず一名の戸主が存在し（戸主を失った場合は，絶家（→絶家2-2-
12）の確定までは戸主が存在しない。），そして，その家は，その戸主を筆頭と
して戸籍で現された。そこで，「家に在る（ある）」，あるいは，「家にい
る」とは，その家の戸籍に在籍していることと同義であり，「**家に入る**」
とは，その家の戸籍に入る（入籍する）ことを意味し（→入籍2-2-4），「**家
を去る**」とは，その家の戸籍から他の家の戸籍に入る（去家する）ことを
意味した。旧民法時代の戸籍は，家そのものを現すことから，家籍と呼ば

73

第2章　戸主及び家族

れることもあった。戸主及び家族は，その家の氏を称した。

　戸主の家にいる戸主以外の者は**家族**と呼ばれたが，ここでも，家族とは，現代，一般にいう家族（例えば，「うちの家族」というときの「家族」）とは異なる概念である。旧民法においては，戸主の親族であって，その家にいる者，及びその配偶者が，その家の家族であるとされ，「家族」は法律用語であった。戸主の子などの親族であっても，同じ家にいない者は，家族とはならない。

　戸主は家族に対して戸主権を有し，それは，家族の入籍，去家，婚姻，養子縁組に対する同意（旧民法735条，737条，738条，750条），家族の居所指定（旧民法749条），家族の入籍拒否，復籍拒絶，離籍（旧民法735条，737条，738条，749条，750条）をすることができるという強大な権利であった。他方，戸主には，家族を扶養する義務（扶養義務の順位は，配偶者，直系卑属，直系尊属に次ぐ順位である。）があった（旧民法747条，955条）。

親族事例17：家と戸籍

明治29・8・5	甲家戸主Ａ男が乙家家族Ｂ女と婚姻（Ｂ女が甲家戸籍に入籍）
明治30・8・9	Ａ男とＢ女に嫡出子Ｃ男が誕生（Ｃ男は甲家戸籍に入籍）
明治31・9・19	Ａ男とＢ女に嫡出子Ｄ男が誕生（Ｄ男は甲家戸籍に入籍）
明治33・2・12	Ａ男とＢ女に嫡出子Ｅ女が誕生（Ｅ女は甲家戸籍に入籍）
大正9・1・18	Ｄ男が分家（Ｄ男を戸主とする甲家第1分家の新戸籍編製）
大正10・11・21	Ｅ女が分家（Ｅ女を戸主とする甲家第2分家の新戸籍編製）
大正11・2・13	Ｅ女が私生子Ｆ男を出生（Ｆ男は甲家第2分家戸籍に入籍）
昭和4・8・31	Ｄ男が丙家家族Ｇ女と婚姻（Ｇ女が甲家第1分家戸籍に入籍）
昭和5・10・25	Ｄ男とＧ女に嫡出子Ｈ男が誕生（Ｈ男は甲家第1分家戸籍に入籍）

74

第1節　家

昭和6・7・3　E女が丁家家族I男と入夫婚姻（I男が甲家第2分家戸籍に入籍）
　　　　　　　※　入夫が戸主となる旨婚姻届書に記載
　　　　　　　※　I男を戸主とする甲家第2分家の新戸籍編製
昭和18・11・6　F男が戊家家族J女と婚姻（J女が甲家分家第2戸籍に入籍）
昭和19・12・3　C男が死亡
昭和20・2・28　A男が己家家族K男を甲家の家督相続人に指定
昭和20・4・6　A男が死亡
　　　　　　　※　K男の家督相続届によりK男を戸主とする甲家の新戸籍編製

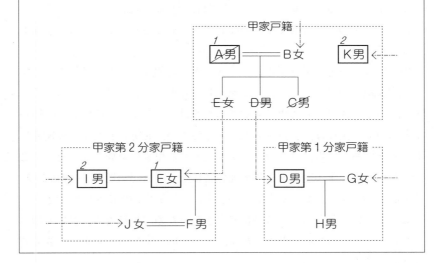

事例の解説

　この事例では，甲家では，A男とB女が婚姻したときには戸主A男にとって家族がB女となり，E女が生まれたときには戸主A男にとって家族がB女，C男，D男，E女となった。その後，D男が分家（→**分家2-2-7論点1**）したことでD男は甲家の家族でなくなると同時に甲家第1分家の

第2章　戸主及び家族

戸主となり，Ｅ女も分家したことで甲家の家族でなくなると同時に甲家第
２分家の戸主となった。分家した際は，甲家第１分家には戸主Ｄ男がいる
だけで家族はなく，同様に，甲家第２分家は戸主Ｅ女のみで，このように，
家族がいない家の戸主は，**単身戸主**と呼ばれた。また，Ｅ女のように女で
ある戸主は，特に女戸主（→**女戸主2-2-3**）と呼ばれた。

　その後，甲家第１分家ではＧ女とＨ男が家族となり，甲家第２分家では
Ｆ男が家族となった。

　甲家第２分家では，女戸主Ｅ女とＩ男が入夫婚姻（→**入夫婚姻2-2-3**）
し，Ｉ男が戸主となった。妻Ｅ女の私生子Ｆ男は，Ｉ男にとって子には当
たらないが（親族事例10），１親等の直系姻族であり，戸主Ｉ男の親族とし
て家族となった。次に，Ｆ男がＪ女と婚姻し，Ｊ女が甲家第２分家に入っ
たが，Ｉ男にとってＪ女は妻の子の配偶者であり，親族には当たらない。
しかし，戸主の親族である家族の配偶者も家族とされたことから，Ｊ女も
家族となった。

　甲家では，長男Ｃ男の死亡後に，Ａ男が家督相続人としてＫ男を指定し
（→**指定家督相続人3-1-5**），Ａ男が死亡し，Ｋ男が家督相続人となった。つ
まり，戸主がＡ男からＫ男に変更されたわけであるが，この場合は，旧戸
主と旧戸主の家族は，新戸主の家族となるため，Ｋ男とＢ女が親族関係に
ないときであっても，Ｂ女はＫ男を戸主とする甲家の家族となった。ここ
で，Ｋ男への戸主の変更がＡ男の死亡ではなく，Ａ男の隠居（→**隠居2-2-**
10）であった場合には，Ａ男もＫ男を戸主とする甲家の家族となった。

　このように，家とは一つの戸籍で現されるため，相続実務においては，
一つの戸籍に入っている者は，概ね，一つの同じ家にいる戸主，家族であ
るということがいえる。

　旧民法が家を中心に規律されているということは，同じ家にいること
（家を同じくすること），異なる家にいること（家を異にすること）で，親族，相
続に関する法的効果に差異が生じる場合があったということである（例え
ば，家督相続（→**家督相続3-1-2**））。家を異にするとは，例えば，この事例
ではＤ男の分家後はＡ男及びＢ女とＤ男は家を異にし，Ｅ女の分家後はＤ

第1節　家

男とＥ女は家を異にし，親族事例1ではＡ男，Ｃ男，Ｌ男は互いに家を異
にし，Ｉ女の婚姻後のＣ男とＩ女も家を異にし，親族事例2ではＩ男の養
子縁組後のＦ男とＩ男も家を異にした。このような，互いに家を異にする
者の家を相互に**他家**といった。なお，自己が属する家は**自家**といった。

*　家と家との関係

　分家（→分家2-2-7論点1）した場合には，分家した者が分家前に属し
ていた家と分家によって新たに創立された家とは**本家**と**分家**の関係に立ち，
本家を同じくする複数の分家は互いに**同家**の関係に立った。この事例では，
甲家と甲家第1分家，甲家と甲家第2分家とは，いずれも本家と分家の関
係に立ち，甲家第1分家と甲家第2分家とは互いに同家の関係に立った。

　婚姻（→婚姻2-3-1）又は養子縁組（→養親子関係2-4-2論点1）との関
係では，婚姻又は養子縁組によって入った家を，その入った者にとって**婚
家**又は**養家**といい，その入る前の家を**実家**といった。例えば，親族事例1
ではＩ女にとって甲家は婚家，丙家は実家といい，親族事例2ではＩ男に
とって甲家は養家，丁家は実家といった。

まとめ 家と戸主，家族

　家は，旧民法を規律する根本的な概念で，戸主を中心に，その家族
と法律上連結された親族団体であり，一つの家は一つの戸籍で現され，
家を同じくすること，家を異にすることで，親族，相続に関する法的
効果に差異が生じる場合があった。

　家族とは，戸主の親族であって，その家にいる（在籍する）者，及
び，その者の配偶者をいい，戸主に変更があった場合には，旧戸主と
その家族は新戸主の家族となった。

第2章　戸主及び家族

第2節　子の入る家

〈論点　生まれた子は，どの家に入るのか。〉

■ 概　説

〈旧民法〉

第733条　子ハ父ノ家ニ入ル

2　（後出）

3　（後出）

　現代では，夫婦に**子**が生まれると，その子は，その夫婦の戸籍に登載される。これは，市町村の区域内に本籍を定める一の夫婦及びこれと氏を同じくする子ごとに編製されるからである（現行戸籍法6条）。

　これが，旧民法においては，子は，父の家に入ることが原則とされていた。つまり，出生した子は，**子の入る家**として，父の属する家の戸籍に入ったのである。

〈旧民法〉

第733条　（前出）

2　父ノ知レサル子ハ母ノ家ニ入ル

3　父母共ニ知レサル子ハ一家ヲ創立ス

第735条　家族ノ子ニシテ嫡出ニ非サル者ハ戸主ノ同意アルニ非サレハ其家ニ入ルコトヲ得ス

2　嫡出ニ非サル子カ父ノ家ニ入ルコトヲ得サルトキハ母ノ家ニ入ル母ノ家ニ入ルコトヲ得サルトキハ一家ヲ創立ス

※　昭和17年法律第7号改正前

　第735条　家族ノ<u>庶子及ヒ私生子</u>ハ戸主ノ同意アルニ非サレハ其家ニ入ルコトヲ得ス

　2　<u>庶子</u>カ父ノ家ニ入ルコトヲ得サルトキハ母ノ家ニ入ル

　3　<u>私生子</u>カ母ノ家ニ入ルコトヲ得サルトキハ一家ヲ創立ス

第2節　子の入る家

> 　**第827条**　嫡出ニ非サル子ハ其父又ハ母ニ於テ之ヲ認知スルコトヲ得
> 2　父力認知シタル子ハ之ヲ庶子トス
> ※　昭和17年法律第7号改正前
> 　**第827条**　私生子ハ其父又ハ母ニ於テ之ヲ認知スルコトヲ得
> 2　父力認知シタル<u>私生子</u>ハ之ヲ庶子トス

　非嫡出子（→非嫡出子2-4-1論点2）とは，現行民法の「**嫡出でない子**」に当たるが（以下，「非嫡出子」という。），旧民法では，非嫡出子も出生すると原則として父の家に入ったところ，父が不明である子は母の家に入り，父母が不明である子（棄児など）は一家を創立した。例えば，棄児が発見された場合，市町村長が，その氏名を命名することとなっていたが（大正3年戸籍法78条2項，明治31年戸籍法75条2項），この際，入るべき家（戸籍）が不明であるため，その子を戸主とする新戸籍が編製された。この新たに編成された戸籍で現されることによって，今まではなかった新しい家が成立することを**一家創立**（→一家創立2-2-6）といった。

＊　非嫡出子の入る家

　旧民法における非嫡出子には，**庶子**（→庶子2-4-1論点2）と**私生子**（→私生子2-4-1論点2）があった。庶子とは父に認知された非嫡出子をいい，父に認知されていない非嫡出子を私生子といった。

　出生した非嫡出子も原則として父の家に入ったが（父母ともに不明である場合は一家創立），嫡出子であれば戸主の同意の有無とは無関係に父の家に入ったこととは異なり，その入るべき家の戸主の同意がなければ，その家に入れないとされていた。

親族事例18：嫡出子の入る家	
明治31・8・9	甲家戸主Ａ男が乙家家族Ｂ女と婚姻（Ｂ女が甲家戸籍に入籍）
明治33・4・19	Ａ男とＢ女に嫡出子Ｃ男が誕生（Ｃ男は甲家戸籍に入籍）

第2章　戸主及び家族

明治35・2・12　　A男とB女に嫡出子D男が誕生（D男は甲家戸籍に入籍）
明治37・6・30　　A男とB女に嫡出子E女が誕生（E女は甲家戸籍に入籍）
明治39・10・23　 A男とB女に嫡出子F女が誕生（F女は甲家戸籍に入籍）
大正10・11・21　 C男が丙家家族G女と婚姻（G女が甲家戸籍に入籍）
大正11・3・8　　 D男が丁家家族R女と婚姻（R女が甲家戸籍に入籍）
大正12・1・27　　C男とG女に嫡出子H男が誕生（H男は甲家戸籍に入籍）
大正13・11・5　　D男とR女に嫡出子S女が誕生（S女は甲家戸籍に入籍）
昭和19・12・4　　H男が己家家族P女と婚姻（P女が甲家戸籍に入籍）
昭和22・3・13　　H男とP女に嫡出子Q男が誕生（Q男は甲家戸籍に入籍）

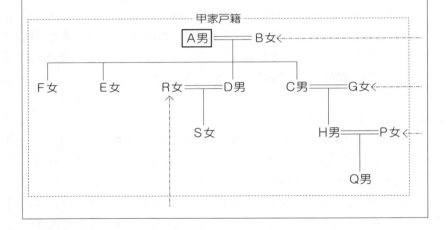

親族事例19：非嫡出子の入る家

明治31・8・9　　甲家戸主A男が乙家家族B女と婚姻（B女が甲家戸籍に入籍）
明治33・4・19　　A男とB女に嫡出子C男が誕生（C男は甲家戸籍に入籍）
明治35・2・12　　A男とB女に嫡出子D男が誕生（D男は甲家戸籍に入籍）
明治37・6・30　　A男とB女に嫡出子E女が誕生（E女は甲家戸籍に入籍）

第2節　子の入る家

明治39・10・23　A男とB女に嫡出子F女が誕生（F女は甲家戸籍に入籍）
大正10・11・21　C男が丙家家族G女と婚姻（G女が甲家戸籍に入籍）
大正12・1・27　C男とG女に嫡出子H男が誕生（H男は甲家戸籍に入籍）
大正13・2・3　丁家家族I女がC男の庶子J女を出生（J女は甲家戸籍に入籍）
大正14・5・18　戊家家族K女がD男の庶子M女を出生（M女は戊家戸籍に入籍）
昭和3・12・3　E女が私生子N男を出生（N男は甲家戸籍に入籍）
昭和4・8・31　F女が私生子O男を出生（O男は一家創立）
　　※　O男を戸主とする甲家新家の新戸籍編製

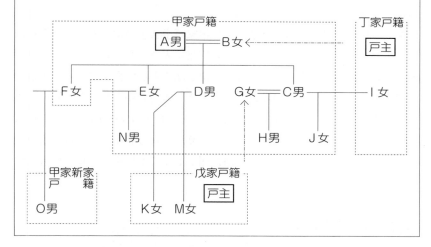

事例の解説

　親族事例18では，戸主A男と妻B女の子として，長男C男，二男D男，長女E女，二女F女が生まれ，父が属する甲家の戸籍に入ったものである。さらにC男とG女に，その長男H男が生まれ，また，D男とR女に，その長女S女が生まれ，いずれも，その父は戸主ではないが，父の属する甲家の戸籍に入った。Q男についても，その父H男は戸主A男の孫であるが，A男の曾孫としてH男の属する甲家の戸籍に入籍した。

第2章　戸主及び家族

　旧民法においては，出生した子は，その父が戸主であるか家族であるか
を問わず，父の属する家の戸籍に入ったが，これは，その子が嫡出子（→
嫡出子2-4-1論点1）の場合に当てはまり，次の親族事例19との対比で，
嫡出子は，父の家の戸主の同意を要さずに，当然に，父の家に入った。旧
民法においても，夫婦は必ず，同じ戸籍に在籍しているため，結局，嫡出
子は父母の家に入ったことになる。

　もちろん，現行の戸籍法では，C男とG女が婚姻するとC男及びG女の
新戸籍が編製され，D男とR女が婚姻するとD男及びR女の新戸籍が編製
され，H男はC男及びG女の戸籍に入り，S女はD男及びR女の戸籍に入
り，H男とP女が婚姻するとH男及びP女の新戸籍が編製され，Q男はH
男及びP女の戸籍に入る。

　親族事例19では，C男の庶子J女は甲家戸主A男の同意があったため庶
子出生届をもって出生によって甲家の戸籍に入り，E女の私生子N男は甲
家戸主A男の同意があったため私生子出生届をもって出生によって甲家の
戸籍に入り，D男の庶子M女は甲家戸主A男の同意がなかったため庶子出
生届をもっても甲家の戸籍には入れず，その母K女の家の戸主の同意は
あったため出生によって戊家の戸籍に入り，F女の私生子O男は甲家戸主
A男の同意がなかったため私生子出生届をもっても甲家の戸籍には入れず，
一家を創立したものである。

> ### まとめ　子の入る家
>
> 　旧民法においては，子は，まず父の家に入ることが原則であった。
> 嫡出子については，その父が戸主であるか否かにかかわりなく，父の
> いる家の戸籍に入った。
>
> 　旧民法における非嫡出子には庶子と私生子があり，庶子とは父に認
> 知された非嫡出子をいい，父に認知されていない非嫡出子を私生子と
> いったが，庶子は，その父が戸主であるか，家族であって，その家の
> 戸主の同意があるときは父の家に入り，そうでないときは，母の家に
> 入った。ただ，その母が戸主であるか，家族であって，その家の戸主

第3節　入夫婚姻

の同意があるときは，そのまま母の家に入ったが，そうでないときは
母の家に入ることができず，その庶子を戸主とする一家が創立された。
私生子の場合は，その母が戸主であるか，家族であって，その家の戸
主の同意があるときは母の家に入り，そうでないときは，母の家に入
ることはできず，その私生子を戸主とする一家が創立された。

第2編
親族

第3節　入夫婚姻

〈論点　入夫婚姻とは，どのような婚姻なのか。〉

（概　説）

〈旧民法〉

第736条　女戸主カ入夫婚姻ヲ為シタルトキハ入夫ハ其家ノ戸主ト為ル
　　但当事者カ婚姻ノ当時反対ノ意思ヲ表示シタルトキハ此限ニ在ラス

第788条　妻ハ婚姻ニ因リテ夫ノ家ニ入ル
2　　入夫及ヒ婿養子ハ妻ノ家ニ入ル

　応急措置法，新民法以来現行民法にはない婚姻の形態に**入夫婚姻**があっ
た。

　入夫婚姻とは，妻が女戸主である場合の婚姻で，一定の要件で成立し，
一定の法律効果が発生した。

　女戸主とは，女子である**戸主**（→戸主2-2-1）のことをいう。ある家で
家督相続が開始した場合，通常，前戸主の長男が優先して家督相続となる
ことから（→家督相続3-1-2），多くの戸主は男子であった。前戸主の子が
娘だけである場合に家督相続が開始すると，その長女が家督相続人となり，
つまり新戸主として女戸主となった。あるいは，女子である家族が分家
（→分家2-2-7論点1）すると，分家戸主として女戸主となった。

　もし，女戸主が通常の婚姻（→婚姻2-3-1）をしたとすると，妻が夫の

83

第2章　戸主及び家族

家に入り，自身の家を去ることになるが，そうすると，女戸主の家が絶え
ることにもなりかねないため，そのままでは婚姻することができなかった。
そこで，夫を迎えて，女戸主の家を絶やすことのない婚姻，これが入夫婚
姻である。入夫婚姻では，夫が妻の家に入り，その夫を**入夫**といった。

　入夫婚姻は，通常の婚姻の要件を満たすほか，婚姻届に入夫婚姻である
旨を記載する必要があり（大正3年戸籍法100条1項7号，明治31年戸籍法102条1
項4号），入夫婚姻が成立する（婚姻届が受理される。）と，入夫である夫が女
戸主である妻の家に入ると同時に，入夫が妻の家の戸主となった。これは，
本来は男子が原則として戸主となるべきであるという旧民法当時の考え方
に基づくもので，入夫が新たな戸主となるということは，入夫婚姻によっ
て女戸主を被相続人とする**家督相続**が開始し，入夫が家督相続人となった
ということを意味する（相続事例10，相続事例28）。

　なお，**廃家の制限**（→廃家2-2-11），**去家の制限**（→去家の制限2-2-8）
がかかる者は他家に入ることができないため，通常は，戸主（男子），戸主
の長男は入夫婚姻によって婚姻することはできなかった。

　前述のとおり，入夫婚姻が成立すると，その女戸主の家において，戸主
権が妻から夫（入夫）に移転し，入夫が新たな戸主になった。

　ただ，これには例外があり，当事者（妻である女戸主及び夫である入夫）が
婚姻の当時に反対の意思を表示したときは，入夫が戸主とならなかった。
入夫が戸主とならないということは，入夫婚姻が成立しても，入夫婚姻に
よる家督相続は開始せず，入夫婚姻後もなお，女戸主である妻が戸主のま
まであることを意味する。

　当事者の反対の意思表示は，入夫婚姻婚姻届への記載によって表された。
それは，大正4年1月1日以降は，入夫婚姻届に入夫が戸主となる旨の記
載（大正3年戸籍法100条1項8号）がないことをもって反対の意思表示が
あったと見，大正3年12月31日以前は，入夫婚姻届に入夫が戸主とならな
い旨（明治31年戸籍法102条1項5号）の記載があることをもって反対の意思
表示があったと見た。それで，大正4年1月1日以降は，入夫婚姻届に入
夫が戸主となる旨の記載があれば入夫は戸主となり，入夫が戸主となる旨

84

第3節　入夫婚姻

の記載がなければ入夫は戸主とならず，大正3年12月31日以前は，入夫婚姻届に入夫が戸主とならない旨の記載がなければ入夫が戸主となり，入夫が戸主とならない旨の記載があれば入夫は戸主とならなかった。

相続事例1：入夫が戸主となる入夫婚姻

被相続人Ｃ女

明治39・4・19　甲家戸主Ａ男が乙家家族Ｂ女と婚姻（Ｂ女が甲家戸籍に入籍）

大正8・9・14　Ａ男とＢ女に嫡出子Ｃ女が誕生（Ｃ女は甲家戸籍に入籍）

昭和14・7・27　Ａ男が死亡
　　　　　　　※　Ｃ女の家督相続届によりＣ女を戸主とする甲家の新戸籍編製

昭和15・8・15　Ｃ女が丙家家族Ｄ男と入夫婚姻（Ｄ男が甲家戸籍に入籍）
　　　　　　　※　入夫が戸主となる旨婚姻届書に記載あり
　　　　　　　※　Ｄ男を戸主とする甲家の新戸籍編製

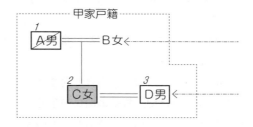

親族事例20：入夫が戸主とならない入夫婚姻

明治39・4・19　甲家戸主Ａ男が乙家家族Ｂ女と婚姻（Ｂ女が甲家戸籍に入籍）

大正8・9・14　Ａ男とＢ女に嫡出子Ｃ女が誕生（Ｃ女は甲家戸籍に入籍）

昭和14・7・27　Ａ男が死亡

第2章 戸主及び家族

　　　　　　　※　C女の家督相続届によりC女を戸主とする甲家
　　　　　　　　の新戸籍編製
昭和15・8・15　C女が丙家家族D男と入夫婚姻（D男が甲家戸籍に入籍）
　　　　　　　※　入夫が戸主となる旨婚姻届書に記載なし

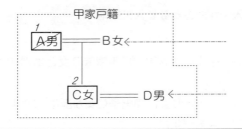

事例の解説

　相続事例1では，甲家の戸主A男の長女C女がA男の死亡に伴って戸主となったが，まさに，C女は女戸主となったわけである。その後，A女がD男と入夫婚姻をし，その結果，甲家において入夫D男が戸主になった。つまり，入夫婚姻によってC女を被相続人とする家督相続が開始し，D男が家督相続人となったのである。

　この際，甲家の戸籍は，C女を戸主とする戸籍から，D男を戸主とする戸籍に編製がされた（後掲・戸籍記載例⑨）。

　婿養子縁組（→**婿養子2-4-2論点2**）の場合と異なり，B女とD男との間は1親等の直系姻族となるだけで，親子の関係が生じることにはならない。

　親族事例20では，甲家の女戸主C女がD男と入夫婚姻したが，その入夫婚姻届出に入夫が戸主となる旨の記載をしなかったため（大正4年1月1日以降），D男が入夫として甲家に入っただけで，D男が戸主とならず，甲家の戸主はC女のままで変更はない。

まとめ　入夫婚姻

　入夫婚姻とは，旧民法特有の婚姻の一形態で，妻が女戸主であることが前提とされ，通常の婚姻では妻が夫の家に入るのに対し，入夫婚

第4節　入籍

姻では夫が妻の家に入った。入夫婚姻をした夫は入夫と呼ばれ，入夫
婚姻によって，原則として入夫が戸主となったが，これは，入夫婚姻
によって家督相続が開始し，女戸主が戸主権を喪失し，入夫が戸主権
を取得した（入夫に戸主権が移動した）ことを意味した。

　入夫婚姻届に，大正4年1月1日以降は入夫が戸主となる旨の記載
がなければ入夫は戸主とならず，大正3年12月31日以前は入夫が戸主
とならない旨の記載があれば入夫は戸主とならなかった。

第4節　入籍

〈論点　入籍とは，どのような行為なのか。〉

■概　説■

〈旧民法〉
　第737条　戸主ノ親族ニシテ他家ニ在ル者ハ戸主ノ同意ヲ得テ其家族ト
　　為ルコトヲ得但其者カ他家ノ家族タルトキハ其家ノ戸主ノ同意ヲ得ル
　　コトヲ要ス
　2　前項ニ掲ケタル者カ未成年者ナルトキハ親権ヲ行フ父若クハ母又ハ
　　後見人ノ同意ヲ得ルコトヲ要ス

　現代でも，一般に，ある人が，自己が記載されていない戸籍に記載され
ることを**入籍**というが，旧民法では特有の入籍があった。

　例えば，子は出生すると，原則として父の戸籍に入り（親族事例18，親族
事例19），あるいは婚姻すると原則として妻は夫の戸籍に入り（親族事例31，
親族事例32），養子縁組をすると養子は養親の戸籍に入った（親族事例38）が，
これらのように，出生という事実や，婚姻，養子縁組という法律行為（身
分行為）に伴って入籍する場合の他に，入籍そのものを目的とする行為が
あった。その一つが，**親族入籍**である。

　戸主の親族であって，他家にいる（当該戸主の家ではない家に在籍している）

第2章　戸主及び家族

者は，自らの意思で戸主の家に入ることができた。この場合の入籍を，親族入籍といった。

親族入籍の要件としては，入籍すべき者が入籍すべき家の戸主の親族であること，入籍すべき者が他家にいる家族又は戸主であること，入籍すべき家の戸主を得ること，入籍すべき者が家族である場合には現在の家の戸主の同意を得ることであった。

親族入籍すると，入籍した者は，入籍した家の家族となった（後掲・戸籍記載例⑩）。

なお，**廃家の制限**（→廃家2-2-11），**去家の制限**（→去家の制限2-2-8）がある場合には，親族入籍をすることはできなかった。

〈旧民法〉

第738条　婚姻又ハ養子縁組ニ因リテ他家ニ入リタル者カ其配偶者又ハ養親ノ親族ニ非サル自己ノ親族ヲ婚家又ハ養家ノ家族ト為サント欲スルトキハ前条ノ規定ニ依ル外其配偶者又ハ養親ノ同意ヲ得ルコトヲ要ス

2　婚家又ハ養家ヲ去リタル者カ其家ニ在ル自己ノ直系卑属ヲ自家ノ家族ト為サント欲スルトキ亦同シ

入籍そのものを目的とする行為で旧民法特有のものとしては，親族入籍の他に，**引取入籍**があった。

引取入籍によっても他家に入ることができたが，親族入籍と異なり，入籍すべき者が自分の意思で入籍するものではなく，入籍すべき家の者（引取者）によって入籍させられる，つまり当該家に引き取られる（戸籍に入れられる）ことによって入籍する。

引取入籍は，二つの場合にすることができた。一つは，婚姻又は養子縁組によって婚家又は養家に入った者が，自己の親族（引き取られる者）を婚家又は養家（→家2-2-1）に入籍させることである。この場合，引取者は婚姻又は養子縁組によって他家（婚家又は養家）に入った者であること，引き取られる者は引取者の親族であること，引き取られる者の同意（親権者

88

等の同意）があること（大8・7・3民事1137号民事局長回答，大4・5・6民562号法務局長回答），引取者の家（婚家又は養家）の戸主の同意を得ること，引き取られる者の家の戸主の同意を得ること，引取者の配偶者又は養親の同意を得ることが必要であった。なお，旧民法第730条第1項の条文には「其配偶者又ハ養親ノ親族ニ非サル自己ノ親族ヲ」とあるものの，これは，「配偶者又は養親の親族でない場合であっても」という意味に解され，結局，引き取られる者は引取者の配偶者又は養親の親族でなくても，親族であっても，要件を満たす限り，引取入籍することができた（大14・2・9民事715号民事局長回答）。要するに，例えば，婚姻又は養子縁組によって婚家又は養家に入った者がいて，その者に実家に子がいたとしても，その子の戸籍に変動はないが，引取入籍によって，その子を実家から婚家又は養家に入籍させることができたのである。

　もう一つが，婚家又は養家を去った（→去家2-2-1）者が，その婚家又は養家に在籍している自己（引取者）の直系卑属（引き取られる者）を自家（→家2-2-1）に入籍させる場合である。この場合，引取者は婚家又は養家を去った者であること，引き取られる者は引取者の婚家又は養家に在籍する直系卑属であること，引き取られる者の同意（親権者等の同意）があること，引取者の家の戸主の同意を得ること，引き取られる者の家（婚家又は養家）の戸主の同意を得ること，引取者の配偶者又は養親の同意を得ることが必要であった。要するに，例えば，婚姻又は養子縁組をして婚家又は養家に入った者が，離婚又は離縁によって実家に復籍した際，その者に婚家又は養家に子が在籍していたとしても，その子の戸籍に変動はないが，引取入籍によって，その子を婚家又は養家から実家に入籍させることができたのである。

　引取入籍すると，入籍した者は，入籍した家の家族となった（後掲・戸籍記載例⑪）。

　なお，廃家の制限，去家の制限がある場合には，引取入籍をすることはできなかった。

親族事例21：親族入籍

※　甲家戸籍には戸主Ａ男，弟Ｂ男が在籍

大正９・１・18　Ｂ男が分家（Ｂ男を戸主とする甲家分家の新戸籍編製）
大正10・８・31　Ｂ男が丙家家族Ｃ女と婚姻（Ｃ女が甲家分家戸籍に入籍）
大正11・10・25　Ｂ男とＣ女に嫡出子Ｄ男が誕生（Ｄ男は甲家分家戸籍に入籍）
大正13・７・３　Ｂ男とＣ女に嫡出子Ｅ女が誕生（Ｅ女は甲家分家戸籍に入籍）
昭和20・12・１　Ｅ女が甲家に親族入籍（Ｅ女が甲家戸籍に入籍）

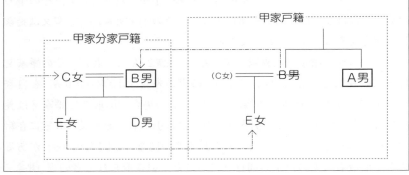

親族事例22：引取入籍

明治29・８・５　甲家戸主Ａ男が乙家家族Ｂ女と婚姻（Ｂ女が甲家戸籍に入籍）
明治31・８・９　Ａ男とＢ女に嫡出子Ｃ男が誕生（Ｃ男は甲家戸籍に入籍）
明治35・２・12　Ａ男とＢ女に嫡出子Ｄ男が誕生（Ｄ男は甲家戸籍に入籍）
大正14・４・17　Ｄ男が丙家家族Ｅ女と婚姻（Ｅ女が甲家戸籍に入籍）
昭和２・３・５　Ｄ男とＥ女に嫡出子Ｆ女が誕生（Ｆ女は甲家戸籍に入籍）
昭和10・８・９　Ｅ女が死亡
昭和17・９・16　丁家戸主Ｇ女がＤ男と入夫婚姻（Ｄ男が丁家戸籍に入籍）

第4節　入籍

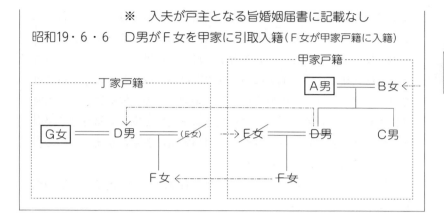

事例の解説

　親族事例21では，甲家戸主A男から見てE女は他家である甲家分家に在籍しているところ，E女自身が本家である甲家に，A男の姪として親族入籍したものである。これによって，E女は甲家分家の家族ではなくなり（B男ら甲家分家の者との親族関係は消滅しない。），甲家の家族となった。

　この事例は分家の家族が本家に親族入籍した事例であるが，本家分家の関係に限らず，他家の親族であって，前述の要件を満たせば親族入籍することができた。

　親族事例22では，D男には実家である甲家に長女F女がいるところ，入夫婚姻によって丁家に入ったが，その後，D男が，実家に在籍している長女F女を丁家に引取入籍したものである。これによって，F女は甲家の家族ではなくなり（A男ら甲家の者との親族関係は消滅しない。），丁家の家族となった。

　なお，この事例でいうと，G女とF女との間には継親子関係（→継親子関係2-1-3）が生じた。

まとめ　入籍

　入籍とは，新たに戸籍に入ること，つまり家に入ることであり，本

91

第2章　戸主及び家族

節では，旧民法特有のものとして，入籍そのものを目的とする行為によってする入籍である親族入籍と引取入籍について取り上げたが，戸主の親族であって，他家にいる者が，自らの意思で戸主の家に入ることを親族入籍といい，他家にいる他の者に引き取られて入籍することを引取入籍といった。引取入籍には，婚姻又は養子縁組によって婚家又は養家に入った者が，自己の親族を婚家又は養家に入籍させる場合と，婚家又は養家を去った者が，その婚家又は養家に在籍している自己の直系卑属を自家に入籍させる場合とがあった。

　親族入籍，引取入籍によって入籍した者は，新たに入籍後の家の家族となった。

　なお，親族入籍又は引取入籍によって入籍した者が，その入った家の戸主の直系卑属であった場合，その戸主を被相続人とする家督相続において，家督相続人となり得る資格を有することになったが，親族入籍又は引取入籍によって入籍した直系卑属の家督相続順位は，そうでない直系卑属よりも劣後することとなった（相続事例22）。

　以上の入籍を狭義の入籍とすると，広義には，出生による生来の入籍（親族事例18，19），婚姻や養子縁組に伴う入籍（親族事例31，32，38），認知による入籍（親族事例35），分家に伴う携帯入籍（親族事例26），夫が分家した際の妻の随従入籍（親族事例29）などがあった。

第5節　復籍

〈論点　復籍とは，どのような行為なのか。〉

■【概　説】

〈旧民法〉

第739条　婚姻又ハ養子縁組ニ因リテ他家ニ入リタル者ハ離婚又ハ離縁ノ場合ニ於テ実家ニ復籍ス

第5節　復籍

　養子縁組によって養家に入った養子は，その養親と**離縁**すると，**実家**（→家2-2-1）に**復籍**した。

　復籍は，実家に，再び入籍するという意味では入籍と同じではあるが，親族入籍や引取入籍とは，法的効果が異なった。復籍した者は，実家において有していた身分を回復したのである（親族事例40）。

　婚姻によって婚家に入った妻又は入夫（→入夫婚姻2-2-3）が離婚したときは，同様に，実家に復籍した。

　なお，**婿養子**（→婿養子2-4-2論点2）については，離婚及び離縁の両方が成立することで，実家に復籍した（親族事例33）。

親族事例23：離縁による実家復籍

明治29・8・5	甲家戸主Ａ男が乙家家族Ｂ女と婚姻（Ｂ女が甲家戸籍に入籍）
明治31・8・9	Ａ男とＢ女に嫡出子Ｃ男が誕生（Ｃ男は甲家戸籍に入籍）
明治35・2・12	Ａ男とＢ女に嫡出子Ｄ男が誕生（Ｄ男は甲家戸籍に入籍）
大正14・9・16	丙家戸主Ｅ男がＤ男を養子とする養子縁組（Ｄ男が丙家戸籍に入籍）
昭和4・8・30	Ｅ男とＤ男が離縁（Ｄ男が甲家に復籍）

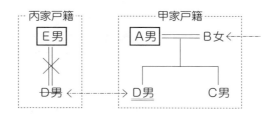

事例の解説

　この事例では，丙家の単身戸主（→戸主2-2-1）であるＥ男が，甲家の家族Ｄ男を養子とする養子縁組をして，Ｄ男が丙家に入った後に，Ｅ男とＤ男が離縁したものである。これにより，Ｄ男は実家である甲家に復籍し

第2章　戸主及び家族

た。

　復籍したことで，D男は，甲家において二男である身分を回復した。

　なお，この事例では，D男がE男の養子として丙家に入ったことで，D
男はE男の法定推定家督相続人となったが，復籍することは去家の制限
（→**去家の制限2-2-8**）に当たらないため，離縁によって丙家の法定推定家
督相続人を欠くことになっても，D男は甲家に復籍することができたので
ある。

> ### まとめ　復籍
>
> 　婚姻又は養子縁組によって他家（婚家又は養家）に入った者（妻若しく
> は夫（入夫・婿養子）又は養子）は，離婚又は離縁すると，実家に復籍し，
> 実家における身分を回復した。

第6節　復籍すべき実家の廃絶等による一家創立

〈**論点**　復籍すべき実家が絶家となっている場合，復籍者の戸籍は，ど
のようになるのか。〉

概　説

〈旧民法〉

第740条　前条ノ規定ニ依リテ実家ニ復籍スヘキ者カ実家ノ廃絶ニ因リ
　　テ復籍ヲ為スコト能ハサルトキハ一家ヲ創立ス但実家ヲ再興スルコト
　　ヲ妨ケス

第741条　婚姻又ハ養子縁組ニ因リテ他家ニ入リタル者カ更ニ婚姻又ハ
　　養子縁組ニ因リテ他家ニ入ラント欲スルトキハ婚家又ハ養家及ヒ実家
　　ノ戸主ノ同意ヲ得ルコトヲ要ス
　2　前項ノ場合ニ於テ同意ヲ為ササリシ戸主ハ婚姻又ハ養子縁組ノ日ヨ
　　リ一年内ニ復籍ヲ拒ムコトヲ得

第6節　復籍すべき実家の廃絶等による一家創立

> **第742条**　離籍セラレタル家族ハ一家ヲ創立ス他家ニ入リタル後復籍ヲ拒マレタル者カ離婚又ハ離縁ニ因リテ其家ヲ去リタルトキ亦同シ
>
> **第749条**　家族ハ戸主ノ意ニ反シテ其居所ヲ定ムルコトヲ得ス
> 2　家族カ前項ノ規定ニ違反シテ戸主ノ指定シタル居所ニ在ラサル間ハ戸主ハ之ニ対シテ扶養ノ義務ヲ免ル
> 3　前項ノ場合ニ於テ戸主ハ相当ノ期間ヲ定メ其指定シタル場所ニ居所ヲ転スヘキ旨ヲ催告スルコトヲ得若シ家族カ正当ノ理由ナクシテ其催告ニ応セサルトキハ戸主ハ裁判所ノ許可ヲ得テ之ヲ離籍スルコトヲ得但其家族カ未成年者ナルトキハ此限ニ在ラス
> ※　昭和16年法律第21号改正前
> 3　前項ノ場合ニ於テ戸主ハ相当ノ期間ヲ定メ其指定シタル場所ニ居所ヲ転スヘキ旨ヲ催告スルコトヲ得若シ家族カ正当ノ理由ナクシテ其催告ニ応セサルトキハ戸主ハ裁判所ノ許可ヲ得テ之ヲ離籍スルコトヲ得但其家族カ未成年者ナルトキハ此限ニ在ラス
>
> **第750条**　家族カ婚姻又ハ養子縁組ヲ為スニハ戸主ノ同意ヲ得ルコトヲ要ス
> 2　家族カ前項ノ規定ニ違反シテ婚姻又ハ養子縁組ヲ為シタルトキハ戸主ハ其婚姻又ハ養子縁組ノ日ヨリ一年内ニ離籍ヲ為シ又ハ復籍ヲ拒ムコトヲ得
> 3　家族カ養子ヲ為シタル場合ニ於テ前項ノ規定ニ従ヒ離籍セラレタルトキハ其養子ハ養親ニ随ヒテ其家ニ入ル

　親族事例23のとおり，婚姻又は養子縁組によって他家に入った者は，離婚又は離縁すると実家に復籍したが，この際に，復籍すべき実家が廃家（→廃家2-2-11）し又は絶家（→絶家2-2-12）した（廃絶した）ことで消滅している場合には，復籍することができない。

　そこで，その場合には，その復籍すべき者を戸主として一家が創立された。

　一家創立とは，旧民法に規定によって新たに家が起きる（設立される）ことをいったが，新たに家を設立しようとする者の意思によって新たな家が設立される分家（→分家2-2-7論点1），廃絶家再興（→再興2-2-7論点3）

第2編
親族

95

第2章　戸主及び家族

と異なり，法定の原因によって当然に新たな家が設立された。

　旧民法における一家創立の主な原因は，次のとおりである。

ア　子の父母が共に知れないとき又は非嫡出子が父若しくは母の家に
　　入ることができないとき（親族事例19）

イ　婚姻又は養子縁組によって他家に入った者が離婚又は離縁した際，
　　その実家の廃絶によって復籍することができないとき

ウ　戸主の同意を得ることなく婚姻又は養子縁組によって他家に入っ
　　た者が離婚又は離縁に当たって，実家の戸主に復籍を拒否されてい
　　るとき

エ　**離籍**（その家から排斥すること）されたとき（本章第1節）

オ　絶家に家族があるとき（相続事例6）

親族事例24：復籍すべき実家の廃絶による一家創立

明治39・8・5	甲家戸主Ａ男が乙家家族Ｂ女と婚姻（Ｂ女が甲家戸籍に入籍）
明治40・10・4	Ａ男とＢ女に嫡出子Ｃ男が誕生（Ｃ男は甲家戸籍に入籍）
明治44・11・22	Ａ男とＢ女に嫡出子Ｄ女が誕生（Ｄ女は甲家戸籍に入籍）
昭和7・7・4	丙家戸主Ｅ男がＤ女と婚姻（Ｄ女が丙家戸籍に入籍）
昭和8・6・30	Ｂ女が死亡
昭和9・6・30	Ｃ男が死亡
昭和17・11・7	Ａ男が死亡
昭和18・8・9	裁判所の許可により甲家の絶家
昭和19・4・28	Ｅ男とＤ女が離婚（Ｄ女を戸主とする一家創立）
	※　Ｄ女を戸主とする新戸籍の編製

第6節　復籍すべき実家の廃絶等による一家創立

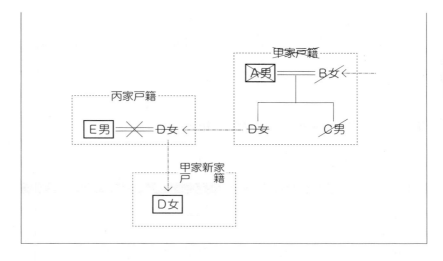

事例の解説

この事例では，婚姻によって甲家から丙家に入ったＤ女が離婚し，実家である甲家に復籍すべきところ，すでに，甲家が絶家となっていて，復籍することができないもので，この場合，Ｄ女を戸主として一家創立された。

その結果，新たにＤ女を戸主とする甲家新家の戸籍が編製された。

まとめ　復籍すべき実家の廃絶等による一家創立

　一家創立とは，旧民法に規定する原因によって，当然に，新たな家が設立されることをいい，子の父母が共に知れないとき又は非嫡出子が父若しくは母の家に入ることができないときや（→子の入る家2-2-2），婚姻又は養子縁組によって他家に入った者が離婚又は離縁した際，その実家の廃絶（廃家又は絶家）によって復籍することができないときに一家創立された。なお，実家の廃絶によって復籍することができないときは，廃絶した実家を再興することもできた。

　その他にも，戸主の同意を得ることなく婚姻又は養子縁組によって他家に入った者が離婚又は離縁に当たって，実家の戸主に復籍を拒否されているときや，離籍されたとき，また，絶家に家族があるときな

第2章　戸主及び家族

どを原因として，一家創立された。

　一家創立されると，当該者を戸主とする新たな家の戸籍が編製された。

第7節　分家，他家相続，廃絶家の再興

〈論点1　分家とは，何か。〉

【概　説】

〈旧民法〉
第743条　家族ハ戸主ノ同意アルトキハ他家ヲ相続シ，分家ヲ為シ又ハ廃絶シタル本家，分家，同家其他親族ノ家ヲ再興スルコトヲ得但未成年者ハ親権ヲ行フ父若クハ母又ハ後見人ノ同意ヲ得ルコトヲ要ス
2　家族カ分家ヲ為ス場合ニ於テハ戸主ノ同意ヲ得テ自己ノ直系卑属ヲ分家ノ家族ト為スコトヲ得
3　前項ノ場合ニ於テ直系卑属カ満15年以上ナルトキハ其同意ヲ得ルコトヲ要ス
※　明治35年法律第37号改正により第2項及び第3項新設

　分家とは，家族（→家族2-2-1）が，現に属する家から分かれて，自己を戸主とする新しい家を設立する行為である。戸籍の処理としては現在の分籍に近いものがあるが，法的効果は全く異なるものである。

　分家すると，当該家族は分家の戸主（**分家戸主**）となり，その分家は分家前に属した家を**本家**（→家2-2-1）とする関係となる。分家には，行為としての分家（する）という意と，その結果，設立された新たな家という意に使われた。

　分家戸主は，分家によって本家の戸主とは家を異にすることとなるため，本家戸主について開始した**家督相続**について家督相続人となる資格を失うこととなった（相続事例17）など，旧民法においては重要な効果を生じた。

第7節　分家，他家相続，廃絶家の再興

　旧民法上，分家をする際に本家の財産を分家に財産分け（贈与）をすることは要件とはされていないが，実際には分家に伴って本家の財産の一部を贈与することも少なくなかったようで，その際の贈与については，分家のための贈与は特別受益とされていた（旧民法1007条1項）ほか，当時の相続税法（昭和22年4月30日法律第87号による全部改正前の明治38年1月1日法律第10号相続税法）第23条第1項第2号，同項柱書では，分家をするに際し，若しくは分家をした後，本家の戸主又は家族が，分家の戸主又は家族に贈与をしたときは，遺産相続が開始したものとみなし，相続税を課すとされ，贈与税ではなく相続税が課されていた。

　分家するには，分家しようとする者の属する家の戸主の同意を要し，分家によって，分家した者を戸主とする分家の新戸籍が編製（編製された戸籍の前戸主欄，前戸主との続柄欄は空白）され（後掲・戸籍記載例⑫），分家の氏は，本家と同じ氏でなければならなかった（大2・1・31民事861号民事局長回答）。分家は，戸籍に分家届をし（大正3年戸籍法145条，明治31年戸籍法154条），受理されることで成立する。

　なお，**去家の制限**（→去家の制限2-2-8）がある場合には，分家をすることはできなかったため，通常は，戸主の長男は分家することができなかった。

　分家は，分家戸主となる者（本家の家族）が本家の戸籍から，新たな分家の戸籍に戸主として入るものであるが，その分家戸主となる者に本家において妻がいた場合，その妻は，当然に，分家に**随従入籍**した（→随従入籍2-2-9）。

　その分家戸主となる者に本家において直系卑属がいた場合も，分家に入籍させることができたが，妻と異なり，当然に分家に入籍することはなく，親族入籍（→親族入籍2-2-4）するか，**携帯入籍**させる必要があった。

　携帯入籍とは，分家戸主となる者が分家届に記載することで，分家と同時に自己の直系卑属を分家に入籍させることで，これにより携帯された直系卑属は分家の新戸籍の編製と同時に本家の戸籍から分家の戸籍に入って，分家戸主の家族となった（後掲・戸籍記載例⑬）。携帯入籍に当たっては，本

家戸主の同意を得る必要と，当該直系卑属が満15歳以上であるときは，当該直系卑属の同意を得る必要があった。

携帯された直系卑属に妻がいた場合も，当該妻は，その夫（携帯された直系卑属）に従って，当然に分家に**随従入籍**した。

携帯入籍された者は，親族入籍した者とは異なり，入籍した直系卑属の家督相続順位は，そうでない直系卑属よりも劣後することはなかった（相続事例22，23）。

親族事例25：分家

明治29・8・5　甲家戸主Ａ男が乙家家族Ｂ女と婚姻（Ｂ女が甲家戸籍に入籍）

明治30・8・9　Ａ男とＢ女に嫡出子Ｃ男が誕生（Ｃ男は甲家戸籍に入籍）

明治31・9・19　Ａ男とＢ女に嫡出子Ｄ男が誕生（Ｄ男は甲家戸籍に入籍）

大正9・1・18　Ｄ男が分家（Ｄ男を戸主とする甲家分家の新戸籍編製）

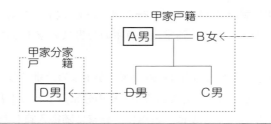

親族事例26：携帯入籍

明治29・8・5　甲家戸主Ａ男が乙家家族Ｂ女と婚姻（Ｂ女が甲家戸籍に入籍）

明治30・8・9　Ａ男とＢ女に嫡出子Ｃ男が誕生（Ｃ男は甲家戸籍に入籍）

明治31・9・19　Ａ男とＢ女に嫡出子Ｄ男が誕生（Ｄ男は甲家戸籍に入籍）

大正11・1・18　Ｄ男が丙家家族Ｅ女と婚姻（Ｅ女が甲家戸籍に入籍）

第7節 分家，他家相続，廃絶家の再興

大正13・9・28　D男とE女に嫡出子F男が誕生（F男は甲家戸籍に入籍）
大正15・12・24　D男とE女に嫡出子G女が誕生（G女は甲家戸籍に入籍）
昭和1・12・27　D男が分家（D男を戸主とする甲家分家の新戸籍編製）
　　　　　　※　E女が甲家分家戸籍に随従入籍，D男がF男及びG女を甲家分家戸籍に携帯入籍

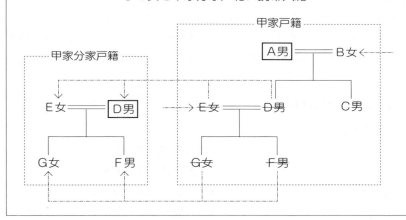

事例の解説

親族事例25では，甲家の戸主A男の二男D男が，A男の同意を得て分家したもので，D男が甲家を去ると同時に，D男を戸主とする甲家分家が設立され，新たに甲家分家の戸籍が編製された。

親族事例26では，甲家に妻と長男，長女がいるD男が分家し，妻E女が分家に随従入籍したものである。その際，D男は，F男とG女を分家に携帯し，分家に携帯入籍させた。その結果，分家の戸籍の編製と同時に，甲家分家戸籍には，D男のほか，E女，F男，G女が在籍した。

なお，分家する者に直系卑属がいたとしても携帯するか否か，携帯する場合は誰を携帯するのかは分家する者の任意（戸主の同意と，15歳以上の当該直系卑属の同意が必要）であった。

101

第 2 章　戸主及び家族

〈論点 2　他家相続とは，何か。〉

【概　説】

　他家相続とは，他家（→家 2 - 2 - 1）を家督相続する，つまり，他家の家
督相続人となることである。

　家族が，他家相続をするときは，戸主の同意を要した。

　他家相続は，指定家督相続（→指定家督相続人 3 - 1 - 5）の場合，第 2 種選
定家督相続（→第 2 種選定家督相続人 3 - 1 - 8）の場合に生じた。

相続事例 2 ：他家相続

被相続人 D 男

　　　　　　　※　甲家戸籍には戸主 A 男，妹に B 女が在籍

明治39・4・19　A 男が乙家家族 C 女と婚姻（C 女が甲家戸籍に入籍）

明治42・9・3　A 男と C 女に嫡出子 E 男が誕生（E 男が甲家戸籍に入籍）

明治45・7・5　A 男と C 女に嫡出子 F 男が誕生（F 男が甲家戸籍に入籍）

大正 8・9・14　丙家戸主 D 男が B 女と婚姻（B 女が丙家戸籍に入籍）

昭和19・12・3　D 男が F 男を丙家の家督相続人に指定

昭和20・4・6　D 男が死亡

　　　　　　　※　F 男の家督相続届により F 男を戸主とする丙家
　　　　　　　　の新戸籍編製

102

第7節　分家，他家相続，廃絶家の再興

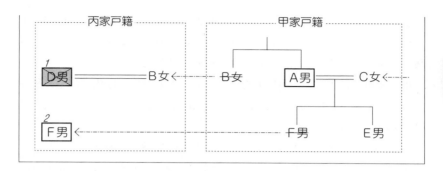

事例の解説

　この事例では，丙家の戸主D男には**法定推定家督相続人**（→法定推定家督相続人3-1-2）である直系卑属がいないため，D男が丙家の家督相続人として甲家の家族F男を指定した。

　その後，D男が死亡し，丙家において家督相続が開始したことで，F男が指定家督相続人として丙家を家督相続し，その戸主となった。

　この場合，D男死亡後において，甲家の家族F男が丙家の戸主になるということは，叔母B女が在籍する家であっても他家を相続するということになるため，甲家戸主A男の同意が必要とされた。

〈論点3　再興とは，何か。〉

概　説

　再興とは，消滅した家を復活させることをいい，**廃家**（→廃家2-2-11）又は**絶家**（→絶家2-2-12）を復活させることをいった。廃家又は絶家を再興すること（**廃家再興又は絶家再興**）を**廃絶家再興**と総称したが，廃家，絶家は家として消滅しているものであるため，再興とは，実質的に，新たに家を設立することに他ならなかった。

　再興された家の氏は，当然，廃家又は絶家の氏となるものの，再興は家督相続ではないため，廃家戸主又は絶家戸主の名義の財産があったとしても，再興者が承継することはなく（大二民判大2・7・7大民録19輯614頁），廃家又は絶家の家名と，本家分家というような家系のみを継承した。

103

第2章　戸主及び家族

廃絶家の再興は，再興者とまったく無関係の家を再興することはできず，その本家，分家，同家（→家2-2-1）又は親族の家でなければならず，再興者が家族であるときは，その戸主の同意を要した。

廃絶家再興によって，再興者を戸主とし，廃家戸主又は絶家戸主の最終の氏を称して（大7・5・31民1148号法務局長回答），新戸籍が編製された（後掲・戸籍記載例⑭）。

婚姻又は養子縁組によって他家に入った者が離婚又は離縁したときに，実家が廃絶されていた場合は，一家創立に代えて（親族事例24），廃絶された実家を再興（**実家再興**）することもできた。

親族事例27：廃家の再興

明治31・1・16	甲家戸主Ａ男が乙家家族Ｂ女と婚姻（Ｂ女が甲家戸籍に入籍）
明治32・4・19	Ａ男とＢ女に嫡出子Ｃ男が誕生（Ｃ男は甲家戸籍に入籍）
明治33・6・12	Ａ男とＢ女に嫡出子Ｄ男が誕生（Ｄ男は甲家戸籍に入籍）
明治34・12・5	Ａ男とＢ女に嫡出子Ｅ男が誕生（Ｅ男は甲家戸籍に入籍）
大正9・12・8	Ｄ男が分家（Ｄ男を戸主とする甲家第1分家の新戸籍編製）
大正11・11・21	Ｅ男が分家（Ｅ男を戸主とする甲家第2分家の新戸籍編製）
大正12・10・23	Ｅ男が丙家家族Ｆ女と婚姻（Ｆ女が甲家第2分家に入籍）
大正13・12・3	Ｅ男とＦ女に嫡出子Ｇ男が誕生（Ｇ男が甲家第2分家戸籍に入籍）
大正15・2・23	Ｅ男とＦ女に嫡出子Ｈ男が誕生（Ｈ男が甲家第2分家戸籍に入籍）
昭和4・8・31	Ｃ男が死亡
昭和5・10・25	Ｄ男が甲家第1分家を廃家，甲家に親族入籍（Ｄ男が甲家戸籍に入籍）
昭和21・5・2	Ｈ男が甲家第1分家を再興（Ｈ男を戸主とする甲家第1分家の新戸籍編製）

第7節　分家，他家相続，廃絶家の再興

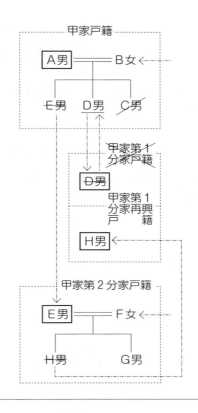

親族事例28：絶家の再興	
明治31・1・16	甲家戸主A男が乙家家族B女と婚姻（B女が甲家戸籍に入籍）
明治32・4・19	A男とB女に嫡出子C男が誕生（C男は甲家戸籍に入籍）
明治33・6・12	A男とB女に嫡出子D男が誕生（D男は甲家戸籍に入籍）
明治34・12・5	A男とB女に嫡出子E男が誕生（E男は甲家戸籍に入籍）
大正9・12・8	D男が分家（D男を戸主とする甲家第1分家の新戸籍編製）
大正11・11・21	E男が分家（E男を戸主とする甲家第2分家の新戸籍編製）

第 2 章　戸主及び家族

大正12・10・23　E男が丙家家族F女と婚姻（F女が甲家第2分家に入籍）
大正13・12・3　E男とF女に嫡出子G男が誕生（G男が甲家第2分家戸籍に入籍）
大正15・2・23　E男とF女に嫡出子H男が誕生（H男が甲家第2分家戸籍に入籍）
昭和4・8・31　D男が死亡
昭和5・10・25　裁判所の許可により甲家第1分家の絶家
昭和21・5・2　H男が甲家第1分家を再興（H男を戸主とする甲家第1分家の新戸籍編製）

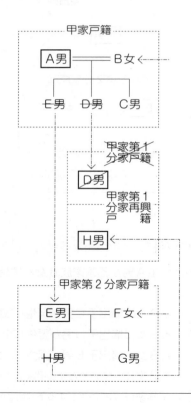

第7節　分家，他家相続，廃絶家の再興

■ 事例の解説

　親族事例27では，廃家された甲家第1分家を，同家（甲家第2分家）の家族であるH男が再興したものであり，親族事例28では，絶家した甲家第1分家を，同家（甲家第2分家）の家族であるH男が再興したものである。

　いずれの場合も，H男は，その戸主E男の同意を得て再興し，廃絶家再興によって，甲家第1分家は復活したことになるが，H男を戸主とする新たな戸籍が編製された。

　なお，廃家戸主又は絶家戸主D男名義の財産があったとしても，その財産を再興者H男が相続することはなかった。

■ まとめ　分家，他家相続，廃絶家の再興

　分家とは，家族が，戸主の同意を得て，現に属する家から分かれて，自己を戸主とする新しい家を設立する行為であり，分家によって，新たに，その分家した家族を戸主とする分家の戸籍が編製されたが，分家には，その妻が随従入籍する以外，分家戸主の親族が分家に入るには親族入籍をする必要があったが，本家に分家戸主の直系卑属がいた場合は，分家と同時に，携帯入籍させることができた。

　他家相続とは，他家の指定家督相続人又は第2種選定家督相続人となることをいい，家族が，他家相続をするときは，戸主の同意を要した。

　再興とは，消滅した家を復活させることをいい，廃家又は絶家を復活させることをいった。廃家又は絶家を再興することを廃絶家再興と総称し，実質的には，新たに家を設立することであった。廃絶家再興は，財産の相続ではなく，廃家又は絶家の家名と家系のみを継承したが，再興するには，その本家，分家，同家又は親族の家でなければならず，再興者が家族であるときは，その戸主の同意を要した。廃絶家再興によって，再興者を戸主とし新戸籍が編製された。離婚又は離縁したときに，実家が廃絶されていた場合に，一家創立に代えて，廃絶された実家を再興する場合も同様であった。

107

第2章　戸主及び家族

第8節　法定推定家督相続人の去家の制限

〈**論点**　戸主の長男は他家の戸主の養子となることができるのか。〉

【概　説】

〈旧民法〉

第744条　法定ノ推定家督相続人ハ他家ニ入リ又ハ一家ヲ創立スルコト
　　ヲ得ス但本家相続ノ必要アルトキハ此限ニ在ラス
2　前項ノ規定ハ第750条第2項ノ適用ヲ妨ケス

　法定の推定家督相続人（→**法定推定家督相続3-1-2**）とは，次の戸主の予
定者のことであり，家督相続が開始したとすると家督相続人となるべき第
1種法定家督相続人（→**第1種法定家督相続人3-1-2**）を指した。つまり，
通常，戸主に子がいる場合には長男，子が女子だけで家であるときは長女
が法定推定家督相続人に当たった。

　要するに，その家の跡取りのことであり，家制度の基本的原理として，
その家が断絶しないよう，跡取りは，その家を去ることができないことと
なっていた。このように法定推定家督相続人は，離籍（→**離籍2-2-6**）さ
れた場合を除いて，他家に入り，又は一家を創立することはできず，この
制限を，**法定推定家督相続人の去家の制限**（去家の制限）といった。

　ここで，他家（→**家2-2-1**）に入り，又は一家を創立（→**一家創立2-2-
6**）するとは，法定推定家督相続人が自家から去る（除籍となる）すべての
行為を指し，婚姻，養子縁組によって他家に入る場合だけでなく，親族入
籍したり，引取入籍されたり（→**入籍2-2-4**），分家したり，廃絶家の再
興をしたり（→**分家・再興2-2-7**），家督相続人に指定若しくは選定された
りするなど，自己の意思に基づくか否かにかかわらず該当した。なお，復
籍によって実家に復籍することは，去家の制限に当たらなかった（明31・
9・19民刑1172号民刑局長回答）。

　法定推定家督相続人の去家の制限には例外があったが，その主なものが，
本家相続のために必要である場合であった。**本家相続**とは，本家の家督相

第8節　法定推定家督相続人の去家の制限

続人となること，つまり本家の家督相続人に指定（→指定家督相続人3-1-
5）され，又は選定（→第2種選定家督相続人3-1-8）されて，その家督相
続を承認し，本家の家督相続人になることをいった。

　分家の法定推定家督相続人が，本家の家督相続人となるために分家を去
ることは許されたわけである。

相続事例3：法定推定家督相続人の去家の制限と本家相続

被相続人Ａ男

明治31・1・16	甲家戸主Ａ男が乙家家族Ｂ女と婚姻（Ｂ女が甲家戸籍に入籍）
明治32・4・19	Ａ男とＢ女に嫡出子Ｃ男が誕生（Ｃ男は甲家戸籍に入籍）
明治33・6・12	Ａ男とＢ女に嫡出子Ｄ男が誕生（Ｄ男は甲家戸籍に入籍）
明治34・12・5	Ａ男とＢ女に嫡出子Ｅ男が誕生（Ｅ男は甲家戸籍に入籍）
大正9・12・8	Ｄ男が分家（Ｄ男を戸主とする甲家第1分家の新戸籍編製）
大正11・11・21	Ｅ男が分家（Ｅ男を戸主とする甲家第2分家の新戸籍編製）
大正12・10・23	Ｄ男が丙家家族Ｆ女と婚姻（Ｆ女が甲家第1分家に入籍）
大正13・12・3	Ｄ男とＦ女に嫡出子Ｇ男が誕生（Ｇ男が甲家第1分家戸籍に入籍）
大正15・2・23	Ｄ男とＦ女に嫡出子Ｈ男が誕生（Ｈ男が甲家第1分家戸籍に入籍）
昭和3・2・24	Ｃ男が死亡
昭和4・8・31	Ａ男がＧ男を甲家の家督相続人に指定
昭和17・5・7	Ｅ男が死亡
昭和19・10・25	Ａ男が死亡
	※　Ｇ男の家督相続届によりＧ男を戸主とする甲家の新戸籍編製

109

第2章　戸主及び家族

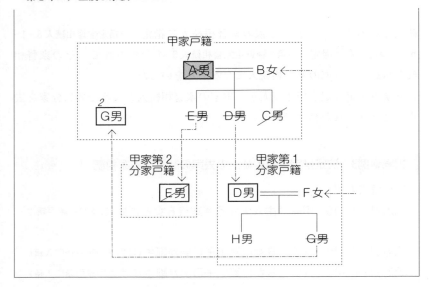

■事例の解説

　この事例では，甲家の戸主A男には，C男死亡後は，甲家には，その直系卑属がないため（D男，E男は家を異にするため，法定推定家督相続人ではない。），G男を家督相続人に指定した。その後，A男が死亡し，甲家において家督相続が開始し，G男が甲家の家督相続人となった。G男は，甲家第1分家の法定推定家督相続人であったため，本来は，他家の家督相続人になることはできなかったが，本家である甲家の家督相続人にはなることができたわけである。

　この事例では，甲家第2分家は戸主E男の死亡によって家督相続が開始したが，家督相続人がいない。そこで，第2種選定家督相続人が選定される可能性があったが，この場合においては，G男は選定されたとしても，甲家第2分家の家督相続人となることはできなかった（家督相続を承認することができなかった）。本家相続に当たらないからである。

110

> **まとめ** **法定推定家督相続人の去家の制限**
>
> 　法定推定家督相続人（通常，戸主の長男，子が女子だけ（姉妹）の家であるときは長女）は，その家の跡取りとして，原則として，婚姻，養子縁組，親族入籍，分家などによって他家に入る（本家を除籍となる）ことはできなかった。この制限を，法定推定家督相続人の去家の制限といった。
>
> 　ただし，分家の法定推定家督相続人が，本家の家督相続人となるために分家を去ることは許された。

第9節　妻の随従入籍

〈**論点**　夫が他家に入ったとき，その妻の戸籍はどうなるのか。〉

■ 概　説

> 〈旧民法〉
>
> 第745条　夫カ他家ニ入リ又ハ一家ヲ創立シタルトキハ妻ハ之ニ随ヒテ其家ニ入ル

　夫が，ある家から，他家（→家2-2-1）に入ったときは，その妻は，当然に，夫に従って，その家（夫が入った家）に入った。これを，**随従入籍**（随伴入籍）といった。

　夫が分家（→分家2-2-7論点1）したときは，その妻は，夫に従って，当然に分家に入ったが，これも随従入籍の例である。

　分家の場合だけでなく，夫が養子縁組，親族入籍（→親族入籍2-2-4）などで他家に入ったときや夫が一家創立（→一家創立2-2-6）したときも，妻は，夫に従って，その家（夫が入った家）に入った。

第2章　戸主及び家族

> **親族事例29：夫の分家**
>
> 明治29・8・5　　甲家戸主Ａ男が乙家家族Ｂ女と婚姻（Ｂ女が甲家戸籍に入籍）
> 明治30・8・9　　Ａ男とＢ女に嫡出子Ｃ男が誕生（Ｃ男は甲家戸籍に入籍）
> 明治31・9・19　Ａ男とＢ女に嫡出子Ｄ男が誕生（Ｄ男は甲家戸籍に入籍）
> 大正11・1・18　Ｄ男が丙家家族Ｅ女と婚姻（Ｅ女が甲家戸籍に入籍）
> 昭和1・12・27　Ｄ男が分家（Ｄ男を戸主とする甲家分家の新戸籍編製）
> 　　　※　Ｅ女が甲家分家戸籍に随従入籍

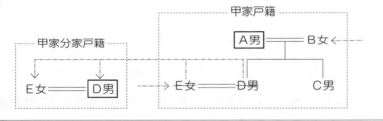

事例の解説

この事例は，親族事例26においてＤ男に直系卑属がいなかった事例であり，Ｄ男が分家し，妻Ｅ女は，Ｄ男に随従して，当然に分家に入ったものである。

> **まとめ　随従入籍**
>
> 　随従入籍とは，分家や養子縁組，親族入籍などによって他家に入り，又は一家を創立した夫に従って，その妻が，その家（夫が入った家）に入ることをいい，その妻は，当然に，その家（夫が入った家）の戸籍に入籍した（その他の随従入籍は，本章第11節，第12節）。
> 　ただし，妻が女戸主である場合には隠居（→隠居2-2-10）しなければ他家に入ることができないため，夫に随従することはできず，つまり，入夫が戸主でないときは，入夫は分家するなど，他家に入ることができなかった。

第10節　隠居

〈論点　隠居とは，何か。〉

【概　説】

〈旧民法〉

第752条　戸主ハ左ニ掲ケタル条件ノ具備スルニ非サレハ隠居ヲ為スコ
　トヲ得ス
一　満六十年以上ナルコト
二　完全ノ能力ヲ有スル家督相続人カ相続ノ単純承認ヲ為スコト

第753条　戸主カ疾病，本家ノ相続又ハ再興其他已ムコトヲ得サル事由
　ニ因リテ爾後家政ヲ執ルコト能ハサルニ至リタルトキハ前条ノ規定ニ
　拘ハラス裁判所ノ許可ヲ得テ隠居ヲ為スコトヲ得但法定ノ推定家督相
　続人アラサルトキハ予メ家督相続人タルヘキ者ヲ定メ其承認ヲ得ルコ
　トヲ要ス

第755条　女戸主ハ年齢ニ拘ハラス隠居ヲ為スコトヲ得
2　有夫ノ女戸主カ隠居ヲ為スニハ其夫ノ同意ヲ得ルコトヲ要ス但夫ハ
　正当ノ理由アルニ非サレハ其同意ヲ拒ムコトヲ得ス

第756条　無能力者カ隠居ヲ為スニハ其法定代理人ノ同意ヲ得ルコトヲ
　要セス

第757条　隠居ハ隠居者及ヒ其家督相続人ヨリ之ヲ戸籍吏ニ届出タルニ
　因リテ其効カヲ生ス

　隠居も，旧民法特有のものであり，現代にないものである。現代でいう
と，引退や定年などに対比することもできなくはないが，まったく異なる
もので，旧民法において家制度の根幹の一つとして，家を承継するための
重要な法律行為であった。しいていえば，時代劇で，徳川（水戸）光圀が
「ご隠居様」と呼ばれるときの，その前提となった行為としての隠居とで
もいえようか。

第2章　戸主及び家族

　さて，隠居とは，**戸主**（→戸主2-2-1）が，生前に自らの意思で戸主の身分を退いて，その戸主権を新たな戸主に承継させる行為である。そのため，入夫婚姻（→入夫婚姻2-2-3）の場合と異なり，戸主が隠居をしたときは，その戸主を被相続人として，必ず家督相続（→家督相続3-1-1）が開始し，隠居した戸主が戸主権を失い，その家督相続人が，その家の新たな戸主となった。隠居によって，隠居した戸主（**隠居戸主**）は，新たな戸主の家族となった。

　隠居するには，戸主は満60歳以上でなければならなかったが，満60歳未満であっても裁判所の許可を得ると隠居することができ，この場合の隠居を**特別隠居**といった。なお，女戸主は，満60歳未満であっても裁判所の許可を得ることなく隠居することができたが，夫の同意を必要とした。

　また，完全な行為能力を有する第1種法定家督相続人（→**第1種法定家督相続人**3-1-2）又は指定家督相続人（→指定家督相続人3-1-5）が相続の単純承認をすることを要し，特別隠居の場合は，第1種法定家督相続人の承認は要件とはされないものの，第1種法定家督相続人がいないときは指定家督相続人を指定し，その承認を必要とした。

　隠居は，隠居者及び家督相続人が届出しなければならず，その戸籍の届出をもって効力を生じた。また同日，続けて家督相続の届出がなされ，隠居が成立すると，その家の戸籍は隠居戸主を筆頭とするものから，新たな戸主を筆頭とする戸籍に編製替えがなされた（後掲・戸籍記載例⑮）。

〈旧民法〉

第754条　戸主カ婚姻ニ因リテ他家ニ入ラント欲スルトキハ前条ノ規定ニ従ヒ隠居ヲ為スコトヲ得

2　戸主カ隠居ヲ為サスシテ婚姻ニ因リ他家ニ入ラント欲スル場合ニ於テ戸籍吏カ其届出ヲ受理シタルトキハ其戸主ハ婚姻ノ日ニ於テ隠居ヲ為シタルモノト看做ス

　戸主を失うことは，その家の断絶（→絶家2-2-12）を招きかねないため，戸主が婚姻その他の事由によって他家に入ることはできなかった（適法に

第10節　隠居

廃家（→廃家2-2-11）した場合を除く。），家制度の根本的な要請であった。したがって，戸主が，他家に入る婚姻届をしたとしても，その婚姻届は受理されない（旧民法776条）。

そこで，戸主が婚姻によって他家に入ろうとするとき，つまり，戸主が入夫婚姻によって妻の家に入ろうとするとき，又は，女戸主が婚姻によって夫の家に入ろうとするときは，まず，隠居する必要があった。旧民法第754条は，そのことを規定しているが，隠居をすると，その戸主（隠居戸主）は家族となるため，その後は戸主としてではなく，家族として婚姻し得るもののとなる。

ところが，戸主が（隠居をせずに），他家に入る婚姻届が誤って受理されてしまった場合は，その婚姻は有効に成立し，その戸主は，婚姻の日に隠居したものとみなされた。これは，法定隠居と呼ばれた。

戸主が養子縁組によって他家に入ろうとするときも同様であり，誤って養子縁組届が受理されたときは，戸主は，養子縁組の日に隠居したものとみなされた（大二民判大5・1・20大民録22輯49頁）。

法定隠居が成立しても，隠居として，その戸主を被相続人とする家督相続が開始した。

特別隠居，法定隠居ではない通常の隠居は，**普通隠居**と呼ばれた。

相続事例4：隠居

被相続人Ａ男

明治39・4・19　甲家戸主Ａ男が乙家家族Ｂ女と婚姻（Ｂ女が甲家戸籍に入籍）

明治42・9・14　Ａ男とＢ女に嫡出子Ｃ女が誕生（Ｃ女は甲家戸籍に入籍）

明治44・8・13　Ａ男とＢ女に嫡出子Ｄ男が誕生（Ｄ男は甲家戸籍に入籍）

昭和7・7・27　Ａ男が隠居

　　　　　　　※　Ｄ男の家督相続届によりＤ男を戸主とする甲家の新戸籍編製

第 2 章　戸主及び家族

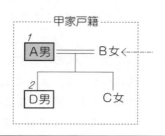

事例の解説

　この事例では，甲家の戸主A男が隠居したもので，新たにD男が甲家の戸主（家督相続人）となった。

　A男の隠居により，新たにD男を筆頭とする新たな甲家の戸籍が編製され，その新たな戸籍に，A男，B女，C女が在籍した。

相続事例5：法定隠居

被相続人D女
明治25・4・19　甲家戸主A男が乙家家族B女と婚姻（B女が甲家戸籍に入籍）
明治26・12・31　A男とB女に嫡出子C男が誕生（C男は甲家戸籍に入籍）
明治28・9・14　A男とB女に嫡出子D女が誕生（D女は甲家戸籍に入籍）
大正5・5・12　丙家戸主E男がD女と婚姻（D女が丙家戸籍に入籍）
大正6・9・24　E男とD女に嫡出子F男が誕生（F男は丙家戸籍に入籍）
大正8・3・18　E男とD女に嫡出子G男が誕生（G男は丙家戸籍に入籍）
昭和7・7・27　E男とD女が離婚（D女は甲家戸籍に復籍）
昭和16・7・4　C男が死亡
昭和17・1・27　D女がG男を甲家に引取入籍（G男が甲家戸籍に入籍）
昭和18・10・11　A男が死亡
　　　　　　　※　D女の家督相続届によりD女を戸主とする甲家

116

第10節　隠居

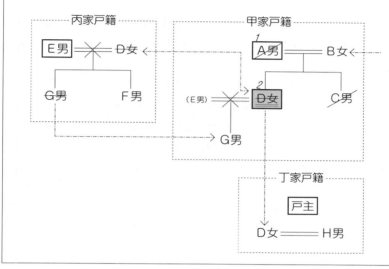

事例の解説

　この事例では，甲家の女戸主D女が丁家のH男と婚姻したところ，本来は，D女は女戸主であるため，そのままでは婚姻によって丁家に入ること，つまり婚姻をすることができなかった。ところが，その婚姻届が誤って受理されてしまったものである。

　この場合，婚姻は有効に成立し，それにより，D女に法定隠居が成立し，甲家の戸主を隠居したものとみなされた。

　この結果，甲家において家督相続が開始した。D女は戸主ではなくなり，その子G男が新たな戸主（家督相続人）となった。

　この事例では，G男の家督相続届がないが，その有無にかかわらず，当然にG男が家督相続人になった（第3編第1章第1節）。

第2章　戸主及び家族

まとめ　隠居

　隠居とは，戸主が，生前に自らの意思で戸主の身分を退いて，その
戸主権を新たな戸主に承継させる行為であり，戸主が隠居をしたとき
は，その戸主を被相続人として，必ず家督相続が開始した。隠居に
よって，隠居した戸主（隠居戸主）は，新たな戸主（家督相続人）の家族
となった。

　隠居が成立すると，その家の戸籍は隠居戸主を筆頭とするものから，
新たな戸主を筆頭とする戸籍に編製替え（新戸籍の編製）がなされた。

　なお，戸主が，婚姻又は養子縁組によって他家に入ろうとするとき
は，隠居してからでなければ，婚姻又は養子縁組をすることができな
かったが，その婚姻届又は養子縁組届が誤って受理されてしまった場
合は，その婚姻又は養子縁組は有効に成立し，その戸主は，婚姻の日
に隠居（法定隠居）したものとみなされた。

第11節　廃家

〈**論点　廃家とは，何か。**〉

【**概　説**】

〈旧民法〉

第762条　新ニ家ヲ立テタル者ハ其家ヲ廃シテ他家ニ入ルコトヲ得

2　家督相続ニ因リテ戸主ト為リタル者ハ其家ヲ廃スルコトヲ得ス但本
　家ノ相続又ハ再興其他正当ノ事由ニ因リ裁判所ノ許可ヲ得タルトキハ
　此限ニ在ラス

第763条　戸主カ適法ニ廃家シテ他家ニ入リタルトキハ其家族モ亦其家
　ニ入ル

家制度を根本原理とする旧民法においては，**家**の存続こそ最優先される

第11節　廃家

事柄であり，家が消滅することは，もっとも忌避される出来事であった。

　　戸主が，自らの意思で家を消滅させることを**廃家**するといい，廃家によって消滅した家も**廃家**と呼ばれたが，原則として，廃家は禁止されていた。

　　廃家の禁止には例外があり，新たに家を立てた者は廃家することができた。新たに家を立てた者とは，分家，一家創立によって戸主となった者のことである。

　　家督相続によって戸主となった者，つまり，その家の2代目以降の戸主（新たに家を立てた者ではない戸主）は，その家を廃家することができなかったが，本家相続（→本家相続2-2-8），再興（→再興2-2-7），その他の正当事由があって，裁判所の許可が得られたときも，廃家することができた。

　　廃家した者は，他家に入る（他家の戸籍に入籍する）必要があり，廃家届（大正3年戸籍法143条，26条，明治31年戸籍法152条）と，他家に入籍するための親族入籍，婚姻，養子縁組など届が受理されることで廃家の効力が生じ，その家は消滅した。

　　廃家が成立し，その家（廃家）に家族（→家族2-2-1）が在籍している場合は，その家族は，当然に，その廃家の戸主（**廃家戸主**）が入った家に入籍した。これによる廃家の家族の入籍も，随従入籍（→随従入籍2-2-9）といった。

　　廃家戸主（家族）の所有する財産は，廃家後も，他家に入った当該廃家戸主（入籍した家の家族）に帰属したままであり，廃家によって相続が発生することはなく，廃家戸主名義の不動産等の財産があったとしても，その廃家を再興した者が取得することはない。

親族事例30：廃家

明治29・8・5　甲家戸主Ａ男が乙家家族Ｂ女と婚姻（Ｂ女が甲家戸籍に入籍）

明治30・8・9　Ａ男とＢ女に嫡出子Ｃ男が誕生（Ｃ男は甲家戸籍に入籍）

第2章　戸主及び家族

明治31・9・19　　A男とB女に嫡出子D男が誕生（D男は甲家戸籍に入籍）
大正11・1・18　　D男が分家（D男を戸主とする甲家分家の新戸籍編製）
大正13・9・28　　D男が丙家家族E女と婚姻（E女が甲家分家戸籍に入籍）
大正15・12・24　D男とE女に嫡出子F男が誕生（F男は甲家戸籍に入籍）
昭和1・12・27　　C男が死亡
昭和2・7・23　　D男が甲家分家を廃家，甲家に親族入籍（D男が甲家戸籍に入籍）

　※　E女，F男が甲家戸籍に随従入籍

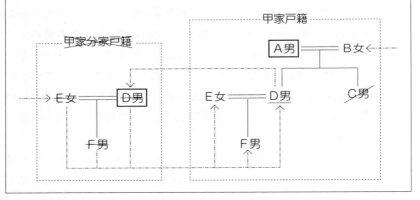

事例の解説

　この事例では，甲家分家の戸主であるD男が甲家分家を廃家して，本家である甲家に親族入籍したもので，E女及びF男はD男に従って甲家に随従入籍した。廃家によって，甲家分家は消滅した。
　甲家分家においてD男が財産を有していたとしても，廃家に伴って相続は開始せず，D男は，甲家の家族となった後も，なお，その財産を有した。

まとめ　廃家

　廃家とは，戸主が，自らの意思で家を消滅させることをいい，家の存続が最優先される旧民法においては，原則として，廃家は禁止され

ていた。

　廃家の禁止には例外があり，一つには，分家，一家創立によって新たに家を立てた者は廃家することができた。もう一つは，家督相続によって戸主となった者であっても，本家相続，再興，その他の正当事由があって，裁判所の許可が得られたときは廃家することができた。

　廃家が成立するには，廃家戸主が他家に入る必要があったが，廃家に家族が在籍している場合は，その家族は，当然に，その廃家戸主が入った家に入っ（随従入籍し）た。

　なお，廃家によって相続が発生することはなかった。

第12節　絶家

〈論点　絶家とは，何か。〉

概　説

〈旧民法〉

第764条　戸主ヲ失ヒタル家ニ家督相続人ナキトキハ絶家シタルモノトシ其家族ハ各一家ヲ創立ス但子ハ父ニ随ヒ又父カ知レサルトキ，他家ニ在ルトキ若クハ死亡シタルトキハ母ニ随ヒテ其家ニ入ル

2　前項ノ規定ハ第745条ノ適用ヲ妨ケス

第1051条　相続人アルコト分明ナラサルトキハ相続財産ハ之ヲ法人トス

第1052条　前条ノ場合ニ於テハ裁判所ハ利害関係人又ハ検察官ノ請求ニ因リ相続財産ノ管理人ヲ選任スルコトヲ要ス

※　昭和22年法律第61号改正前は，第1017条第1項中「検察官」は「検事」であった。

2　裁判所ハ遅滞ナク管理人ノ選任ヲ公告スルコトヲ要ス

第1053条　第27条乃至第29条ノ規定ハ相続財産ノ管理人ニ之ヲ準用ス

第2章　戸主及び家族

第1054条　管理人ハ相続債権者又ハ受遺者ノ請求アルトキハ之ニ相続財産ノ状況ヲ報告スルコトヲ要ス

第1055条　相続人アルコト分明ナルニ至リタルトキハ法人ハ存立セサリシモノト看做ス但管理人カ其権限内ニ於テ為シタル行為ノ効力ヲ妨ケス

第1056条　管理人ノ代理権ハ相続人カ相続ノ承認ヲ為シタル時ニ於テ消滅ス
2　前項ノ場合ニ於テハ管理人ハ遅滞ナク相続人ニ対シテ管理ノ計算ヲ為スコトヲ要ス

第1057条　第1052条第2項ニ定メタル公告アリタル後二个月内ニ相続人アルコト分明ナルニ至ラサルトキハ管理人ハ遅滞ナク一切ノ相続債権者及ヒ受遺者ニ対シ一定ノ期間内ニ其請求ノ申出ヲ為スヘキ旨ヲ公告スルコトヲ要ス但其期間ハ二个月ヲ下ルコトヲ得ス
2　第79条第2項，第3項及ヒ第1030条乃至第1037条ノ規定ハ前項ノ場合ニ之ヲ準用ス但第1034条但書ノ規定ハ此限ニ在ラス

第1058条　前条第1項ノ期間満了ノ後仍ホ相続人アルコト分明ナラサルトキハ裁判所ハ管理人又ハ検察官ノ請求ニ因リ相続人アラハ一定ノ期間内ニ其権利ヲ主張スヘキ旨ヲ公告スルコトヲ要ス但其期間ハ一年ヲ下ルコトヲ得ス
※　昭和22年法律第61号改正前は，第1017条第1項中「検察官」は「検事」であった。

第1059条　前条ノ期間内ニ相続人タル権利ヲ主張スル者ナキトキハ相続財産ハ国庫ニ帰属ス此場合ニ於テハ第1056条第二項ノ規定ヲ準用ス
2　相続債権者及ヒ受遺者ハ国庫ニ対シテ其権利ヲ行フコトヲ得ス

　家の存続が最も重要な価値である家制度にあっても，**戸主**（→戸主2-2-1）が死亡するなどしたときに，新たな戸主がいない場合には，家には必ず1名の戸主が必要であることから，やむを得ず，その家は消滅せざるを

得ないこととなる。つまり，ある家が戸主を失った場合に，その家に**家督相続人**がいないときは，その家は**絶家**した。戸主の意思に基づいて家が消滅する廃家と異なり，絶家は，人（戸主）の意思とは無関係に家が消滅するもので，その消滅することを絶家するといい，それにより消滅した家も絶家といった。

　戸主を失った場合とは，戸主の死亡に限らず，その他の**家督相続**（→家督相続3-1-1）が開始する原因が生じたものの，家督相続人がいない場合をいい，その場合に絶家となった。入夫婚姻（→入夫婚姻2-2-3），法定隠居以外の隠居（→隠居2-2-10）の場合には，必ず，家督相続人がいるため，絶家とはならなかった。

＊　絶家の時期

　旧民法では家を存続させるため，戸主を失った家に第1順位である直系卑属（→第1種法定家督相続人3-1-2），第2順位である指定家督相続人（→指定家督相続人3-1-5）がいない場合であっても，第3順位（**第1種選定家督相続人3-1-6**），第4順位（**第2種法定家督相続人3-1-7**），そして第5順位（**第2種選定家督相続人3-1-8**）まで設けられて，新たな戸主を定めることができるようにされていた。特に家督相続人が選定されるべき期限は設けられていなかったため，事実上，無期限（新民法施行まで）に家督相続人が定められる可能性があった。

　そこで，戸主を失った家に家督相続人がいないとは，例えば，死亡した戸主に，同じ家に直系卑属や指定家督相続人がいないことだけを指すものではなく，第5順位の家督相続人までいないことが確定したことをいった。つまり，戸主を失った家に家督相続人がいない場合には，家督相続人がいない状態が確定した時に絶家となった。

　家督相続人がいない状態は，相続人曠欠の手続（相続人不存在の手続）が開始され，裁判所が定めた公告期間内に家督相続人であることを申し出る者がいないことで確定した。

第2章　戸主及び家族

* **相続人曠欠**

　相続人曠欠とは，現行民法の**相続人不存在**に相当した。相続人のいることが明らかでない相続財産は相続財産法人となり，利害関係人又は検事（検察官）の請求によって，裁判所が相続財産管理人を選任し，その選任が公告された。その公告の後，2か月以内に相続人がいることが明らかにならなければ，相続財産管理人は，遅滞なく，一切の相続債権者及び受遺者に対して，一定の期間（2か月以上）内に請求の申出をすべき旨を公告しなければならず，その期間満了の後，なお，相続人がいることが明らかにならなければ，裁判所は，相続財産管理人又は検事（検察官）の請求によって，相続人がいるとすると，一定の期間（1年以上）内に権利を主張すべき旨を公告しなければならなかった。

　その期間内に，相続人であるとして権利を主張する者がなかったときは，相続財産は国庫に帰属するとされていた。

　家督相続が開始したものの，家督相続人がいないときは，裁判所による相続人曠欠の手続がとられていない限り，相続財産が国庫に帰属することはなく，家督相続人がいない状態，つまり，家督相続人が選定されていない状態（→家督相続人不選定5-1）が新民法の施行まで継続すると，その家督相続の開始の時に遡って，新民法が適用された（第5編第1章）。

* **絶家の戸籍**

　絶家となった家の戸籍は，抹消された（後掲・戸籍記載例⑯）。

* **絶家戸主の財産の帰属**

　相続人曠欠の手続が開始され，裁判所が定めた公告期間内に家督相続人であることを申し出る者がいないことで確定すると，その絶家の戸主（絶家戸主）の相続財産は国庫に帰属することとなるため（旧民法1059条1項），絶家によって他に帰属するということはなく，絶家戸主名義の不動産等の財産があったとしても相続の対象とはならず，その絶家を再興（→**再興2-2-7論点3**）した者が取得することもなく，家督相続人でない直系卑属

124

その他の親族が相続する余地もない（絶家が無効であった場合については，第5編第1章）。

＊　絶家の家族の一家創立

絶家に家族（→家族2-2-1）が在籍しているとき，その家が消滅したことにより，その家族は，その家（絶家）の戸籍（抹消される。）に在籍することはできない。

そこで，家族は，各々，一家を創立（→一家創立2-2-6）した。

ただし，子は父の創立した家に入籍し，父が不明である場合，父が他家にいる場合，父が死亡している場合には母の創立した家に入籍し，妻は夫が創立した家に随従入籍（→随従入籍2-2-9）した。

＊　職権絶家

相続人曠欠の手続は，被相続人である戸主に財産がある場合に裁判所において相続財産管理人が選任されることからはじまるが，当然のことながら，被相続人である戸主の相続財産があった場合の手続であり，その相続財産がない場合には相続人曠欠の手続はとられない。

そのため，戸主が死亡するなどした場合に，戸主が財産を有していなかった場合には，相続人曠欠の手続がとられずに絶家となった。

この場合，戸主に家族がいるときには，家族が戸主に財産がないことを証明して，絶家とし，家族は一家創立した（昭11・3・9民事甲238号民事局長回答）。単身戸主（→単身戸主2-2-1）であるときには，市町村長が当該戸主の財産を調査し，無財産であることが明らかであれば，市町村長が区裁判所の許可を得て，職権で絶家（大2・10・30民1007号法務局長通牒）とした（後掲・戸籍記載例⑰）。

無財産であるとして職権で絶家（**職権絶家**）となった後に，戸主名義の不動産等の財産があったことが判明した場合は，その絶家は無効であったことになる（相続事例83）。

第 2 章　戸主及び家族

相続事例6：絶家と一家創立

被相続人Ｇ男

明治29・8・5　　甲家戸主Ａ男が乙家家族Ｂ女と婚姻（Ｂ女が甲家戸籍に
　　　　　　　　入籍）

明治30・8・9　　Ａ男とＢ女に嫡出子Ｃ男が誕生（Ｃ男は甲家戸籍に入籍）

明治31・9・19　Ａ男とＢ女に嫡出子Ｄ男が誕生（Ｄ男は甲家戸籍に入籍）

大正11・1・18　Ｃ男が丙家家族Ｅ女と婚姻（Ｅ女が甲家戸籍に入籍）

大正13・9・28　Ｄ男が丁家家族Ｆ女と婚姻（Ｆ女が甲家戸籍に入籍）

大正14・10・2　Ｃ男とＥ女に嫡出子Ｇ男が誕生（Ｇ男は甲家戸籍に入籍）

大正15・12・24　Ｄ男とＦ女に嫡出子Ｈ男が誕生（Ｈ男は甲家戸籍に入籍）

昭和1・12・27　Ａ男が死亡

　　　　　　　　※　Ｃ男の家督相続届によりＣ男を戸主とする甲家
　　　　　　　　　　の新戸籍編製

昭和2・7・23　　Ｂ女が死亡

昭和7・8・3　　Ｅ女が死亡

昭和15・9・25　Ｃ男が死亡

　　　　　　　　※　Ｇ男の家督相続届によりＧ男を戸主とする甲家
　　　　　　　　　　の新戸籍編製

昭和16・12・25　Ｇ男が死亡

昭和19・1・4　　Ｇ男の相続人曠欠手続の終了

　　　　　　　　※　甲家の絶家により，Ｄ男が一家創立，Ｆ女及び
　　　　　　　　　　Ｈ男が甲家新家戸籍に随従入籍

第12節　絶家

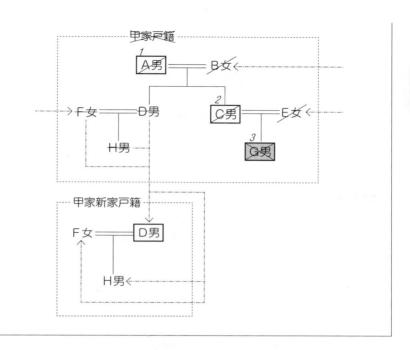

相続事例7：職権絶家	

被相続人Ｃ男

明治29・8・5　　甲家戸主Ａ男が乙家家族Ｂ女と婚姻（Ｂ女が甲家戸籍に入籍）

明治30・8・9　　Ａ男とＢ女に嫡出子Ｃ男が誕生（Ｃ男は甲家戸籍に入籍）

大正11・1・18　Ｂ女が死亡

大正13・9・28　Ａ男が死亡

　　　　　　　　※　Ｃ男の家督相続届によりＣ男を戸主とする甲家の新戸籍編製

昭和7・10・25　Ｃ男が死亡

昭和8・11・4　　裁判所の許可により甲家の絶家

　　　　　　　　※　甲家の絶家

第2章 戸主及び家族

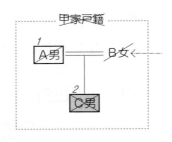

事例の解説

相続事例6では，甲家の戸主G男には第1順位から第4順位までの家督相続人がいないが，第5順位の家督相続人も選定されることなく，相続人曠欠の手続によって，家督相続人がいないことが確定した（相続人不存在）。甲家には，家族D男（叔父），F女（叔父の妻），H男（従弟）がいたが，いずれも家督相続人に選定されなかった（あるいは，選定されたものの，相続の放棄をした）ものである。

そこで，甲家は絶家し，甲家の戸籍は抹消された。

これにより，家族は各々，一家を創立するところ，F女はD男の妻，H男はD男の子であることから，F女とH男は一家を創立せず，D男が創立した家の新たに編製された戸籍に随従入籍した。

相続事例7では，単身戸主C男が死亡したが，財産を有していなかったため，市町村長が，C男が無財産であることを明らかにして，区裁判所の許可を得て，職権で絶家としたものである（相続人はいない。）。

まとめ 絶家

戸主が死亡するなど，ある家が戸主を失った場合に，その家に家督相続人がいないときは，その家は絶家し，消滅した。

ここで，戸主を失った家に家督相続人がいないとは，相続人曠欠の手続が開始され，裁判所が定めた公告期間内に家督相続人であることを申し出る者がいないことで確定し，それをもって，その家は絶家と

なり，絶家となった家の戸籍は，抹消された。

　絶家に家族が在籍しているときは，その家族は，各々，一家を創立したが，子は父の創立した家に入籍し，父が不明である場合，父が他家にいる場合，父が死亡している場合には母の創立した家に入籍し，妻は夫が創立した家に入籍した。

　なお，相続人曠欠の手続によって絶家となるのは，その戸主に財産がある場合であり，財産がない場合には，相続人曠欠の手続を経ずに絶家となった。

　被相続人である戸主に財産がない場合においては，その家族が戸主に財産がないことを証明して，絶家とし，家族は一家創立したが，単身戸主であるときには，市町村長が，その無財産であることを明らかとして，区裁判所の許可を得て，職権で絶家とした。

第3章　婚姻

第1節　婚姻

〈論点　婚姻した夫婦の戸籍は，どのようになるのか。〉

概　説

〈旧民法〉
第788条　妻ハ婚姻ニ因リテ夫ノ家ニ入ル
2　（後出）

　婚姻が成立した場合の効果は，旧民法においても，応急措置法，新民法以来，現行民法の場合と大差なく，**夫婦**は常に同じ氏を称し，同じ戸籍に記載されることに変わりはないものの，戸籍の編製については大きく異なっていた。

第3章　婚姻

　現行の戸籍においては，婚姻によって，夫婦について新戸籍が編製され（現行戸籍法16条1項），ただし，夫婦が，夫の氏を称する場合に夫が，あるいは，妻の氏を称する場合に妻が戸籍の筆頭に記載した者であるときは，夫の氏を称する妻は夫の戸籍に入り，妻の氏を称する夫は妻の戸籍に入るが（現行戸籍法16条1項），旧民法においては，婚姻によって，妻は夫の家に入った。つまり，婚姻によって，妻は夫の家（戸籍）に入り（入籍し），夫の家の氏を称した。

　旧民法における婚姻の要件等は，次のとおりである。

ア　男子は満17歳，女子は満15歳以上であること（旧民法765条）

イ　重婚でないこと（旧民法766条）

ウ　女子は，前婚の解消又は取消の前から懐胎している場合において分娩したときを除き，前婚の解消又は取消の日から6か月を経過していること（旧民法767条）

エ　姦通によって離婚又は刑の宣告を受けた者については，相姦者との婚姻でないこと（旧民法768条）

オ　養子と養方（→養親子関係2-1-2）の傍系血族との間における場合を除いて，直系血族又は3親等内の傍系血族の間ではないこと（旧民法769条）

カ　直系姻族（→親族2-1-1）の間ではないこと（旧民法770条）

キ　養子，その配偶者，直系卑属又はその配偶者と養親又はその直系尊属との間においては親族関係終了後（本編第1章第4節）であっても婚姻することができないこと（旧民法771条）

ク　子（男子は満30歳，女子は満25歳以上であるときを除く。）が婚姻するには，その家にいる父母（その一方，親族会他の場合も）の同意を得ること（旧民法772条，773条）

ケ　禁治産者が婚姻をするには後見人の同意を要しないこと（旧民法774条）

コ　人違その他の事由により当事者間に婚姻をする意思がないとき

第1節　婚姻

（旧民法778条1号）

サ　当事者が婚姻の届出をしないとき（旧民法778条2号）

シ　家族が婚姻をするときは，戸主の同意を得ること（旧民法750条1
　　項）

ス　戸主が婚姻によって他家に入るときは，廃家をすること（旧民法
　　762条：本編第2章第10節）

セ　婚姻によって婚家に入る者は他家の法定推定家督相続人でないこ
　　と（旧民法744条：本編第2章第8節）

　なお，婚姻の形態には，入夫婚姻（本編第2章第3節），婚養子縁組（本編
第4章第2節論点2）もあり，それらは後述する。

〈旧民法〉

第788条　（前出）

2　入夫及ヒ婿養子ハ妻ノ家ニ入ル

　婚姻によって妻は夫の家に入るため，妻となるべき女子が，戸主の一人
娘や，戸主の子が女子だけ（姉妹）の場合の長女であるときは，その子は
法定推定家督相続人であることから，普通の婚姻をすることができない
（→去家の制限2-2-8）。

＊　婿養子縁組

　夫を妻の家に迎えることで，妻の家を絶やすことがないようにして婚姻
することができるという旧民法特有の婚姻の形態として，**婿養子縁組**が
あった。普通の婚姻では妻が夫の家に入ったが，婿養子縁組では夫が妻の
家に入り，婿養子縁組によって妻の家に入った夫を婿養子といった。婿養
子は，妻の家の氏を称した。

　婿養子縁組は婚姻であると同時に養子縁組でもある。そのため，妻であ
る娘と婿養子が夫婦となるのと同時に，妻の親を養親とし婿養子を養子と

131

第3章　婚姻

する養親子関係（→**養親子関係2-1-2**）が成立した。

＊　入夫婚姻

　入夫婚姻も旧民法特有の婚姻の一形態で，妻が女戸主である場合で，夫である入夫が妻の家に入ったが，婚養子縁組とは異なり，入夫婚姻によって妻の親と入夫との間に養親子関係が生じるものではなかった。

　入夫は，妻の家の氏を称した。

親族事例31：妻の入る家	
明治39・8・5	甲家戸主Ａ男が乙家家族Ｂ女と婚姻（Ｂ女が甲家戸籍に入籍）
明治41・8・9	Ａ男とＢ女に嫡出子Ｃ男が誕生（Ｃ男は甲家戸籍に入籍）
明治43・4・19	Ａ男とＢ女に嫡出子Ｄ女が誕生（Ｄ女は甲家戸籍に入籍）
大正2・7・7	Ａ男とＢ女に嫡出子Ｅ男が誕生（Ｅ男は甲家戸籍に入籍）
大正3・10・6	Ａ男とＢ女に嫡出子Ｆ男が誕生（Ｆ男は甲家戸籍に入籍）
昭和7・11・21	丙家戸主Ｇ男がＤ女と婚姻（Ｄ女が丙家戸籍に入籍）
昭和9・12・3	Ｃ男が丁家家族Ｈ女と婚姻（Ｈ女が甲家戸籍に入籍）
昭和13・8・27	Ｅ男が戊家家族Ｉ女と婚姻（Ｉ女が甲家戸籍に入籍）
昭和15・5・4	Ａ男及びＢ女が己家家族Ｊ女を養子とする養子縁組（Ｊ女が甲家戸籍に入籍）
昭和16・1・8	Ｆ男がＪ女と婚姻

132

第 1 節　婚姻

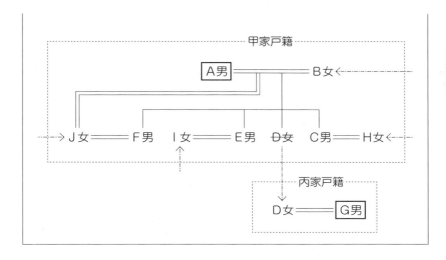

親族事例32：入夫，婿養子の入る家

明治39・8・5	甲家戸主A女が乙家家族B男と入夫婚姻（B男が甲家戸籍に入籍）
明治41・8・9	A女とB男に嫡出子C女が誕生（C女は甲家戸籍に入籍）
明治43・4・19	A女とB男に嫡出子D女が誕生（D女は甲家戸籍に入籍）
大正 2・7・7	A女とB男に嫡出子E女が誕生（E女は甲家戸籍に入籍）
昭和 7・11・21	A女及びB男並びにC女が丙家家族F男と婿養子縁組（F男が甲家戸籍に入籍）
昭和 9・12・3	丁家戸主G男がD女と婚姻（D女が丁家戸籍に入籍）
昭和16・1・8	A女及びB男並びにE女が戊家家族H男と婿養子縁組（H男が甲家戸籍に入籍）

133

第3章　婚姻

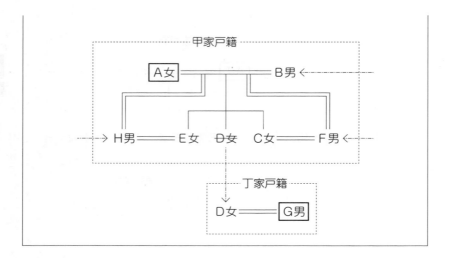

事例の解説

　親族事例31では，まず，A男とB女の婚姻によって妻B女が夫である戸主A男の家である甲家の戸籍に入籍した。次に，G男とD女の婚姻によって妻D女が夫である戸主G男の家である丙家の戸籍に入籍した。家族C男とH女の婚姻，家族E男とI女の婚姻によって，妻H女，I女が夫であるC男，E男の家である甲家の戸籍に入籍した。このように，夫が戸主であるか家族であるかを問わず，妻は夫の家の戸籍に入籍した。

　F男とJ女は婚姻については，妻J女は養子縁組によって既に夫F男の家の戸籍に入っているため婚姻による戸籍の移動はない。このような，家（戸籍）を同じくしている者の間の婚姻は**戸内婚**と呼ばれた。

　親族事例32では，甲家の戸主A女がB男と入夫婚姻し，普通の婚姻と異なり，夫である入夫B男がA女の家である甲家の戸籍に入籍したものである。

　D女は普通の婚姻によって夫G男の家である丁家の戸籍に入籍したが，C女はF男と，また，E女はH男と婿養子縁組によって婚姻し，各々，夫である婿養子F男，H男が妻の家である甲家の戸籍に入籍したものである。これにより，C女とF男，E女とH男が夫婦となったと同時に，F男，H

134

第2節　離婚

男はＡ女及びＢ男の養子となった。

まとめ　婚姻と入籍

旧民法に基づく婚姻では，原則として夫婦について新戸籍が編製される現行の戸籍と異なり，妻が夫の家の戸籍に入籍した。

ただし，入夫婚姻，婚養子縁組によって婚姻したときは，夫が妻の家に入った。つまり，入夫婚姻では入夫が妻の家の戸籍に入籍し，婚養子縁組では婚養子が妻の家の戸籍に入籍した。

婚養子は，婚姻と同時に，妻の親の養子となった。

なお，夫又は妻の家に入る妻又は夫が戸主（廃家した場合を除く。）であり，あるいは法定推定家督相続人である場合には，婚姻によって他家に入ることはできなかった。

第2節　離婚

〈論点　離婚した夫婦の戸籍は，どのようになるのか。〉

■概　説■

〈旧民法〉

第729条　姻族関係及ヒ前条ノ親族関係ハ離婚ニ因リテ止ム

2　夫婦ノ一方カ死亡シタル場合ニ於テ生存配偶者カ其家ヲ去リタルトキ亦同シ

第739条　婚姻又ハ養子縁組ニ因リテ他家ニ入リタル者ハ離婚又ハ離縁ノ場合ニ於テ実家ニ復籍ス

夫婦が離婚すると，夫婦でなくなり，互いに配偶者でなくなることと，その婚姻に基づいた姻族関係が終了することは，応急措置法，新民法以来，現行民法の場合と変わらない。

135

第3章　婚姻

その他，夫婦が離婚すると，その婚姻に基づいて成立した継親子関係は消滅した（本編第1章第3節論点3）。

そして，離婚が成立すると，婚姻によって他家（婚家）に入った者は，実家（→家2-2-1）に復籍した（後掲・戸籍記載例⑱）。これにより，実家における身分を回復したのである（本編第2章第5節）。

親族事例33：離婚と戸籍

明治39・8・5	甲家戸主Ａ男が乙家家族Ｂ女と婚姻（Ｂ女が甲家戸籍に入籍）
明治41・8・9	Ａ男とＢ女に嫡出子Ｃ男が誕生（Ｃ男は甲家戸籍に入籍）
明治43・4・19	Ａ男とＢ女に嫡出子Ｄ女が誕生（Ｄ女は甲家戸籍に入籍）
大正2・7・7	Ａ男とＢ女に嫡出子Ｅ女が誕生（Ｅ女は甲家戸籍に入籍）
昭和7・11・21	丙家戸主Ｆ男がＤ女と婚姻（Ｄ女が丙家戸籍に入籍）
昭和16・1・8	Ａ男及びＢ女並びにＥ女が丁家家族Ｇ男と婿養子縁組（Ｇ男が甲家戸籍に入籍）
昭和17・10・6	Ｆ男とＤ女が離婚（Ｄ女が甲家戸籍に復籍）
昭和19・12・3	Ｇ男とＥ女が離婚

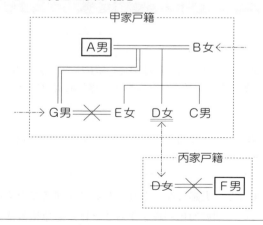

第1節　実子

事例の解説

　この事例では，婚姻によって甲家の戸籍から丙家の戸籍に入籍したD女がF男と離婚し，D女は実家である甲家の戸籍に復籍したものである。

　なお，E女とG男も離婚しているが，それは婿養子縁組によってG男が甲家に入って夫婦となったものであり，G男はA男及びB女の養子にもなっている。そのため，G男はE女と離婚しても，A男及びB女の養子である限り，つまり，A男及びB女とG男が離縁しない限り，G男は実家に復籍しなかった。

まとめ　離婚と戸籍

　離婚によって，夫婦は互いに配偶者でなくなり，姻族関係が終了し，その婚姻に基づいて成立した継親子関係が消滅した。

　また，離婚によって，婚姻によって婚家の戸籍に入籍した者は，実家に復籍し，実家における身分を回復した。

第4章　親子

第1節　実子―――――――――――――――――――――――――――

〈**論点1　嫡出子とは，どのような子なのか。**〉

概　説

〈旧民法〉

　第820条　妻カ婚姻中ニ懐胎シタル子ハ夫ノ子ト推定ス
　2　婚姻成立ノ日ヨリ二百日後又ハ婚姻ノ解消若クハ取消ノ日ヨリ三百日内ニ生レタル子ハ婚姻中ニ懐胎シタルモノト推定ス

　嫡出子とは，**夫婦**の間に生まれた子（夫によって懐胎し，その妻が**分娩**した子）をいい，妻が婚姻中に**懐胎**した子は，夫の子と推定され，婚姻の成立

第4章　親子

の日から200日を経過した後，又は婚姻の解消若しくは取消しの日から300日以内に生まれた子は，婚姻中に懐胎したものと推定されること（旧民法820条），婚姻後200日以内に生まれた子は嫡出子であるとの推定は受けないものの，生まれながらに嫡出子となり（大連判昭15・1・23大民集19巻1号54頁），父の認知を待つまでもなく生まれると同時に父母の嫡出子の身分を有するものとして取り扱われること（昭15・4・8民事甲432号民事局長通牒），再婚禁止期間に関する規定（旧民法767条1項）に違反して再婚をした女子が出産した場合においては裁判所が父を定めること（旧民法821条）は，新民法以来現行民法と変わらない。ただし，再婚禁止期間は，旧民法以来，6か月とされていたところ，最大判平27・12・16民集69巻8号2427頁において，「平成20年3月当時において，憲法14条1項に違反するとともに，憲法24条2項にも違反するに至っていた。」とされたことを受けて，平成28年6月7日法律第71号民法の一部を改正する法律によって，100日と短縮されている（現行民法733条1項）。

　嫡出子出生の届出は，現行では父又は母がすることになるが（現行戸籍法52条1項），旧民法施行当時は，原則として，父がすることになっていた（大正3年戸籍法72条1項，明治31年戸籍法71条1項）。

　旧民法においては，嫡出子は，父の家に入る（旧民法733条1項），つまり，父の家の戸籍に入った（親族事例18）。

親族事例34：嫡出子の出生

明治31・8・9	甲家戸主Ａ男が乙家家族Ｂ女と婚姻（Ｂ女が甲家戸籍に入籍）
明治33・4・19	Ａ男とＢ女に嫡出子Ｃ男が誕生（Ｃ男は甲家戸籍に入籍）
明治35・2・12	Ａ男とＢ女に嫡出子Ｄ男が誕生（Ｄ男は甲家戸籍に入籍）
明治37・6・30	Ａ男とＢ女に嫡出子Ｅ女が誕生（Ｅ女は甲家戸籍に入籍）
明治39・10・23	Ａ男とＢ女に嫡出子Ｆ女が誕生（Ｆ女は甲家戸籍に入籍）
大正10・11・21	Ｃ男が丙家家族Ｇ女と婚姻（Ｇ女が甲家戸籍に入籍）

第 1 節　実子

大正11・3・8　　D男が丁家家族R女と婚姻（R女が甲家戸籍に入籍）
大正12・1・27　C男とG女に嫡出子H男が誕生（H男は甲家戸籍に入籍）
大正13・11・5　D男とR女に嫡出子S女が誕生（S女は甲家戸籍に入籍）
昭和19・12・4　H男が己家家族P女と婚姻（P女が甲家戸籍に入籍）
昭和22・3・13　H男とP女に嫡出子Q男が誕生（Q男は甲家戸籍に入籍）

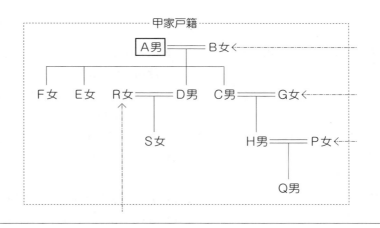

事例の解説

　この事例は，親族事例18と同じ事例であり，C男，D男，E女，F女はA男とB女の嫡出子として父A男の家である甲家の戸籍に入り，H男はC男とG女の嫡出子として父C男の家である甲家の戸籍に入り，S女はD男とR女の嫡出子として父D男の家である甲家の戸籍に入り，Q男はH男とP女の嫡出子として父H男の家である甲家の戸籍に入ったものである。

〈論点2　非嫡出子の父子関係は，どのように決められるのか。〉

概　説

〈旧民法〉
　第827条　嫡出ニ非サル子ハ其父又ハ母ニ於テ之ヲ認知スルコトヲ得

第4章　親子

> 2　父カ認知シタル子ハ之ヲ庶子トス
> ※　昭和17年法律第7号改正前
> 　**第827条**　私生子ハ其父又ハ母ニ於テ之ヲ認知スルコトヲ得
> 　2　父カ認知シタル私生子ハ之ヲ庶子トス
>
> **第832条**　認知ハ出生ノ時ニ遡リテ其効力ヲ生ス但第三者カ既ニ取得シ
> タル権利ヲ害スルコトヲ得ス

　非嫡出子とは，「**嫡出ニ非サル子**」であり，旧民法における非嫡出子には，**庶子**と**私生子**があった。庶子とは父に**認知**された非嫡出子をいい，父に認知されていない非嫡出子を私生子といった。そのため，婚姻していない女子が分娩した子は私生子として出生し，父に認知されると庶子となった。ただ，庶子とは，あくまでも父との関係における身分であるため，父に認知された庶子であっても，母との関係においては私生子であることに変わりはなかった。

　私生子の名称は，昭和初期にあっても差別的な意味合いを持ち，昭和17年法律第7号民法中改正法律によって改正され，昭和17年3月1日以後は，その名称は使用されず，「嫡出ニ非サル子」と改められた（庶子の名称に変更はない。）。本書では，解説の都合上，特に断りのない限り，旧民法における非嫡出子を庶子と私生子で表現することとする。

＊　非嫡出子の出生届

　非嫡出子の出生届には庶子出生届と私生子出生届があったが，庶子出生届とは，父がする非嫡出子の出生届であり（大正3年戸籍法72条2項，明治31年戸籍法71条2項），認知届の効力を有するとされ（大正3年戸籍法83条前段），つまり，庶子出生届は非嫡出子の出生届と認知届を兼ねたものであった。

　私生子出生届は母がする非嫡出子の出生届であった（大正3年戸籍法72条2項，明治31年戸籍法71条2項）。

　非嫡出子は，私生子として生まれた後に，父の認知によって庶子になったが，庶子出生届があった場合には，生まれながらに，直ちに庶子になっ

第1節　実子

たのである。

＊　認知

　私生子は父又は母が**認知**することができると規定されていたが，母と子の非嫡出子親子関係は，母の認知を要せずに，分娩の事実により当然発生すると解されていたため，認知は実際上，父によって（父に対して）なされることとなる。

　父と非嫡出子の関係は認知によって生じたが，認知の効力は出生の時に遡って生じるため，認知された子（私生子）は，父との関係では，生まれた時から庶子であったとされた。ただし，第三者が既に取得した権利を害することはできなかった（相続事例18）。

　非嫡出子も原則として父の家に入ることから（親族事例19），出生時において父の家の戸籍に入籍していない私生子は，認知によって庶子となり，認知をした父の家に入ったが，父が戸主ではないときは，父の家の戸主の同意がなければ，戸籍に移動はなく，父の家に入ることはなかった（後掲・戸籍記載例⑲）。

親族事例35：父の認知	
明治31・8・9	甲家戸主Ａ男が乙家家族Ｂ女と婚姻（Ｂ女が甲家戸籍に入籍）
明治33・4・19	Ａ男とＢ女に嫡出子Ｃ男が誕生（Ｃ男は甲家戸籍に入籍）
大正3・2・3	丙家家族Ｄ女が私生子Ｅ男を出生（Ｅ男は丙家戸籍に入籍）
大正14・5・18	Ａ男がＥ男を認知（Ｅ男は甲家戸籍に入籍）
昭和6・8・11	丁家家族Ｆ女が私生子Ｇ女を出生（Ｇ女は丁家戸籍に入籍）
昭和8・8・13	Ｃ男がＧ女を認知

141

第4章　親子

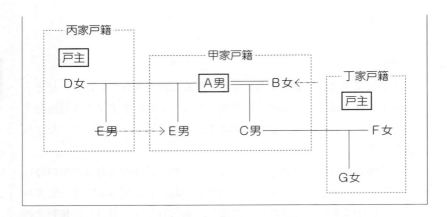

事例の解説

　この事例では，丙家の家族Ｄ女が私生子Ｅ男を出生し，丙家の戸主の同意を得てＥ男は丙家の戸籍に入籍した。その後，甲家の戸主Ａ男がＥ男を認知したことで，Ｅ男は，父Ａ男の家である甲家の戸籍に入籍したものである。

　また，丁家の家族Ｆ女が私生子Ｇ女を出生し，丁家の戸主の同意を得てＧ女は丁家の戸籍に入籍した。その後，甲家の家族Ｃ男がＧ女を認知し，原則どおりであれば，Ｇ女は父Ｃ男の家である甲家に入るところ，甲家の戸主Ａ男の同意を得られなかったため，Ｇ女は父Ｃ男に認知されても甲家の戸籍には入籍せず，丁家の戸籍に在籍したままである。

* 　続柄

　庶子，私生子は，その同じ家にいる父又は母が戸主であるとすると，その続柄は，男子であれば「庶子男」，「私生子男」，女子であれば「庶子女」，「私生子女」と記載され，いずれも「長男，二男……」，「長女，二女……」とは記載されなかった（明31・10・25民刑1489号民刑局長回答）。

　現代においては，当時の除籍簿，改製原戸籍簿の「庶子男」又は「庶子女」，「私生子男」又は「私生子女」の記載は，「庶子」，「私生子」の部分が塗抹されているため，「男」又は「女」とのみある謄本等が交付される

142

第1節　実子

こととなり，「私生子」，「庶子」の文字が外部に見られないようにされている。

＊　庶子，私生子の戸籍における父母の記載

　現行の戸籍法に基づく戸籍であれば，子の戸籍には，その子の父母（父の認知がない子は母のみ）が記載され，また，父，母の戸籍には，嫡出子であると非嫡出子であるとを問わず，子がいる場合には，どの戸籍に，その子が在籍しているのか（していたのか）が判明する仕組みになっている。

　ところが，旧民法の時代の戸籍では，必ずしも，そうではない場合があった。子の戸籍（以下，この事例において，在籍したすべての戸籍とする。）の記載を見ると当該子の父母が判明すること，及び，父又は母の戸籍の戸籍の記載を見ると当該父又は母の嫡出子のすべてが判明することは現行の戸籍と変わらないが，父又は母の戸籍の記載を見ても，その非嫡出子が判明しないことがあったということである。

　私生子の場合は，母の家に入ることができず，その私生子について一家創立された家の戸籍には，その母の記載がされたが，母の戸籍には，当該私生子が他の戸籍に在籍することの記載がされなかった。庶子の場合は，父の家に入ったときは，父の戸籍において庶子の母は記載されたが（父は当然に記載されている。），母の戸籍には当該子が他の戸籍に在籍することの記載がされず，また，父の家に入ることができずに母の家に入ったときは，母の家の戸籍において当該子の父は記載されたが（母は当然に記載されている。），父の戸籍には当該子が他の戸籍に在籍することの記載がされず，あるいは，さらに，母の戸籍にも入ることができず一家創立したときは，その一家創立された家の戸籍には，その父母の記載がされたが，父の戸籍にも，母の戸籍にも，当該子が他の戸籍に在籍することの記載がされなかったのである。認知の場合も同様で，母の戸籍に在籍している私生子を，その父が認知し，庶子となっても，父の家に入ることができない場合は，母の戸籍においては認知の記載，父の記載がされるものの，父の戸籍には認知の記載，庶子の記載はされなかった。

143

第4章　親子

　このように，旧民法の時代に出生した非嫡出子がいたとしても，その父又は母の戸籍からは当該子の存在がわからないことがあり，その後の入籍その他の戸籍の記載から当該子の存在が判明する場合や，その他の事情で当該子の戸籍が判明しているような場合を除いて，その父又は母を被相続人とする相続登記の実務においては，戸籍上で判明した限りの子の他は子はいないものとして処理するしかなく，それで足りると考える。このような事例は，被相続人が旧民法施行中に死亡した場合だけでなく，その後，現在に至るまでに死亡した場合でも起こりうることになる。

　反対に，庶子，私生子の戸籍には，その父母（私生子にあっては母のみ）は記載されているため，父及び母（私生子にあっては母のみ）は判明するようになっている。

〈論点3　庶子の父と母が婚姻したときは，庶子は嫡出子となるのか。〉

■（概　説）

〈旧民法〉

　第836条　庶子ハ其父母ノ婚姻ニ因リテ嫡出子タル身分ヲ取得ス

　2　婚姻中父母カ認知シタル子ハ其認知ノ時ヨリ嫡出子タル身分ヲ取得ス

　3　前二項ノ規定ハ子カ既ニ死亡シタル場合ニ之ヲ準用ス

　※　昭和17年法律第7号改正前

　第836条　庶子ハ其父母ノ婚姻ニ因リテ嫡出子タル身分ヲ取得ス

　2　婚姻中父母カ認知シタル<u>私生子</u>ハ其認知ノ時ヨリ嫡出子タル身分ヲ取得ス

　3　前二項ノ規定ハ子カ既ニ死亡シタル場合ニ之ヲ準用ス

　非嫡出子が（養子縁組以外の事由で）嫡出子となることを**準正**といったが，**準正**には**婚姻準正**と**認知準正**があった。

　庶子の父母が婚姻することによって，婚姻の時から，その庶子は父母の嫡出子となった。これを，婚姻準正といった。

第1節　実子

また，夫が，妻の私生子を認知することによって，認知の時から，その私生子は父母の嫡出子となった。これを，認知準正といった。

親族事例36：婚姻準正

明治31・8・9	甲家戸主A男が乙家家族B女と婚姻（B女が甲家戸籍に入籍）
明治33・4・19	A男とB女に嫡出子C男が誕生（C男は甲家戸籍に入籍）
大正3・2・3	丙家家族D女が私生子E男を出生（E男は丙家戸籍に入籍）
大正14・5・18	A男がE男を認知（E男は甲家戸籍に入籍）
昭和6・8・11	B女が死亡
昭和8・8・13	A男がD女と婚姻（D女が甲家戸籍に入籍）

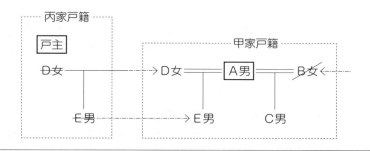

親族事例37：認知準正

明治31・8・9	甲家戸主A男が乙家家族B女と婚姻（B女が甲家戸籍に入籍）
明治33・4・19	A男とB女に嫡出子C男が誕生（C男は甲家戸籍に入籍）
大正3・2・3	丙家家族D女が私生子E男を出生（E男は丙家戸籍に入籍）
昭和6・8・11	B女が死亡

第4章　親子

昭和8・8・13　A男がD女と婚姻（D女が甲家戸籍に入籍）
昭和9・5・18　A男がE男を認知（E男は甲家戸籍に入籍）

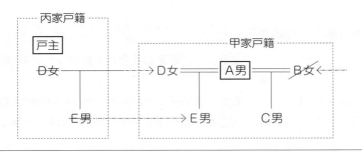

事例の解説

　親族事例36では，A男がD女の私生子E男を認知し，E男がA男の庶子となった後に，E男の父A男と母D女が婚姻したため，その婚姻以降，E男はA男とB女の嫡出子となったものである。

　親族事例37では，A男とD女が婚姻した後，A男が妻D女の私生子E男を認知したため，その認知以降，E男はA男とB女の嫡出子となったものである。

まとめ　嫡出子，非嫡出子，認知，準正

　旧民法においても，実子には嫡出子と非嫡出子があり，夫婦の間に生まれた子（夫によって懐胎し，その妻が分娩した子）が嫡出子で，妻が婚姻中に懐胎した子は，夫の子と推定され，婚姻の成立の日から200日を経過した後，又は婚姻の解消若しくは取消の日から300日以内に生まれた子は，婚姻中に懐胎したものと推定された。

　嫡出子ではない子，つまり非嫡出子には庶子と私生子があり，父に認知された非嫡出子を庶子と，父に認知されていない非嫡出子を私生子といった。非嫡出子は私生子として出生し，父に認知されることで庶子となったが，庶子とは，父との関係における身分であるため，庶子であっても，母との関係においては私生子であることに変わりはな

第1節　実子

かった。なお，庶子出生届による場合には，出生届と認知届の効力を
有したため，直ちに庶子とされた。

　出生した子は父の家の戸籍に入籍したため，嫡出子は当然に父の家
の戸籍に入籍したが，庶子は，その父が戸主であるか，家族であって，
その家の戸主の同意があるときは父の家の戸籍に入籍し，そうでない
ときは，母の家の戸籍に入籍した。ただ，その母が家族であって，そ
の家の戸主の同意がないときは，その庶子を戸主とする一家が創立さ
れた。私生子は，その母が戸主であるか，家族であって，その家の戸
主の同意があるときは母の家の戸籍に入籍し，そうでないときは，そ
の私生子を戸主とする一家が創立された。

　子が家督相続人（→家督相続人3-1-2）となる資格を有する場合や
遺産相続人（→遺産相続人3-2-2）となる場合には，嫡出子，庶子，
私生子であるかによって，家督相続人となるべき優先順序，遺産相続
人の相続分に差異があった。

　私生子は父が認知することによって，出生に遡って庶子となり，出
生時において父の家の戸籍に入籍していない私生子は，認知をした父
の家の戸籍に入籍したが，父が戸主ではないときは，父の家の戸主の
同意がなければ，父の家の戸籍に入籍することはなかった。

　非嫡出子は準正によって嫡出子となり，庶子の父母が婚姻すること
によって婚姻の時から嫡出子となる婚姻準正と，夫が妻の私生子を認
知することによって認知の時から嫡出子となる認知準正とがあった。
準正によって嫡出子となった者の家督相続人としての優先順序には特
例が設けられていた（相続事例18）。

第4章　親子

第2節　養子

〈論点1　他家の者の養子となった者の戸籍は，どのようになるのか。〉

■概　説■

〈旧民法〉

第860条　養子ハ縁組ノ日ヨリ養親ノ嫡出子タル身分ヲ取得ス

第861条　養子ハ縁組ニ因リテ養親ノ家ニ入ル

旧民法における**養子縁組**の要件等は，次のとおりである。

ア　人違その他の事由により当事者間に縁組をする意思がないとき
　　（旧民法851条1号）

イ　当事者が縁組の届出をしないとき（旧民法851条2号）

ウ　養親は成年に達していること（旧民法837条）

エ　養子は尊属又は年長者でないこと（旧民法838条）

オ　養親が戸主であるときに，男子を養子とするときは，その戸主には，婚養子を除いて，法定推定家督相続人である男子がいないこと
　　（旧民法839条）

カ　養親が後見人であるときは，養子は，その被後見人でないこと
　　（旧民法840条・ソの場合を除く。）

キ　配偶者のいる者が縁組をするときは，夫婦の一方が他の一方の子を養子とする場合に他の一方の同意をもってする場合を除いて，その配偶者とともにすること（旧民法841条）

ク　養子は他家の法定推定家督相続人でないこと（旧民法744条）

ケ　家族が縁組をするときは，戸主の同意を得ること（旧民法750条1項）

コ　戸主が養子として他家に入るときは，廃家（→**廃家**2-2-11）をすること（旧民法762条）

サ　養子が15歳未満であるときは，その家にある父母が縁組の代諾
　　（継父母である場合には，さらに親族会（→**親族会**3-1-6）の同意）をする

148

第2節　養子

こと（旧民法843条）

シ　成年の子が養親となるとき，又は満15歳以上の子が養子となるときは，家にある父母の同意を得ること（旧民法844条）

ス　養子が縁組又は婚姻によって実家以外の家に入っている者で，さらに養子として他家に入るとき（妻が夫に従って他家に入るときを除く。）は，実家にある父母の同意を得ること（旧民法845条）

セ　禁治産者が縁組をするときは，その後見人の同意を得ることは必要ないこと（旧民法847条，774条）

ソ　養親は遺言によって縁組の意思表示（養子が承諾し，縁組の届出をすると，養親の死亡の時に遡って縁組の効力が生じる。）をすることができること（旧民法848条）

　養親子関係（→養親子関係2-1-2）が成立すると，縁組の日から養子は養親の嫡出子の身分を得，養親の血族との間に相互に血族の関係が生じたが，それは養親と養子の養子縁組によって成立した。

　養子縁組は，養親は成年に達していること，養子は尊属又は年長者でないことなどが要件とされ，**夫婦**は共同してでなければ養親としても養子としても縁組をすることができなかった。

　養子縁組には，養親が戸主であるときに，男子を養子とするときは，その戸主には，婿養子（→婿養子2-4-2論点2）を除いて，法定推定家督相続人（→法定推定家督相続人3-1-2）である男子がいないことという旧民法特有の**男子養子の制限**があった。これは，例えば，既に長男がいる戸主は，女子を養子とすることはできるが，男子を養子とすることはできず，あるいは，戸主に，既に男子の養子がいる場合も，男子を二人目の養子とすることはできないというものである（婿養子であれば養子とすることができた。）。

　また，旧民法では，養親（となるべき者）は遺言によって縁組の意思表示をし，養親（となるべき者）の死亡後に，遺言執行者が，養子（となるべき者）の承諾を得て，その者と共同して養子縁組届出をすることで，養親の死亡の時に遡って縁組の効力が生じるという遺言養子の制度があった。

　養子は，縁組によって，養親の家に入った（後掲・戸籍記載例⑳）。

第4章 親子

親族事例38：養子の戸籍

明治29・8・5　甲家戸主A男が乙家家族B女と婚姻（B女が甲家戸籍に入籍）

大正5・2・5　A男及びB女が丙家家族C男を養子とする養子縁組（C男が甲家戸籍に入籍）

大正6・4・17　C男が丁家家族D女と婚姻（D女が甲家戸籍に入籍）

大正7・9・9　戊家戸主E男が己家家族F女と婚姻（F女が戊家戸籍に入籍）

大正8・3・5　C男とD女に嫡出子G男が誕生（G男は甲家戸籍に入籍）

大正10・8・9　C男とD女に嫡出子H男が誕生（H男は甲家戸籍に入籍）

大正12・1・4　C男とD女に嫡出子I女が誕生（I女は甲家戸籍に入籍）

大正13・11・21　E男とF女に嫡出子J男が誕生（J男は戊家戸籍に入籍）

昭和2・7・7　E男及びF女がI女を養子とする養子縁組（I女が戊家戸籍に入籍）

昭和17・6・23　H男が庚家家族K女と婚姻（K女が甲家戸籍に入籍）

昭和18・2・16　辛家家族L男がH男及びK女を養子とする養子縁組（H男及びK女が辛家戸籍に入籍）

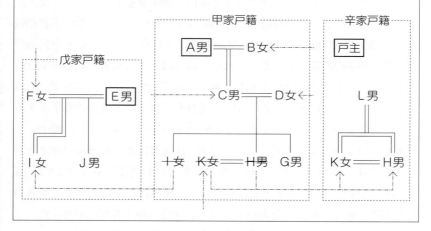

150

第2節　養子

事例の解説

　この事例では，まず，養子C男が養親であるA男及びB女の家である甲家の戸籍に入籍した。次に，I女がE男及びF女の養子となり，養親の家である戊家の戸籍に入籍した。この場合，戊家の戸主E男には既に法定推定家督相続人である長男J男がいるため，I女は養子となることができたが，男子は養子となることができなかった。

　養子が夫婦である場合も，夫婦共同して縁組をする必要があり，ここでは，H男及びK女がL男の養子となって，養親の家である辛家の戸籍に入ったものである。

〈論点2　婿養子縁組とは，何か。〉

概　説

> 〈旧民法〉
>
> 第788条　（省略）
> 　2　入夫及ヒ婿養子ハ妻ノ家ニ入ル
>
> 第839条　法定ノ推定家督相続人タル男子アル者ハ男子ヲ養子ト為スコトヲ得ス但女婿ト為ス為メニスル場合ハ此限ニ在ラス
>
> 第973条　法定ノ推定家督相続人ハ其姉妹ノ為メニスル養子縁組ニ因リテ其相続権ヲ害セラルルコトナシ

　婿養子縁組とは，旧民法特有の**婚姻**（→婚姻2-3-1）の一形態であると同時に養子縁組でもあり，妻である娘（家族）と婿養子が**夫婦**となるのと同時に，妻の親を養親とし婿養子を**養子**とする**養親子**関係を成立させる行為である。

　婿養子縁組が成立するには，その旨を明らかにするために，婚姻の届出には婿養子縁組であることを記載しなければならなかった（明治31年戸籍法102条1項4号，大正3年戸籍法100条1項7号）。

　このように，婿養子縁組という用語は，婚姻と養子縁組の両者の意を含

151

むものであったため，戸籍においては婿養子婚姻，婿養子縁組婚姻と記載されることもあった（後掲・戸籍記載例㉑）。

婿養子縁組とは，女婿とするためにする養子縁組，姉妹のためにする養子縁組を指し，法定推定家督相続人である長女が婿養子を迎えて婚姻する場合が典型例であるものの，二女など，法定推定家督相続人でない女子も婿養子を迎えて婿養子縁組として婚姻することもできた。

普通の婚姻では妻が夫の家に入ったが，婿養子縁組では夫が妻の家に入り（親族事例32），婿養子縁組によって妻の家に入った夫を**婿養子**といった。婿養子は，妻の家の氏を称した。

旧民法第839条の「女婿ト為ス為メニスル」，第973条の「姉妹ノ為メニスル養子縁組」とは婿養子縁組のことを指した。

＊　婿養子の効果

婿養子縁組が成立するには婚姻の届出には婿養子縁組であることを記載しなければならなかったため，この記載がないときは，婚姻と養子縁組の届出が同時になされたとしても，それは婿養子縁組ではなく，また，その家の娘が，その家の普通の養子と婚姻をしても，その養子が婿養子となることはなかった。

婿養子縁組によらない普通の養子と婿養子とでは，法的効果において異なるところがあったが，その一つは，男子養子の制限の例外とされていたことである。養親が戸主であるときに，男子を養子とするときは，その戸主には，法定推定家督相続人である男子がいない場合でなければならなかったが，婿養子（当然に男子）は，この制限（→**男子養子の制限2-4-2論点1**）の対象ではなかった。そのため，例えば，戸主に法定推定家督相続人である長男がいるときであっても婿養子縁組であれば認められ，男子の実子がいない戸主に男子の養子（法定推定家督相続人に当たる。）がいるときであっても婿養子であれば認められた。

もう一つが家督相続の順序に関するもので，婿養子は，男子である法定推定家督相続人の相続順位に劣後するというものである（相続事例25）。

第2節　養子

> **親族事例39：婿養子縁組**
>
> 明治39・8・5　　甲家戸主Ａ男が乙家家族Ｂ女と婚姻（Ｂ女が甲家戸籍に入籍）
>
> 明治41・8・9　　Ａ男とＢ女に嫡出子Ｃ女が誕生（Ｃ女は甲家戸籍に入籍）
>
> 明治43・4・19　Ａ男とＢ女に嫡出子Ｄ女が誕生（Ｄ女は甲家戸籍に入籍）
>
> 昭和7・11・21　Ａ男及びＢ女並びにＣ女が丙家家族Ｅ男と婿養子縁組（Ｅ男が甲家戸籍に入籍）

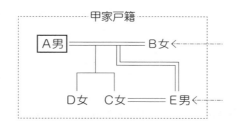

事例の解説

　この事例では，婿養子Ｅ男が婿養子縁組によってＡ男の長女Ｃ女と婚姻すると同時に，Ａ男及びＢ女の養子となり，妻の家である甲家の戸籍に入籍したものである。

〈論点３　離縁した養子の実家における身分は，どうなるのか。〉

概　説

〈旧民法〉

第739条　婚姻又ハ養子縁組ニ因リテ他家ニ入リタル者ハ離婚又ハ離縁ノ場合ニ於テ実家ニ復籍ス

第862条　縁組ノ当事者ハ其協議ヲ以テ離縁ヲ為スコトヲ得
　２　養子カ十五年未満ナルトキハ其離縁ハ養親ト養子ニ代ハリテ縁組ノ

第4章　親子

> 承諾ヲ為ス権利ヲ有スル者トノ協議ヲ以テ之ヲ為ス
> 3　養親カ死亡シタル後養子カ離縁ヲ為サント欲スルトキハ戸主ノ同意
> ヲ得テ之ヲ為スコトヲ得
>
> **第874条**　養子カ戸主ト為リタル後ハ離縁ヲ為スコトヲ得ス但隠居ヲ為
> シタル後ハ此限ニ在ラス
>
> **第875条**　養子ハ離縁ニ因リ其実家ニ於テ有セシ身分ヲ回復ス但第三者
> カ既ニ取得シタル権利ヲ害スルコトヲ得ス
>
> **第876条**　夫婦カ養子ト為リ又ハ養子カ養親ノ他ノ養子ト婚姻ヲ為シタ
> ル場合ニ於テ妻カ離縁ニ因リテ養家ヲ去ルヘキトキハ夫ハ其選択ニ従
> ヒ離縁又ハ離婚ヲ為スコトヲ要ス

　親族事例23のとおり，**養子縁組**によって養家に入った養子は，その養親
と**離縁**すると，**実家**に復籍し，**復籍**した者は，実家において有していた身
分を回復した（婚養子の復籍については，本編第2章第5節）。
　この結果，復籍した者（養子縁組によって他家に入っていた者）の実家にお
いて家督相続が開始し，戸主の直系卑属が家督相続人となる場合，その復
籍者の家督相続の順位は，養子縁組によって他家に入る前の，実家におけ
る元の身分（例えば，長男なら長男，二男なら二男）を基準とした（相続事例24）。
　養子縁組は養親が夫婦である場合，養子が夫婦である場合ともに，夫婦
共同して縁組をする必要があるが（親族事例38），離縁の際には，養親が夫
婦である場合は養親の双方と離縁しなければならないと解されていたが，
夫婦が養子である場合は養親は養子である夫婦の一方と離縁することがで
きた。また，養父母双方の死亡後においては養子は戸主の同意を得て離縁
することができ，養父母の一方が死亡後に養子が生存養親と離縁すると，
離縁の効果は死亡している養親にも及ぶことから（大8・1・8民2335号法務
局長回答），このような場合には，離縁した養子は，死亡している養親及び
養親の血族との親族関係も消滅した。
　なお，養子が戸主となっているときは，隠居しない限り，離縁すること

ができなかった。

親族事例40：離縁

明治29・8・5	甲家戸主Ａ男が乙家家族Ｂ女と婚姻（Ｂ女が甲家戸籍に入籍）
大正5・2・5	Ａ男及びＢ女が丙家家族Ｃ男を養子とする養子縁組（Ｃ男が甲家戸籍に入籍）
大正6・4・17	丁家戸主Ｄ男が戊家家族Ｅ女と婚姻（Ｅ女が丁家戸籍に入籍）
大正7・9・9	Ｄ男とＥ女に嫡出子Ｆ男が誕生（Ｆ男は丁家戸籍に入籍）
大正8・9・5	Ｄ男とＥ女に嫡出子Ｇ男が誕生（Ｇ男は丁家戸籍に入籍）
昭和17・6・23	Ｃ男がＧ男を養子とする養子縁組（Ｇ男が甲家戸籍に入籍）
昭和18・2・16	Ａ男が隠居
	※　Ｃ男の家督相続届によりＣ男を戸主とする甲家の新戸籍編製
昭和21・7・5	Ｃ男とＧ男が離縁（Ｇ男は丁家戸籍に復籍）

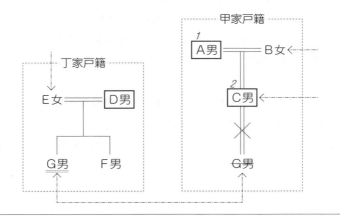

第4章　親子

事例の解説

この事例では，まず，C男がA男及びB女の養子となって養親の家である甲家の戸籍に入籍し，さらに，G男がC男の養子となって養親の家である甲家の戸籍に入籍した。その後，C男とG男が離縁し，G男は実家である丁家の戸籍に復籍したものである。

G男は実家に復籍することにより，D男の二男である身分を回復した。

なお，C男は，A男の隠居によって甲家の戸主となっているため，戸主となった後は，隠居しない限り，A男及びB女と離縁することはできなかった。

まとめ　養子縁組，婿養子縁組，離縁

養子縁組は，養親は成年に達していること，養子は尊属又は年長者でないことなどが要件とされ，夫婦は共同してでなければ養親としても養子としても縁組をすることができず，さらに，養親が戸主であるときに，婿養子を除いて，法定推定家督相続人である男子がいるときは，男子を養子とすることができなかった。養子は，縁組によって，養親の家の戸籍に入籍した。

婿養子縁組とは，旧民法特有の婚姻の一形態であると同時に養子縁組でもあり，妻である娘（家族）と婿養子が夫婦となるのと同時に，妻の親を養親とし婿養子を養子とする養親子関係を成立させる行為であり，普通の婚姻では妻が夫の家に入ったが，婿養子縁組では夫が妻の家に入った。

養子縁組によって養家に入った養子は，その養親と離縁すると，実家に復籍し，復籍した者は，実家において有していた身分を回復した。養子が戸主となった後は，隠居しない限り，離縁することができなかった。

156

第1節　家督相続総則

第**3**編

相　　続

第1章　家督相続

第1節　家督相続総則──────────────────

〈**論点**　家督相続は，どのようなときに開始するのか。〉

概　説

〈旧民法〉

第964条　家督相続ハ左ノ事由ニ因リテ開始ス
一　戸主ノ死亡，隠居又ハ国籍喪失
二　（後出）
三　（後出）

第968条　胎児ハ家督相続ニ付テハ既ニ生マレタルモノト看做ス
②　前項ノ規定ハ胎児カ死体ニテ生マレタルトキハ之ヲ適用セス

第986条　家督相続人ハ相続開始ノ時ヨリ前戸主ノ有セシ権利義務ヲ承継ス但前戸主ノ一身ニ専属セルモノハ此限ニ在ラス

第987条　系譜，祭具及ヒ墳墓ノ所有権ハ家督相続ノ特権ニ属ス

第1章　家督相続

　家督相続は，旧民法（旧民法以前も）に特有の相続制度で，家（→家2-2-1）の継続を最も重要な価値の一つとする家制度の根幹をなすものであった。家督相続における被相続人は，常に，家督相続開始時における戸主（→戸主2-2-1）であり，戸主の死亡によって家督相続が開始する他，戸主の隠居，戸主の国籍喪失によっても開始し，また，戸主が婚姻又は養子縁組の取消（離婚を含む。）によって（養子である戸主は離縁をすることはできなかった（旧民法874条）），その家を去ったとき，そして，女戸主の入夫婚姻（→入夫婚姻2-2-3）又は入夫の離婚によっても開始した。

　家督相続が開始すると，家督相続人が一人定まり，その家督相続人が，すなわち新戸主となった。

　家督相続は単独相続であり，被相続人が死亡した場合だけでなく，隠居などで被相続人の生前にも開始し（生前相続）得たのである。

　家督相続人がいないときは，その家は絶家（→絶家2-2-12）となった。

＊　家督相続の効果

　家督相続が開始すると，家督相続人が新たな戸主になり，被相続人は前戸主となったが，これは，その家の前戸主（死亡以外の事由であっても）が戸主権を喪失し，新戸主が戸主権を得る，つまり，戸主権が前戸主から新戸主に移転した（承継された）ことを意味した。

　家督相続には，もう一つ，財産の承継という意味があり，家督相続人は家督相続開始の時から，前戸主が有していた財産上の権利義務の一切を包括して承継した。つまり，家督相続が開始すると，前戸主（死亡以外の事由であっても）の財産権は新戸主に移転した（承継された）。なお，前戸主の一身に専属するものについては家督相続の対象とはならず，また，系譜，祭具及び墳墓の所有権は家督相続の特権に属していた。

　このように，家督相続には，戸主権（戸主の地位）の相続（身分相続）と財産権の相続（財産相続）の二つの側面を有していたのである。

158

第1節　家督相続総則

＊　家督相続届と相続登記

　家督相続が開始すると，家督相続によって新たに戸主となった者は，家督相続の開始の事実を知った日から1か月以内に家督相続の届出をしなければならず（大正3年戸籍法125条1項，明治31年戸籍法133条1項），その届出によって，前戸主を筆頭とする戸籍を抹消し，新戸主を筆頭とする新戸籍が編製され，（大正3年戸籍法23条，明治31年戸籍法179条），前戸主の家族（及び，隠居した前戸主）は新戸主の家族として当該新戸籍に記載された（後掲・戸籍記載例㉒）。

　また，家督相続によって新たに戸主となった者が**家督相続の届出**をしない場合，市町村長は，届出を怠っている者がいることを知ったときは，その者に対して相当の期間を定めて届出をすべき旨を催告しなければならず，その後も届出がないときは，さらに相当の期間を定めて催告をすることができ，そのうえでなお届出がないときは，市町村長は監督区裁判所の許可を得て，職権で家督相続による戸籍の抹消及び新戸籍の編製をすることができた（大正3年戸籍法64条，39条2項）。

　家督相続を原因とする相続登記を申請する場合は，通常，ほとんどの事例において，家督相続の届出又は職権によって家督相続に関する事項が記載された戸籍をもって，被相続人について家督相続が開始したことを確認し，その家督相続人を特定する。この場合，登記原因の日付，つまり，家督相続開始の日とは，被相続人の死亡，隠居などの家督相続開始の事由が生じた日であり，家督相続の届出された日ではない。

第3編
相
続

第1章　家督相続

　なお，家督相続によって新たに戸主となった者がいたにもかかわらず，家督相続の届出がされず，又は職権によっても家督相続による戸籍の抹消及び新戸籍が編製されていない場合，法定推定家督相続人（→**法定推定家督相続人** 3 - 1 - 2 ）又は，第 2 種法定家督相続人（→**第 2 種法定家督相続人** 3 - 1 - 7 ）がいる戸主が死亡したものの，職権によっても家督相続による戸籍の抹消及び新戸籍が編製されずに現代に至っているような場合には，家督相続に関する事項の記載のない戸籍謄本等をもって，第 1 種法定家督相続人（→**第 1 種法定家督相続人** 3 - 1 - 2 ）である家督相続人へ，家督相続による所有権移転登記を申請することもできる。

　ちなみに，このような場合，現代においても，家督相続の届出をすることもできることになっている（現行の戸籍法の昭和22年法律第224号の附則 4 条（制定当時：129条），新民法附則25条 1 項）。

　入夫婚姻による家督相続については，家督相続の届出はなされない（相続事例10）。

＊　胎児と家督相続

　家督相続人は，家督相続の開始の時に生存している者でなければならず，これを，相続における**同時存在の原則**という。したがって，例えば，戸主が死亡したが，第 4 順位までの家督相続人がいないため，第 5 順位の家督相続人（→**第 2 種選定家督相続人** 3 - 1 - 8 ）を選定すべき際は，被相続人の死亡時に生存している者でなければならず，既に死亡している者や，その後に出生した者を選定することはできない。

160

第1節　家督相続総則

　ただし，**胎児**は，家督相続については既に生まれたものとみなされるため（旧民法968条1項），例えば，戸主の死亡した後に出生した者であっても，戸主の死亡時に胎児であった者については，第1種選定家督相続人（→**第1種選定家督相続人3-1-6**），第2種選定家督相続人も含み，家督相続人となることができたのである。

　つまり，相続における同時存在の原則とは，家督相続人は，家督相続の開始の時に生存している者又は胎児である者でなければならないことを意味する。もちろん，その胎児が死体で生まれたときは，家督相続人になることはなかった（旧民法968条2項）。

　胎児が家督相続人となったときは，その母が家督相続の開始があったことを知った日から1か月以内に診断書を添付して，家督相続の届出を行うこととなり（大正3年戸籍法127条，明治31年戸籍法135条），前戸主名義の不動産については，亡何某妻何某胎児の名義で家督相続による所有権の移転の登記をすることができ（明31・10・19民刑1406号民刑局長回答），この場合には，未成年者の法定代理の規定が胎児にも類推適用されるため（昭29・6・15民事甲1188号民事局長回答），通常は，その母が法定代理人として登記申請を行うこととなった。

＊　**隠居**

　隠居（→**隠居2-2-10**）とは，戸主が，生前に自らの意思で戸主の身分を退いて，その戸主権を新たな戸主に承継させる行為であり，戸主が隠居をしたときは，その戸主を被相続人として家督相続が開始し，隠居した戸主が戸主権を失い，その家督相続人が，その家の新戸主となった。隠居によって，隠居した戸主（**隠居戸主**）は，新戸主の家族となった。

161

第1章　家督相続

　そのため，隠居戸主が隠居時において有していた財産及び負債の一切を新戸主である家督相続人が承継し，それが不動産である場合には，隠居の日を登記原因の日付として，隠居戸主から新戸主へ，家督相続を原因とする相続登記を申請することとなる。

　隠居は，法定隠居の場合を除いて，隠居の届出に続けて同日，家督相続の届出がなされ，その家の戸籍は隠居戸主を筆頭とするものから，新たな戸主を筆頭とする戸籍に編製替えがなされた（後掲・戸籍記載例⑮）。

＊　入夫婚姻

〈旧民法〉

第736条　女戸主カ入夫婚姻ヲ為シタルトキハ入夫ハ其家ノ戸主ト為ル
　　但当事者カ婚姻ノ当時反対ノ意思ヲ表示シタルトキハ此限ニ在ラス

第964条　家督相続ハ左ノ事由ニ因リテ開始ス
一　（前出）
二　戸主カ婚姻又ハ養子縁組ノ取消ニ因リテ其家ヲ去リタルトキ
三　女戸主ノ入夫婚姻又ハ入夫ノ離婚

第970条　被相続人ノ家族タル直系卑属ハ左ノ規定ニ従ヒ家督相続人ト
　　為ル
一～五　（後出）
②　（後出）

第971条　前条ノ規定ハ第736条ノ適用ヲ妨ケス

　旧民法では，入夫婚姻（→入夫婚姻2-2-3）によっても家督相続が開始した。ただし，家督相続が開始する入夫婚姻は入夫が戸主となる入夫婚姻の場合であり，**入夫**が戸主とならない入夫婚姻の場合には家督相続は開始しなかった。

第1節　家督相続総則

　入夫が戸主となる入夫婚姻によって，妻を戸主（女戸主）とする戸籍は抹消され，入夫を戸主とする新戸籍が編製された。この場合，家督相続の届出は要しなかった（大正3年戸籍法125条1項但書）。そこで入夫が戸主となる入夫婚姻によって入夫を戸主とする新戸籍が編製されている場合は，当該戸籍に家督相続に関する記載はないものの，女戸主を被相続人とする家督相続が開始し，新戸主である入夫が家督相続人となったのである。入夫婚姻により家督相続が開始した場合には，入夫が**家督相続人**となった（相続事例28）。

相続事例8：戸主の死亡

被相続人Ａ男

明治39・4・19　甲家戸主Ａ男が乙家家族Ｂ女と婚姻（Ｂ女が甲家戸籍に入籍）

大正8・9・14　Ａ男とＢ女に嫡出子Ｃ男が誕生（Ｃ男は甲家戸籍に入籍）

昭和14・7・27　Ａ男が死亡

　　　　　　※　Ｃ男の家督相続届によりＣ男を戸主とする甲家の新戸籍編製

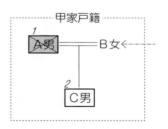

第1章　家督相続

相続事例9：隠居

被相続人A男

明治39・4・19　甲家戸主A男が乙家家族B女と婚姻（B女が甲家戸籍に入籍）

明治44・8・13　A男とB女に嫡出子C男が誕生（C男は甲家戸籍に入籍）

昭和7・7・27　A男が隠居

　　　　　　　※　C男の家督相続届によりC男を戸主とする甲家の新戸籍編製

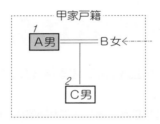

相続事例10：入夫婚姻

被相続人C女

明治39・4・19　甲家戸主A男が乙家家族B女と婚姻（B女が甲家戸籍に入籍）

大正8・9・14　A男とB女に嫡出子C女が誕生（C女は甲家戸籍に入籍）

昭和14・7・27　A男が死亡

　　　　　　　※　C女の家督相続届によりC女を戸主とする甲家の新戸籍編製

昭和15・8・15　C女が丙家家族D男と入夫婚姻（D男が甲家戸籍に入籍）

　　　　　　　※　入夫が戸主となる旨婚姻届書に記載なし

昭和16・11・8　C女とD男に嫡出子E男が誕生（E男は甲家戸籍に入籍）

昭和18・7・30　D男が死亡

第1節　家督相続総則

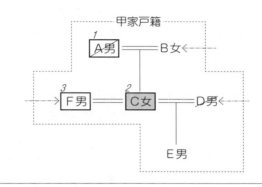

事例の解説

相続事例8では，甲家の戸主A男が死亡し，その死亡時に，甲家に第1種法定家督相続人である長男C男がいる。したがって，C男が甲家の被相続人A男の家督相続人として，A男の権利義務の一切を包括して承継した。

C男による家督相続の届出は，通常，A男の死亡日より数日遅れてなされることが少なくないが，その場合であっても，A男の死亡日を登記原因の日付として，C男へ，家督相続を原因とする相続登記を申請することとなる。

相続事例9では，甲家の戸主A男が隠居したことで，A男は生前ではあるが，A男を被相続人とする家督相続が開始した。甲家には第1種法定家督相続人である長男C男がいたため，隠居は，C男が家督相続を承認したうえで，A男とC男との連署で届出がなされ，続けてC男の家督相続の届出がなされたものである。したがって，C男が甲家の被相続人A男の家督相続人として，A男の権利義務の一切を包括して承継した。

相続事例10では，まず，甲家の女戸主C女がD男と入夫婚姻をしたが，入夫が戸主とならない入夫婚姻であったため家督相続は開始しなかった。

165

第1章　家督相続

　その後，D男が死亡し，C女がF男と再婚し，この際，入夫が戸主となる
入夫婚姻をしたので，入夫F男が甲家の戸主となり，F男はC女の家督相
続人として，C女の権利義務の一切を包括して承継した。

　ちなみに，この事例では，C女とF男の入夫婚姻によって，F男を継父，
E男を継子とする継親子関係（→継親子関係2-1-3）が成立した。

まとめ　家督相続

　家督相続は，家制度を基調とする旧民法の根幹をなす相続の制度で
あり，被相続人である前戸主の戸主権及び財産権を家督相続人である
新戸主が単独で包括して相続した。

　家督相続の開始の事由には，死亡によるものと，生前のものがあり，
多くの家督相続は戸主の死亡によって開始した。戸主が死亡すると，
第1種法定家督相続人を第1順位として，本章第2節から第8節の家
督相続人の順序，順位に関する旧民法第970条から第985条の規定に
従って定められた者が単独で家督相続人となった。

　生前の家督相続の開始の事由には，まず，隠居があり，戸主の隠居
によって隠居戸主を被相続人とし，第1種法定家督相続人又は指定家
督相続人が家督相続人となった。女戸主の入夫婚姻（入夫が戸主となる
入夫婚姻に限る。）によっても家督相続が開始し，女戸主を被相続人と
し，入夫が家督相続人となった。また，入夫の離婚によっても家督相
続が開始し，入夫を被相続人とし，第1種法定家督相続人を第1順位
として，死亡による家督相続の場合と同様の規定に従って定められた
者が単独で家督相続人となった（相続事例29）。

　生前の家督相続の開始の事由には，その他にも，戸主の国籍喪失，
戸主が婚姻又は養子縁組の取消しによって家を去っ（去家し）た（→去
家2-2-1）場合があった。戸主が日本国籍を喪失したときも家督相
続が開始したが，財産権の承継については特例があった（相続事例45）。
他家から婚姻又は養子縁組によって婚家又は養家の戸主となった者が，
婚姻又は養子縁組の取消し（離婚を含む。）によって，婚家又は養家を

第2節　第1順位の家督相続人（第1種法定家督相続人）

去った場合にも家督相続が開始し，その去家をした者を被相続人とし，第1種法定家督相続人を第1順位として，死亡による家督相続の場合と同様の規定に従って定められた者が単独で家督相続人となった。

第2節　第1順位の家督相続人（第1種法定家督相続人）

〈**論点　誰が，家督相続人となるのか。**〉

■概　説■

〈旧民法〉

第969条　左ニ掲ケタル者ハ家督相続人タルコトヲ得ス

一　故意ニ被相続人又ハ家督相続ニ付キ先順位ニ在ル者ヲ死ニ致シ又ハ死ニ致サントシタル為メ刑ニ処セラレタル者

二　被相続人ノ殺害セラレタルコトヲ知リテ之ヲ告発又ハ告訴セサリシ者但其者ニ是非ノ弁別ナキトキ又ハ殺害者カ自己ノ配偶者若クハ直系血族ナリシトキハ此限ニ在ラス

三　詐欺又ハ強迫ニ因リ被相続人カ相続ニ関スル遺言ヲ為シ，之ヲ取消シ又ハ之ヲ変更スルコトヲ妨ケタル者

四　詐欺又ハ強迫ニ因リ被相続人ヲシテ相続ニ関スル遺言ヲ為サシメ，之ヲ取消サシメ又ハ之ヲ変更セシメタル者

五　相続ニ関スル被相続人ノ遺言書ヲ偽造，変造，毀滅又ハ蔵匿シタル者

第970条　被相続人ノ家族タル直系卑属ハ左ノ規定ニ従ヒ家督相続人ト為ル

一　親等ノ異ナリタル者ノ間ニ在リテハ其近キ者ヲ先ニス

二　親等ノ同シキ者ノ間ニ在リテハ男ヲ先ニス

三　親等ノ同シキ男又ハ女ノ間ニ在リテハ嫡出子ヲ先ニス

四　親等ノ同シキ者ノ間ニ在リテハ女ト雖モ嫡出子及ヒ庶子ヲ先ニス

※　昭和17年法律第7号改正前

四　親等ノ同シキ嫡出子，庶子及ヒ私生子ノ間ニ在リテハ嫡出子及ヒ庶子ハ女ト

第1章　家督相続

　　雖モ之ヲ私生子ヨリ先ニス
五　前四号ニ掲ケタル事項ニ付キ相同シキ者ノ間ニ在リテハ年長者ヲ先
　　ニス
2　（後出）

第975条　法定ノ推定家督相続人ニ付キ左ノ事由アルトキハ被相続人ハ
　其推定家督相続人ノ廃除ヲ裁判所ニ請求スルコトヲ得
一　被相続人ニ対シテ虐待ヲ為シ又ハ之ニ重大ナル侮辱ヲ加ヘタルコト
二　疾病其他身体又ハ精神ノ状況ニ因リ家政ヲ執ルニ堪ヘサルヘキコト
三　家名ニ汚辱ヲ及ホスヘキ罪ニ因リテ刑ニ処セラレタルコト
四　浪費者トシテ準禁治産ノ宣告ヲ受ケ改悛ノ望ナキコト
2　此他正当ノ事由アルトキハ被相続人ハ親族会ノ同意ヲ得テ其廃除ヲ
　請求スルコトヲ得

第976条　被相続人カ遺言ヲ以テ推定家督相続人ヲ廃除スル意思ヲ表示
　シタルトキハ遺言執行者ハ其遺言カ効カヲ生シタル後遅滞ナク裁判所
　ニ廃除ノ請求ヲ為スコトヲ要ス此場合ニ於テ廃除ハ被相続人ノ死亡ノ
　時ニ遡リテ其効カヲ生ス

第1020条　法定家督相続人ハ抛棄ヲ為スコトヲ得ス但第984条ニ掲ケタ
　ル者ハ此限ニ在ラス

　家督相続が開始すると，旧民法の規定に基づいて，一人の**家督相続人**が
定められた。家督相続人となるべき者は，旧民法第969条に規定された**欠
格事由**に該当しない者でなければならず，家督相続を廃除された者も家督
相続人とはなり得なかった。

　入夫婚姻の場合を除いて（相続事例10），家督相続人には，第1順位から
第5順位まであり（この事例〜相続事例43），まず，第1順位の家督相続人が，
その意思にかかわらず自動的に（家督相続の届出の有無に関わらず），家督相続
人となった。

　第1順位の家督相続人は**第1種法定家督相続人**と呼ばれ，旧民法第970
条の規定に基づいて同条の規定に従って最優先の者が家督相続人となるが，
第1種法定家督相続人は，被相続人である戸主（→戸主2-2-1）の家族

168

第2節　第1順位の家督相続人（第1種法定家督相続人）

（→家族2-2-1）である**直系卑属**であった。そのため，被相続人の直系卑属であっても，家督相続の開始の時に戸主の家族でない者，すなわち，戸主と同じ家（→家2-2-1），戸主と同じ戸籍に在籍していない者は第1種法定家督相続人とはなり得なかった。

　家族である直系卑属が一人である場合には，その直系卑属が家督相続人となり，その直系卑属が複数である場合には，同条第1項の第1号から第5号の順序で各号の規定を適用し，最優先の者が家督相続人となった。

　第1種法定家督相続人は**法定相続**人であり，また，家督相続を**放棄**することはできなかった。家督相続が開始し，第1種法定家督相続人がいたにもかかわらず，戸籍に**家督相続届**の記載がない場合であっても，家督相続に関する事項の記載のない戸籍謄本等をもって，第1種法定家督相続人である家督相続人へ，家督相続による所有権移転登記を申請することもできる。

＊　第1順位第1順序の家督相続人

　家族である直系卑属に親等の異なる者がいた場合には，戸主との親等が最も近い者が優先して家督相続人となった。

　例えば，戸主と同じ家に子と孫がいた場合は，その男女の別，年長年少に関わらず，子が家督相続人となり，孫と曾孫がいた場合は，同様に，孫が家督相続人となった。

　なお，代襲相続が適用される場合については後述する（本章第4節）。

　親等の最も近い者が複数である場合には，次の第2順序以下の規定を適用した。

＊　第1順位第2順序の家督相続人

　第1順位第1順序の直系卑属が複数である場合，つまり，親等の最も近い者が複数である場合であって，それらの者が男子と女子であるときは，男子が優先して家督相続人となった。

　例えば，戸主と同じ家に第1子である長女（姉）と第2子である長男

169

第1章　家督相続

（弟）がいたときは，長男である弟が家督相続人となった。

第2順序の規定は，嫡出子と非嫡出子（→非嫡出子2-4-1論点2）の区別を設けていない。そのため，第4順序の場合を除いて，嫡出子非嫡出子を問わず男子が優先する結果，例えば，戸主と同じ家に嫡出子である長女（姉）と庶子である男子（弟）がいたときは，庶子である弟が家督相続人となった。

親等の最も近い者が複数の男子だけ，又は複数の女子だけである場合には，次の第3順序の規定を適用した。

＊　第1順位第3順序の家督相続人

第1順位第2順序の直系卑属が複数の男子だけ，又は複数の女子だけである場合，つまり，親等の最も近い者が複数いて，それらのすべてが男子だけ，または女子だけであり，それらの者に嫡出子と非嫡出子がいたときは，嫡出子が優先して家督相続人となった。

例えば，戸主と同じ家に庶子である男子（兄）と嫡出子である長男（弟）がいたときは，長男である弟が家督相続人となった。

親等の最も近い者が複数の嫡出子である男子だけ，若しくは複数の非嫡出子である男子だけ，又は複数の嫡出子である女子だけ，若しくは複数の非嫡出子である女子だけである場合には，次の次の第5順序の規定を適用した。

＊　第1順位第4順序の家督相続人

第4順序の規定は，第2順序の特例である。

第2順序によれば，同親等の男女間では嫡出子非嫡出子を問わず男子が優先するところ，それが嫡出子又は庶子である女子と，私生子である男子の間にあっては，例外的に，女子であっても嫡出子又は庶子が優先して家督相続人となった。

例えば，女戸主を被相続人とする家督相続において，その女戸主と同じ家に私生子である男子（兄）と嫡出子である長女（妹）がいたときは，長

第2節　第1順位の家督相続人（第1種法定家督相続人）

女である妹が家督相続人となった。

　第4順序を適用しても，まだ，最優先の家督相続人が定まらない場合は，次の第5順序の規定を適用した。

＊　第1順位第5順序の家督相続人

　以上の第1順序から第4順序までの規定を適用しても，なお，最優先の家督相続人が定まらない場合，つまり，同順序の男子間の順序，又は女子間の順序は，最も年長の者が最優先して家督相続人となった。これにより，ただ一人の家督相続人が定まった。

　例えば，戸主と同じ家に長男（兄）と二男（弟）がいたときは長男である兄が家督相続人となり，長女（姉）と二女（妹）がいたときは長女である姉が家督相続人となった。

＊　法定推定家督相続人

　法定推定家督相続人とは，旧民法第975条中の「法定ノ推定家督相続人」のことであり，他に，旧民法第744条，第753条，第839条，第975条，第976条，第977条，第978条，第979条中の「法定ノ推定家督相続人」，「推定家督相続人」，第974条中の「第九百七十条及ヒ第九百七十二条ノ規定ニ依リテ家督相続人タルヘキ者」も同義である。

　それは，いまだ家督相続が開始していないときに，ある時点で家督相続が開始したとすると，その時点で第1種法定家督相続人の順序に従って最優先で第1種法定家督相続人になるべき直系卑属を意味した。通常，例えば，戸主の死亡前における戸主の長男が法定推定家督相続人の地位にあった。

　法定推定家督相続人の地位は，認知の遡及効において第三者が既に取得した権利に該当はしなかったものの（相続事例18），法定推定家督相続人には去家の制限が課せられ（→**法定推定家督相続人の去家の制限2‐2‐8**），法定推定家督相続人である男子がいる者には男子養子が制限され（→**男子養子の制限2‐2‐4**），法定推定家督相続人は姉妹の婿養子のために家督相続権を

171

第1章　家督相続

害されず（本章第3節論点4），家督相続人の指定は法定推定家督相続人の出現によって効力を失うというように（本章第5節），法定推定家督相続人の地位は，一定の保護を受けた。

　ただ，廃除（法定推定家督相続人の廃除）によって，法定推定家督相続人は家督相続権を剥奪され，法定推定家督相続人の地位を失い，家督相続が開始しても第1種法定家督相続人となることはできなかった。

　廃除は，被相続人に対する虐待・重大な侮辱，疾病その他身体・精神の状況により家政をとるに堪えないこと，家名の汚辱を及ぼす罪により刑に処せられたこと，又は浪費者として準禁治産の宣告を受け改悛の望みがないことを原因として，被相続人である戸主の請求によって，裁判所の裁判によって確定した。それら以外の正当事由に基づいて被相続人である戸主が廃除を請求するときは，親族会（→親族会3-1-6）の同意を要した。

　廃除が確定すると，廃除された者を除いた直系卑属において，第1種法定家督相続人の順序に従って新たな第1種法定推定家督相続人が定まった。

相続事例11：家族たる直系卑属（異親等間）

被相続人A男

大正6・4・19　甲家戸主A男が乙家家族B女と婚姻（B女が甲家戸籍に入籍）

大正8・9・14　A男とB女に嫡出子C男が誕生（C男は甲家戸籍に入籍）

大正9・9・16　A男とB女に嫡出子D男が誕生（D男は甲家戸籍に入籍）

昭和16・12・5　D男が分家（D男を戸主とする甲家分家の新戸籍編製）

昭和17・11・10　C男が丙家家族E女と婚姻（E女が甲家戸籍に入籍）

昭和19・2・29　C男とE女に嫡出子F男が誕生（F男は甲家戸籍に入籍）

昭和20・7・27　A男が死亡

　　　　　　　※　C男の家督相続届によりC男を戸主とする甲家の新戸籍編製

172

第2節　第1順位の家督相続人（第1種法定家督相続人）

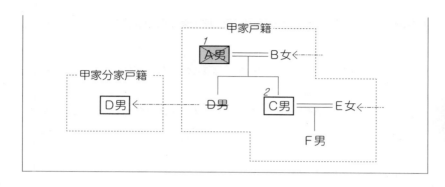

相続事例12：家族たる直系卑属（男女間）

被相続人A男

大正6・4・19　甲家戸主A男が乙家家族B女と婚姻（B女が甲家戸籍に入籍）

大正8・9・14　A男とB女に嫡出子C女が誕生（C女は甲家戸籍に入籍）

大正9・9・16　A男とB女に嫡出子D男が誕生（D男は甲家戸籍に入籍）

昭和20・7・27　A男が死亡

　　※　D男の家督相続届によりD男を戸主とする甲家の新戸籍編製

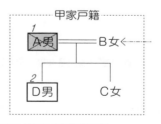

173

第 1 章　家督相続

相続事例13：家族たる直系卑属（男女間：嫡出子姉と庶子弟間）

被相続人 A 男

大正 6・4・19　甲家戸主 A 男が乙家家族 B 女と婚姻（B 女が甲家戸籍に入籍）

大正 8・9・14　A 男と B 女に嫡出子 C 女が誕生（C 女は甲家戸籍に入籍）

大正 9・9・16　丙家家族 E 女が A 男の庶子 D 男を出生（D 男は甲家戸籍に入籍）

昭和20・7・27　A 男が死亡

　　　　　　　※　D 男の家督相続届により D 男を戸主とする甲家の新戸籍編製

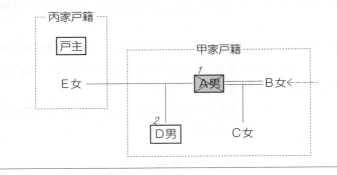

相続事例14：家族たる直系卑属（嫡出子非嫡出子間）

被相続人 A 男

大正 6・4・19　丙家家族 E 女が甲家戸主 A 男の庶子 C 男を出生（C 男は甲家戸籍に入籍）

大正 8・9・14　A 男が乙家家族 B 女と婚姻（B 女が甲家戸籍に入籍）

大正 9・9・16　A 男と B 女に嫡出子 D 男が誕生（D 男は甲家戸籍に入籍）

昭和20・7・27　A 男が死亡

※　D男の家督相続届によりD男を戸主とする甲家の新戸籍編製

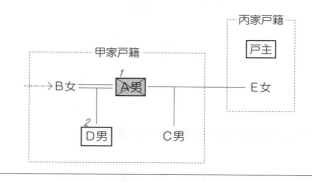

相続事例15：家族たる直系卑属（嫡出子庶子と私生子間）

被相続人A女

大正6・4・19　甲家戸主A女が私生子C男を出生（C男は甲家戸籍に入籍）

大正8・9・14　A女が乙家家族B男と入夫婚姻（B男が甲家戸籍に入籍）
　　　　　　　※　入夫が戸主となる旨婚姻届書に記載なし

大正9・9・16　A女とB男に嫡出子D女が誕生（D女は甲家戸籍に入籍）

昭和20・7・27　A女が死亡
　　　　　　　※　D女の家督相続届によりD女を戸主とする甲家の新戸籍編製

第1章　家督相続

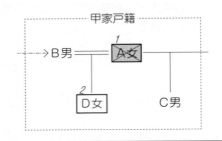

相続事例16：家族たる直系卑属（年長年少者間）

被相続人A男
大正6・4・19　甲家戸主A男が乙家家族B女と婚姻（B女が甲家戸籍に入籍）
大正8・9・14　A男とB女に嫡出子C男が誕生（C男は甲家戸籍に入籍）
大正9・9・16　A男とB女に嫡出子D男が誕生（D男は甲家戸籍に入籍）
昭和20・7・27　A男が死亡
　　　　　　　※　C男の家督相続届によりC男を戸主とする甲家の新戸籍編製

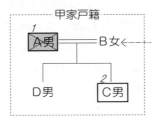

相続事例17：家族たる直系卑属（年長年少者間：分家に在籍する者との関係）

被相続人A男
大正6・4・19　甲家戸主A男が乙家家族B女と婚姻（B女が甲家戸籍に

176

第2節　第1順位の家督相続人（第1種法定家督相続人）

　　　　　　　　　　入籍）
大正 8 ・ 9 ・14　　A男とB女に嫡出子C男が誕生（C男は甲家戸籍に入籍）
大正 9 ・ 9 ・16　　A男とB女に嫡出子D男が誕生（D男は甲家戸籍に入籍）
大正10・12・ 8　　A男とB女に嫡出子E女が誕生（E女は甲家戸籍に入籍）
大正12・ 1 ・30　　A男とB女に嫡出子F男が誕生（F男は甲家戸籍に入籍）
大正14・ 5 ・ 1　　A男とB女に嫡出子G男が誕生（G男は甲家戸籍に入籍）
昭和16・12・ 5　　D男が分家（D男を戸主とする甲家分家の新戸籍編製）
昭和19・ 2 ・29　　C男が死亡
昭和20・ 7 ・27　　A男が死亡
　　　　　　　　　※　F男の家督相続届によりF男を戸主とする甲家
　　　　　　　　　　の新戸籍編製

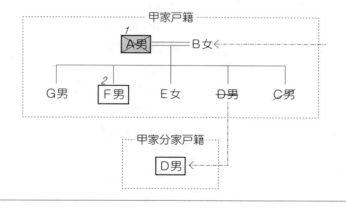

事例の解説

　相続事例11では，被相続人である戸主A男の死亡によって家督相続が開始したが，まず，D男はA男の子であっても家督相続人とはなり得ず（家督相続が開始した時にD男は甲家の戸籍に在籍していなかった。），ここでは，甲家に在籍していたA男の直系卑属は1親等の子C男と2親等の孫F男であり，この両者間で第1順序を適用し，親等の近いC男が家督相続人となった。

第1章　家督相続

　相続事例12では，被相続人である戸主A男の死亡によって家督相続が開
始したが，甲家に在籍していたA男の直系卑属は長女である姉C女と長男
である弟D男である。この両者間で第2順序を適用し，男子であるD男が
家督相続人となった。

　相続事例13でも同様にA男の死亡によって家督相続が開始したが，甲家
に在籍していたA男の直系卑属は長女である姉C女と庶子である弟D男で
ある。この両者間でも第2順序を適用し，庶子であっても男子であるD男
が家督相続人となった。

　相続事例14では，被相続人である戸主A男の死亡によって家督相続が開
始したが，甲家に在籍していたA男の直系卑属は庶子である兄C男と長男
である弟D男である。この両者間で第3順序を適用し，嫡出子であるD男
が家督相続人となった。

　相続事例15では，被相続人である女戸主A女の死亡によって家督相続が
開始したが，甲家に在籍していたA女の直系卑属は私生子である兄C男と
長女である妹D女である。この両者間で第4順序を適用し，女子であって
も嫡出子であるD女が家督相続人となった。

　相続事例16では，被相続人である戸主A男の死亡によって家督相続が開
始したが，甲家に在籍していたA男の直系卑属は長男である兄C男と二男
である弟D男である。この両者間で第5順序を適用し，年長者であるC男
が家督相続人となった。

　相続事例17でも同様にA男の死亡によって家督相続が開始したが，甲家
に在籍していたA男の直系卑属は長女E女，三男F男と四男G男である。
このうちの男子間で第5順序を適用し，年長者であるF男が家督相続人と
なった。C男はA男の死亡前に既に死亡しており（ここでは，代襲相続人はい
ない。），また，D男は既に分家していたため，F男より年長であっても，
甲家の第1種法定家督相続人にはなり得なかった。

178

第2節　第1順位の家督相続人（第1種法定家督相続人）

> **まとめ** **第1種法定家督相続人**
>
> 　戸主が死亡するなど家督相続が開始すると，まず，第1順位の家督相続人が家督相続人となった。
>
> 　第1順位の家督相続人は第1種法定家督相続人であり，それは，家族である直系卑属である。つまり，家督相続の開始の時に被相続人と同じ家（の戸籍）に在籍している戸主の直系卑属がいたときは，その直系卑属が家督相続人となった。
>
> 　その直系卑属が一人だけであった場合には，相続開始の時に嫡出子であるか，庶子，私生子であるかを問わず，その直系卑属が家督相続人となったが，その直系卑属が複数いた場合には，次の，第1種法定家督相続人の順序に従って最優先の者が家督相続人となった。
>
> 　その第1順序では異なる親等の者間にあっては親等の近い者が優先し，第2順序では同親等の男子と女子との間にあっては男子が優先し，第3順序では同親等の男子の間又は女子の間にあっては嫡出子が優先した。ただ，第4順序によって，同親等の嫡出子，庶子，私生子の間にあっては嫡出子，庶子は女子であっても私生子より優先した。以上の順序によっても，まだ優先順序が同じ者が複数であるときは，その者の間にあっては第5順序によって，年長者が優先した。
>
> 　これらによって最優先の者が，ただ一人，家督相続人となったのである。
>
> 　第1種法定家督相続人は法定相続であるため，家督相続が開始しているものの戸籍に家督相続の届出がない場合であっても，家族である直系卑属がいたときは，第1種法定家督相続人の順序に従って定まった者を家督相続人として認定することができる。

第3編　相続

179

第1章　家督相続

第3節　第1種法定家督相続人の順序の特則

〈論点1　戸主の準正子，養子は，どのような順序で第1種法定家督相続人になったのか。〉

【概　説】

〈旧民法〉

第970条　被相続人ノ家族タル直系卑属ハ左ノ規定ニ従ヒ家督相続人ト為ル

一　（前出）
二　（前出）
三　（前出）
四　（前出）
五　（前出）

2　第836条ノ規定ニ依リ又ハ養子縁組ニ因リテ嫡出子タル身分ヲ取得シタル者ハ家督相続ニ付テハ其嫡出子タル身分ヲ取得シタル時ニ生マレタルモノト看做ス

　準正（→準正2-4-1論点3）したことで嫡出子となった子（**準正子**）も，養子も，被相続人である戸主にとって嫡出子であることに変わりなく，家督相続において，生来（生まれながら）の嫡出子とともに，第1種法定家督相続人の優先順序（本章第2節）に従って，最優先の者が家督相続人となった。

　ただ，準正子と**養子**については，第5順序の適用には特例があった。これは，家督相続に関しては，嫡出子の身分を取得した時に生まれたものとみなして年長年少を定めるものであった。つまり，男子の嫡出子だけ又は女子の嫡出子だけの間で最年長の者が第1種法定家督相続人となるとき，嫡出子のうち準正子については準正した時，養子については養子縁組の時に生まれたものとみなして，他の嫡出子と年長年少を比較したのである。

＊　認知と家督相続

　準正が成立するには認知（→認知2-4-1論点2）があったわけであるが，

認知は出生の時に遡って効力が生じたものの，第三者が既に取得した権利を害することはできなかった（旧民法832条）。

そのため，例えば，戸主の庶子が，当該戸主を被相続人とする家督相続における**家督相続人**となったあと，その戸主であった者が，当該庶子よりも年長の私生子を認知し，その私生子が庶子となったとき，それらの庶子が双方とも男子であった，又は女子であった場合は，後から認知された庶子も出生に遡って庶子であったことになったため，第5順序の適用を適用すると，家督相続人となるべき者は後から認知された庶子となるはずである。しかしながら，既に，先に認知された庶子が家督相続人となっているため，先に認知された庶子が取得した家督相続人としての地位（権利）は害されず，後から認知された庶子が家督相続人となることはなかった。

他方，いまだ家督相続が開始する前にあっては，前述の例では先に認知された庶子が法定推定家督相続人（→法定推定家督相続人3-1-2）であった場合に，当該庶子よりも年長の私生子を認知し，その私生子が庶子となったときは，法定推定家督相続人の地位は，先に認知された年少の庶子から，後から認知された年長の庶子に移った。法定推定家督相続人である地位は，いまだ旧民法第832条但書で保護される権利とはいえなかったからである。この結果，この後に家督相続が開始すると，後から認知された年長の庶子が家督相続人となったのである。

相続事例18：準正子と家督相続

被相続人A男

明治31・8・9	丙家家族D女が私生子E男を出生（E男は丙家戸籍に入籍）
明治33・4・19	甲家戸主A男が乙家家族B女と婚姻（B女が甲家戸籍に入籍）
大正3・2・3	A男とB女に嫡出子C男が誕生（C男は甲家戸籍に入籍）
大正14・5・18	A男がE男を認知（E男は甲家戸籍に入籍）

第1章　家督相続

昭和6・8・11　B女が死亡
昭和8・8・13　A男がD女と婚姻（D女が甲家戸籍に入籍）
昭和16・12・7　A男が死亡
　　　　　　　※　C男の家督相続届によりC男を戸主とする甲家
　　　　　　　　　の新戸籍編製

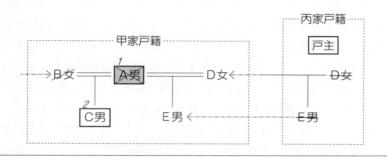

相続事例19：養子と家督相続

被相続人A男
明治31・8・9　丙家戸主I男が丁家家族H女と婚姻（H女が丙家戸籍に入籍）
明治32・9・19　I男とH女に嫡出子K男が誕生（K男は丙家戸籍に入籍）
明治33・11・15　I男とH女に嫡出子E女が誕生（E女は丙家戸籍に入籍）
明治34・6・2　戊家戸主F男が己家家族G女と婚姻（G女が戊家戸籍に入籍）
明治35・9・21　F男とG女に嫡出子J男が誕生（J男は戊家戸籍に入籍）
明治36・10・31　F男とG女に嫡出子C女が誕生（C女は戊家戸籍に入籍）
大正3・2・3　甲家戸主A男が乙家家族B女と婚姻（B女が甲家戸籍に入籍）
大正11・5・18　A男及びB女がC女を養子とする養子縁組（C女が甲家戸籍に入籍）

第3節　第1種法定家督相続人の順序の特則

大正13・7・4　　A男とB女に嫡出子D女が誕生（D女は甲家戸籍に入籍）
昭和6・8・11　　A男及びB女がE女を養子とする養子縁組（E女が甲家戸籍に入籍）
昭和16・12・7　A男が死亡
　　　　　　　　※　C女の家督相続届によりC女を戸主とする甲家の新戸籍編製

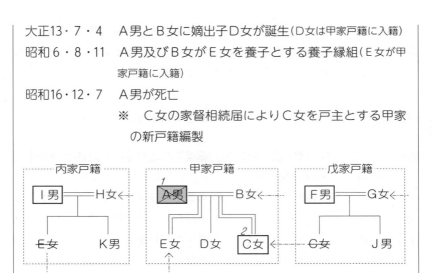

事例の解説

　相続事例18では、被相続人である戸主A男には、家督相続の開始の時に、直系卑属として、嫡出子E男と嫡出子C男がいた。第5順序を適用すると、生来は、明治31年生まれのE男と大正3年生まれのC男とでは年長のE男が優先して第1種法定家督相続人となるところ、家督相続に関しては、準正子については準正した時に生まれたものとみなされたため、E男は準正した昭和8年に生まれたものとみなして年長年少を判断することになる。その結果、C男が年長ということとなり、C男が家督相続人となったものである。

　相続事例19では、被相続人である戸主A男には、家督相続の開始の時に、直系卑属として、嫡出子（養子）C女、嫡出子D女、嫡出子（養子）E女がいた。第5順序を適用すると、生来は、明治33年生まれのE女、明治36年生まれのC女と大正13年生まれのD女では最年長のE女が優先して第1種法定家督相続人となるところ、家督相続に関しては、養子については養子縁組の時に生まれたものとみなされたため、E女は養子縁組の昭和6年に

第1章　家督相続

生まれたものとみなされた。C女は養子縁組の大正11年に生まれたものと
みなされ，この結果，C女，D女，E女の間ではC女が最年長ということ
となり，C女が家督相続人となったものである。

〈**論点 2**　戸主の継子は，どのような順序で第 1 種法定家督相続人になっ
たのか。〉

■**概　説**

　戸主の**継子**（→継親子関係 2 - 1 - 3）も，その実子，養子と同じく，戸主
の直系卑属である嫡出子（嫡母にとっての庶子は非嫡出子）として，第 1 種法
定家督相続人となるべき資格を有していたため，被相続人である戸主の直
系卑属が継子ただ一人であれば，その継子が家督相続人となった。ところ
が，同親等の直系卑属が複数で，継子を含んでいた場合には，単純に第 1
種法定家督相続人の優先順序（本章第 2 節）を適用することにはならなかっ
た。

　これは，**継子の家督相続権**は一概に決すべきではなく，**家附**であるか，
あるいは他家から入った者か等，被相続人の家における関係その他の事情
を参酌し，個々の事案に応じて決すべきであるとされていたことによる
（大11・ 7 ・14民事2397号民事局長通牒）。

　ここで家附とは，「その家（の戸籍で）で生まれた」という意味である。
さらに，家附の子というときは，連れ子と対比して，もともとの，その家
の子という意味で用いられる。旧民法第813条第10号，第866条第 9 号，第
982条第 1 において**家女**とは，家附の女子という意味で用いられている。
したがって，他家から親族入籍，引取入籍（→入籍 2 - 2 - 4 ）によって入籍
した者は家附とはいえない。

　家附の子には，その家で生まれた実子，すなわち家附の実子と，その家
で生まれた継子，すなわち**家附の継子**（新民法施行後の家附の継子の相続権に
ついては第 5 編第 2 章で解説）とがあり，養子も，養家において家附とされた。

　そこで，継子の家督相続の優先順序であるが，その家の血統の子を優先
させる趣旨から家附の子が優先したため，戸主の子に，家附の実子と家附

184

第3節　第1種法定家督相続人の順序の特則

ではない継子がいた場合は当該実子が，また，家附の継子と家附ではない実子がいた場合は当該継子が優先して第1種法定家督相続人となった。

相続事例20：継子と家督相続（家附の実子の女子と家附でない男子の継子との間）

被相続人D男

明治39・8・5	乙家戸主B女が丙家家族A男と入夫婚姻（A男が乙家戸籍に入籍）
	※　入夫が戸主とならない旨婚姻届書に記載
明治44・10・4	B女とA男に嫡出子C男が誕生（C男は乙家戸籍に入籍）
大正3・9・8	甲家戸主D男が丁家家族E女と婚姻（E女が甲家戸籍に入籍）
大正4・10・4	D男とE女に嫡出子F女が誕生（F女は甲家戸籍に入籍）
昭和2・2・1	A男が死亡
昭和12・12・1	E女が死亡
昭和17・12・3	B女が乙家を廃家し，D男がB女と婚姻（B女が甲家戸籍に入籍，C男が甲家戸籍に随従入籍）
昭和20・7・24	D男が死亡
	※　F女の家督相続届によりF女を戸主とする甲家の新戸籍編製

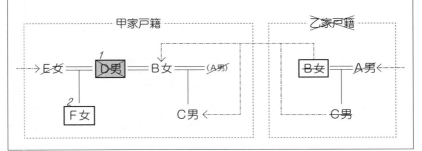

第1章　家督相続

> **相続事例21：継子と家督相続**（家附の男子の継子と家附の男子の実子との間）
>
> 被相続人D男
> 明治39・8・5　甲家戸主A女が乙家家族B男と入夫婚姻（B男が甲家戸籍に入籍）
> 　　　　　　　※　入夫が戸主とならない旨婚姻届書に記載
> 明治40・10・4　A女とB男に嫡出子C男が誕生（C男は甲家戸籍に入籍）
> 明治43・7・4　B男が死亡
> 大正5・9・23　A女が丙家家族D男と入夫婚姻（D男が甲家戸籍に入籍）
> 　　　　　　　※　入夫が戸主となる旨婚姻届書に記載
> 　　　　　　　※　D男を戸主とする甲家の新戸籍編製
> 大正7・12・13　D男とA女に嫡出子E男が誕生（E男は甲家戸籍に入籍）
> 昭和17・7・13　D男が死亡
> 　　　　　　　※　C男の家督相続届によりC男を戸主とする甲家の新戸籍編製
>
>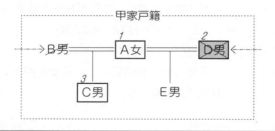

事例の解説

相続事例20では，被相続人である戸主D男には子として，実子F女と，継子C男（昭和17年，D男とB女の婚姻及びC男の甲家入籍によってC男はD男の継子となった。）とがいたが，F女は甲家で生まれた家附で，C男は家附ではなく，他家で生まれた者である。そのため，年長で男子であるC男よりも，年少の女子ではあるがF女が優先して，家督相続人となったものである（大5・3・17民390号法務局長回答，大11・7・14民事1817号民事局長通牒）。

186

第3節　第1種法定家督相続人の順序の特則

　相続事例21では，被相続人である入夫戸主Ｄ男には子として，実子Ｅ男
と，継子Ｃ男（大正5年，Ａ女とＤ男の入夫婚姻によってＣ男はＤ男の継子となっ
た。）とがいたが，Ｅ男もＣ男も，ともに甲家で生まれた家附である。そ
のため，家附の実子と家附の継子との間で第1種法定推定家督相続人の順
序を適用し，年少で男子である実子Ｅ男よりも，Ｄ男にとっては継子で
あっても，甲家の血統を継ぐ者として，年長の男子であるＣ男が優先して，
家督相続人となったものである（大判大14・5・22法律評論全集14巻410頁）。

〈論点3　戸主の子で親族入籍した者は，どのような順序で第1種法定家
　　　　督相続人になったのか。〉

■ 概　説

〈旧民法〉
　第972条　第737条及ヒ第738条ノ規定ニ依リテ家族ト為リタル直系卑属
　　ハ嫡出子又ハ庶子タル他ノ直系卑属ナキ場合ニ限リ第970条ニ定メタ
　　ル順序ニ従ヒテ家督相続人ト為ル

　旧民法第970条の**第1種法定家督相続人**の順序には，特則が設けられて
いた。その一つが，**入籍者**の家督相続の順序で，旧民法第737条の規定に
基づいて親族入籍（→親族入籍2-2-4）したことで当該戸主の家族となっ
た直系卑属，及び，旧民法第738条の規定に基づいて引取入籍（→引取入籍
2-2-4）したことで当該戸主の家族となった直系卑属については，嫡出
子又は庶子である他の家族である直系卑属がいない場合に限って，第1種
法定家督相続人の順序に従って第1種法定家督相続人となったというもの
である。

　ここで，親族入籍又は引取入籍した直系卑属には，他家で生まれて後に
親族入籍又は引取入籍して当該家に入った者はもちろん，当該家で生まれ
てから他家に入って，その後，親族入籍又は引取入籍して当該家に入った
者（元在籍者）も含まれる（大二民判昭6・5・22大民集10巻7号384頁）。

　他家に在籍していた私生子が，父の認知（→認知2-4-1論点2）によっ

第1章　家督相続

て当該家に入ることは親族入籍又は引取入籍によるものではなく，認知によって子が父の家に入ったものであるため，旧民法第972条の適用はなかった。例えば，庶子の男子間における第1種法定家督相続人の順序は，入籍の有無に関わらず，年長者が優先したのである（なお，準正子の家督相続の順序については，相続事例18で解説）。

　同条の規定によって，例えば，戸主が死亡した時に，たとえ，戸主の家族として嫡出子である親族入籍又は引取入籍した男子がいたとしても，他に，生来，当該家に在籍している嫡出子又は庶子がいる限りは，当該男子が年長であっても第1種法定家督相続人になることはなかった。同条が適用される直系卑属は，年少の庶子である女子よりも第1種法定家督相続人の順序は劣後したわけである。この場合，親族入籍又は引取入籍した男子は，他に，その入籍後に当該家で生まれた，生来，当該家に在籍している嫡出子又は庶子にも第1種法定家督相続人の順序が劣後した（大14・8・1民事7271号民事局長回答）。

＊　携帯入籍と家督相続

　分家の際の携帯入籍（→携帯入籍2-2-7論点1）は親族入籍又は引取入籍とは異なり，旧民法第972条の適用はなかった。

　そのため，分家戸主を被相続人とする家督相続にあっては，例えば，携帯入籍した嫡出子である男子と，当該分家で生まれた嫡出子である男子とでは，生来の年長の者が優先して第1種法定家督相続人になった。

　つまり，本家で生まれて分家に携帯入籍した者は，生来，分家で生まれた者として扱われたのである。

＊　復籍と家督相続

　婚姻又は養子縁組によって他家（婚家又は養家）に入った者（妻若しくは夫又は養子）は，離婚又は離縁すると実家に復籍（→復籍2-2-6）したが，復籍も旧民法第972条の適用はなかった。

　そのため，実家の戸主を被相続人とする家督相続にあっては，例えば，

188

第3節　第1種法定家督相続人の順序の特則

復籍した嫡出子である男子と，当該実家で生まれて，そのまま在籍していた嫡出子である男子とでは，生来の年長の者が優先して第1種法定家督相続人になった。

　復籍した者は実家における身分を回復したことから（第2編第4章第2節論点3），復籍した者は，実家において，婚姻又は養子縁組をしなかったものとして扱われたのである。

相続事例22：入籍者と家督相続	

被相続人Ａ男

明治29・8・5	甲家戸主Ａ男が乙家家族Ｂ女と婚姻（Ｂ女が甲家戸籍に入籍）
明治30・8・9	Ａ男とＢ女に嫡出子Ｃ男が誕生（Ｃ男は甲家戸籍に入籍）
明治31・9・19	Ａ男とＢ女に嫡出子Ｄ男が誕生（Ｄ男は甲家戸籍に入籍）
明治32・12・3	Ａ男とＢ女に嫡出子Ｅ男が誕生（Ｅ男は甲家戸籍に入籍）
大正9・1・18	Ｄ男が分家（Ｄ男を戸主とする甲家分家の新戸籍編製）
大正13・10・17	Ｃ男が死亡
昭和2・12・4	Ｄ男が甲家分家を廃家し，甲家に親族入籍（Ｄ男が甲家戸籍に入籍）
昭和12・7・24	Ａ男が死亡
	※　Ｅ男の家督相続届によりＥ男を戸主とする甲家の新戸籍編製

189

第1章　家督相続

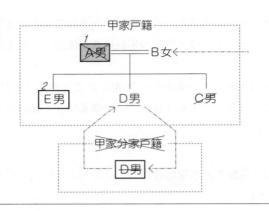

相続事例23：携帯入籍と家督相続

被相続人D男

明治29・8・5　甲家戸主A男が乙家家族B女と婚姻（B女が甲家戸籍に入籍）

明治30・8・9　A男とB女に嫡出子C男が誕生（C男は甲家戸籍に入籍）

明治31・9・19　A男とB女に嫡出子D男が誕生（D男は甲家戸籍に入籍）

大正11・1・18　D男が丙家家族E女と婚姻（E女が甲家戸籍に入籍）

大正13・9・28　D男とE女に嫡出子F男が誕生（F男は甲家戸籍に入籍）

昭和1・12・27　D男が分家（D男を戸主とする甲家分家の新戸籍編製）

　　※　E女が甲家分家戸籍に随従入籍，D男がF男を甲家分家戸籍に携帯入籍

昭和3・12・24　D男とE女に嫡出子G男が誕生（G男は甲家分家戸籍に入籍）

昭和12・7・24　D男が死亡

　　※　F男の家督相続届によりF男を戸主とする甲家分家の新戸籍編製

190

第3節　第1種法定家督相続人の順序の特則

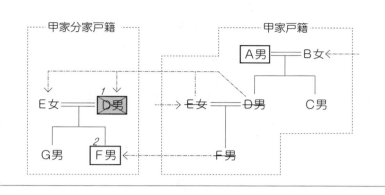

相続事例24：復籍と家督相続

被相続人A男

明治29・8・5　甲家戸主A男が乙家家族B女と婚姻（B女が甲家戸籍に入籍）

明治30・8・9　A男とB女に嫡出子C男が誕生（C男は甲家戸籍に入籍）

明治31・9・19　A男とB女に嫡出子D男が誕生（D男は甲家戸籍に入籍）

明治32・12・3　A男とB女に嫡出子E男が誕生（E男は甲家戸籍に入籍）

大正9・1・18　丙家戸主F男がD男を養子とする養子縁組（D男が丙家戸籍に入籍）

大正13・10・17　C男が死亡

昭和2・12・4　F男とD男が離縁（D男が甲家戸籍に復籍）

昭和12・7・24　A男が死亡

　　　　　　　※　D男の家督相続届によりD男を戸主とする甲家の新戸籍編製

191

第1章　家督相続

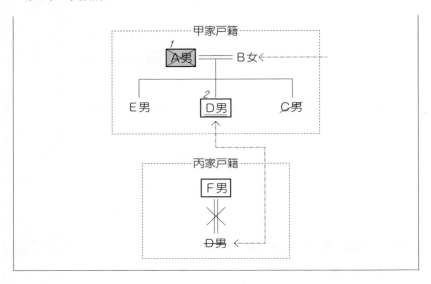

事例の解説

相続事例22では，被相続人である戸主A男には，嫡出子である長男C男，二男D男，三男E男がいて，D男は一旦，分家し，C男が直系卑属なく死亡した後，D男が分家を廃家して，甲家に親族入籍した。A男が死亡した時には，A男の家族である直系卑属はD男とE男であり，第1種法定家督相続人の順序による年長であるD男が優先して第1種法定家督相続人になるべきところ，旧民法第972条の適用によって親族入籍したD男は，たとえ年長であっても，生まれてから甲家に在籍し続けているE男がいるため，第1種法定家督相続人となることはなかった（大4・3・3民260号法務局長回答）。その結果，E男が家督相続人となったものである。

相続事例23では，分家戸主D男を被相続人とする家督相続が開始し，D男には嫡出子F男とG男とがいたところ，F男は本家から携帯入籍した者であったが，携帯入籍には旧民法第972条の適用はなかった。そのため，ともに嫡出子であるF男とG男とでは年長者が第1種法定家督相続人の順序が優先し，F男が家督相続人となったものである。

相続事例24では，戸主A男を被相続人とする家督相続が開始し，A男に

は嫡出子D男とE男とがいたところ，D男は復籍した者であったが，復籍には旧民法第972条の適用はなかった。そのため，ともに嫡出子であるD男とE男とでは年長者が第1種法定家督相続人の順序が優先し，D男が家督相続人となったものである。

〈**論点4** 戸主の婿養子は，どのような順序で第1種法定家督相続人になったのか。〉

■(**概　説**)

〈旧民法〉

　第973条　法定ノ推定家督相続人ハ其姉妹ノ為メニスル養子縁組ニ因リテ其相続権ヲ害セラルルコトナシ

　旧民法第973条には，法定推定家督相続人（→**法定推定家督相続人3-1-2**）は，その姉妹のためにする養子縁組によって，その相続権を害されることはないとあるが，ここで，姉妹のためにする養子縁組とは，姉妹が婿養子縁組（→**婿養子2-4-2論点2**）をしたことを意味した。そのため，同条は，法定推定家督相続人は，婿養子によって家督相続権を害されることがない趣旨となる。

　戸主に，嫡出子である女子と，婿養子ではない養子である男子がいたときは，同親等の男子と女子との間として**第1種法定家督相続人**の第2順序が適用されて（相続事例12），それらの年長年少（相続事例19）に関わらず，男子である当該養子が第1種法定家督相続人の順序が優先したところ，その養子が婿養子であったならば，当該女子は法定推定家督相続人である地位を失うことはなく，女子であっても，婿養子に対して第1種法定家督相続人の順序が優先した。例えば，戸主の長女と二女の婿養子との間では長女が優先した。また，戸主の庶子である男子と長女の婿養子との間では，婿養子は嫡出子であったため第1種法定家督相続人の第3順序を適用すると婿養子が優先するところ（相続事例14），同条が適用されて，非嫡出子で

第 1 章　家督相続

あっても庶子である男子が優先した。

　このように，婿養子は嫡出子である男子ではあるが，他に法定推定家督相続人がいたときは，その法定推定家督相続人より第 1 種法定家督相続人の順序が優先することはなかった。なお，婿養子と，その妻である家女（→家女 3 - 1 - 3 論点 2 ）とでは，男子である婿養子が優先した。結局，婿養子は男子養子の制限（→男子養子の制限 2 - 4 - 2 論点 1 ）を受けないが，婿養子の第 1 種法定家督相続人の順序は自己の妻である家女の第 1 種法定家督相続人の順序以上にはならず，ただ，その妻には優先した。つまり，婿養子の第 1 種法定家督相続人の順序は，その妻の順序を基準として（大三民判昭 3 ・ 5 ・ 5 大民集 7 巻 5 号317頁），ただ，その妻には優先した。戸主に長女と長女の婿養子と二女がいたときは，婿養子が第 1 種法定家督相続人となったのである（大 3 ・12・28民1303号法務局長回答）。

　戸主に長女のみがいるときに婿養子縁組をすると，婿養子縁組によって法定推定家督相続人の地位は長女から婿養子に移ったが，その後に，戸主に長男が誕生した場合，その長男誕生後は，その地位は長男に移り，そこで家督相続が開始すると，長男が家督相続人となった（明44・ 2 ・18民刑120号民刑局長回答）。

相続事例25：婿養子と家督相続

被相続人Ａ男

明治39・ 8 ・ 5	甲家戸主Ａ男が乙家家族Ｂ女と婚姻（Ｂ女が甲家戸籍に入籍）
明治41・ 8 ・ 9	Ａ男とＢ女に嫡出子Ｃ女が誕生（Ｃ女は甲家戸籍に入籍）
明治43・ 4 ・19	Ａ男とＢ女に嫡出子Ｄ女が誕生（Ｄ女は甲家戸籍に入籍）
昭和 9 ・12・ 3	Ａ男及びＢ女並びにＤ女が丙家家族Ｅ男と婿養子縁組（Ｅ男が甲家戸籍に入籍）
昭和16・ 1 ・ 8	Ａ男が死亡
	※　Ｃ女の家督相続届によりＣ女を戸主とする甲家

第3節　第1種法定家督相続人の順序の特則

の新戸籍編製

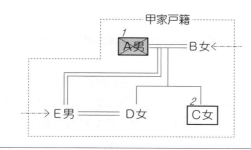

相続事例26：家女の夫である養子の家督相続の順序

被相続人Ａ男

明治39・8・5　甲家戸主Ａ男が乙家家族Ｂ女と婚姻（Ｂ女が甲家戸籍に入籍）

明治41・8・9　Ａ男とＢ女に嫡出子Ｃ女が誕生（Ｃ女は甲家戸籍に入籍）

明治43・4・19　Ａ男とＢ女に嫡出子Ｄ女が誕生（Ｄ女は甲家戸籍に入籍）

大正5・6・6　Ａ男及びＢ女が丙家家族Ｅ男を養子とする養子縁組（Ｅ男が甲家戸籍に入籍）

昭和9・12・3　Ｅ男がＤ女と婚姻

昭和16・1・8　Ａ男が死亡

　　　　　※　Ｅ男の家督相続届によりＥ男を戸主とする甲家の新戸籍編製

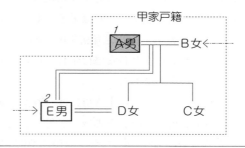

195

第1章　家督相続

相続事例27：婿養子と当該妻の家督相続の順序

被相続人A男
明治39・8・5　甲家戸主A男が乙家家族B女と婚姻（B女が甲家戸籍に入籍）
明治41・8・9　A男とB女に嫡出子C女が誕生（C女は甲家戸籍に入籍）
明治43・4・19　A男とB女に嫡出子D女が誕生（D女は甲家戸籍に入籍）
昭和9・12・3　A男及びB女並びにC女が丙家家族E男と婿養子縁組（E男が甲家戸籍に入籍）
昭和16・1・8　A男が死亡

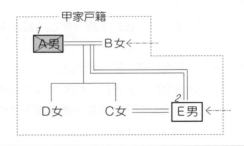

事例の解説

相続事例25では，被相続人である戸主A男には，直系卑属として，長女C女，二女D女と婿養子E男がいた。A男を被相続人とする家督相続が開始し，第1種法定家督相続人の順序によれば男子であるE男が優先したところ，E男は婿養子であるため，旧民法第973条が適用され，その順序は妻D女の順序を基準とした。C女とD女では年長のC女が優先するため，C女が家督相続人となったものである。

相続事例26では，被相続人である戸主A男には，直系卑属として，長女C女，二女D女と，養子E男がいた。その後，E男とD女が婚姻した後，A男を被相続人とする家督相続が開始した。旧民法第973条の規定は婿養

第3節　第1種法定家督相続人の順序の特則

子にのみ適用され，婚養子ではない普通の養子には適用されず，したがっ
て，婚養子でない普通の養子が，将来，戸主の娘と婚姻する意図をもって
養子縁組をし，その後，その娘である家女と婚姻したとしても，当該養子
には同条は適用されなかった（大3・7・20民1214号法務局長回答）。そのため，
C女，D女，E男の間では第1種法定家督相続人の第2順序によって，E
男が家督相続人となったものである。

　相続事例27では，被相続人である戸主A男には，直系卑属として，長女
C女，二女D女と婚養子E男がいた。A男を被相続人とする家督相続が開
始し，E男は婚養子であるため，その順序は，妻C女の順序を基準とし，
さらに，D女には優先した。そのため，C女とD女とでは年長のC女が優
先し，C女とE男とでは男子である婚養子が優先し，E男が家督相続人と
なったものである。

〈**論点5　入夫婚姻，入夫離婚の場合，誰が家督相続人となるのか。**〉

▰**【概　説】**▰

〈旧民法〉

第736条　女戸主カ入夫婚姻ヲ為シタルトキハ入夫ハ其家ノ戸主ト為ル
　　但当事者カ婚姻ノ当時反対ノ意思ヲ表示シタルトキハ此限ニ在ラス

第970条　被相続人ノ家族タル直系卑属ハ左ノ規定ニ従ヒ家督相続人ト
　　為ル
一～五　（前出）
　2　（前出）

第971条　前条ノ規定ハ第736条ノ適用ヲ妨ケス

　入夫が戸主となる入夫婚姻によって**家督相続**が開始することは前述した
（相続事例10）。

　他の家督相続開始の事由の場合と異なり，入夫婚姻により家督相続が開

第3編
相
続

197

始した場合には（入夫が戸主とならない入夫婚姻では家督相続は開始しない。），本章第3節の第1種法定家督相続人の順序に関する旧民法第970条の規定は適用されず，必ず，入夫が家督相続人となった。

　入夫が戸主となる入夫婚姻によって妻を戸主（女戸主）とする戸籍は抹消され，入夫を戸主とする新戸籍が編製されたが，この場合，家督相続の届出は要しなかったため（大正3年戸籍法125条1項但書），そこで入夫が戸主となる入夫婚姻によって入夫を戸主とする新戸籍が編製されている場合には，当該戸籍には家督相続に関する記載はないものの，女戸主が生前であっても，女戸主を被相続人とする家督相続が開始し，新戸主である入夫が家督相続人となったと判断することができるのである。

　そのため，前戸主である女戸主が入夫婚姻時において有していた財産及び負債の一切を新戸主である入夫が家督相続人として承継し，それが不動産である場合には，入夫婚姻の日を登記原因の日付として，女戸主から入夫へ，家督相続を原因とする相続登記を申請することとなる。

＊　入夫の離婚

　入夫婚姻によって戸主となった入夫が離婚（入夫離婚）すると，家督相続が開始した。つまり，入夫が戸主となる入夫婚姻によって当該家の新戸主となった入夫が離婚したときは，当該入夫（であった者）を被相続人とする生前の家督相続が開始した。この場合，入夫は第1種法定家督相続人には該当しなかった。

　入夫の離婚による家督相続には旧民法第971条の規定は適用されないため，入夫離婚により妻（元女戸主）が家督相続人となるものではなく，本章第3節の家督相続人の順序，順位に関する旧民法第970条から第985条の規定に従って家督相続人が定められた。

　入夫離婚によって家督相続が開始すると，新戸主による家督相続の届出によって，入夫を戸主とする戸籍は抹消され，家督相続人を戸主とする新戸籍が編製され，前戸主である入夫が離婚時において有していた財産及び負債の一切を新戸主である家督相続人が承継し，それが不動産である場合

第3節　第1種法定家督相続人の順序の特則

には，入夫の離婚の日を登記原因の日付として，入夫から家督相続人へ，家督相続を原因とする相続登記を申請することとなる。

　通常，入夫の離婚によって入夫は実家に復籍したところ，戸内婚（→戸内婚2-3-1）によって入夫婚姻して戸主となった入夫が離婚したときは，入夫（であった者）が当該家を去る（→去家2-2-1）ことはないが，入夫（であった者）を被相続人とする家督相続が開始したことに変わりはなかった。

　なお，入夫が戸主とならない入夫婚姻によって妻の家に入った入夫が離婚しても，家督相続が開始しなかったことはいうまでもない。

相続事例28：入夫婚姻による家督相続

被相続人Ｃ女

明治39・4・19	甲家戸主Ａ男が乙家家族Ｂ女と婚姻（Ｂ女が甲家戸籍に入籍）
大正8・9・14	Ａ男とＢ女に嫡出子Ｃ女が誕生（Ｃ女は甲家戸籍に入籍）
昭和14・7・27	Ａ男が死亡
	※　Ｃ女の家督相続届によりＣ女を戸主とする甲家の新戸籍編製
昭和15・8・15	Ｃ女が丙家家族Ｄ男と入夫婚姻（Ｄ男が甲家戸籍に入籍）
	※　入夫が戸主となる旨婚姻届書に記載なし
昭和16・11・8	Ｃ女とＤ男に嫡出子Ｅ女が誕生（Ｅ女は甲家戸籍に入籍）
昭和17・12・1	Ｃ女とＤ男に嫡出子Ｆ男が誕生（Ｆ男は甲家戸籍に入籍）
昭和18・7・30	Ｄ男が死亡
昭和19・8・15	Ｃ女が丁家家族Ｇ男と入夫婚姻（Ｇ男が甲家戸籍に入籍）
	※　入夫が戸主となる旨婚姻届書に記載あり
	※　Ｇ男を戸主とする甲家の新戸籍編製

199

第 1 章 家督相続

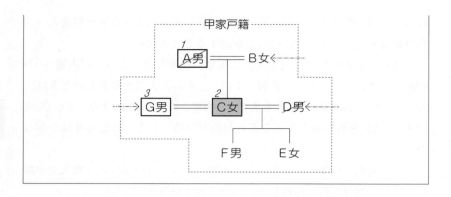

相続事例29：入夫の離婚

被相続人 C 女

明治39・4・19　甲家戸主 A 男が乙家家族 B 女と婚姻（B 女が甲家戸籍に入籍）

大正 8・9・14　A 男と B 女に嫡出子 C 女が誕生（C 女は甲家戸籍に入籍）

昭和14・7・27　A 男が死亡

　　　　　　　※　C 女の家督相続届により C 女を戸主とする甲家の新戸籍編製

昭和15・8・15　C 女が丙家家族 D 男と入夫婚姻（D 男が甲家戸籍に入籍）

　　　　　　　※　入夫が戸主となる旨婚姻届書に記載あり

　　　　　　　※　D 男を戸主とする甲家の新戸籍編製

昭和16・11・8　D 男と C 女に嫡出子 E 女が誕生（E 女は甲家戸籍に入籍）

昭和18・9・1　D 男と C 女に嫡出子 F 男が誕生（F 男は甲家戸籍に入籍）

昭和19・8・7　D 男と C 女に嫡出子 G 男が誕生（G 男は甲家戸籍に入籍）

昭和22・1・12　D 男と C 女が離婚（D 男は丙家戸籍に復籍）

　　　　　　　※　F 男の家督相続届により F 男を戸主とする甲家の新戸籍編製

第3節　第1種法定家督相続人の順序の特則

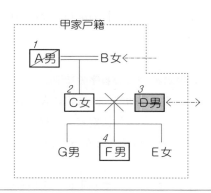

事例の解説

相続事例28では，まず，甲家の女戸主Ｃ女がＤ男と入夫婚姻をしたが，入夫が戸主とならない入夫婚姻であったため家督相続は開始しなかった。その後，Ｄ男が死亡し，Ｃ女がＧ男と再婚し，この際，入夫が戸主となる入夫婚姻をしたので，入夫Ｇ男が甲家の戸主となり，Ｇ男はＣ女の家督相続人として，Ｃ女の権利義務の一切を包括して承継した。なお，Ｃ女には入夫婚姻当時，甲家に長女Ｅ女と長男Ｆ男がいるため，Ｃ女について入夫婚姻以外の事由で家督相続が開始した場合には旧民法第970条の規定に従ってＦ男が家督相続人となるべきところ，入夫が戸主となる入夫婚姻である本事例では，同条の規定にかかわらず必ず入夫が家督相続人となった。そのため，入夫Ｇ男が家督相続人となったものである。ちなみに，この事例では，Ｃ女とＧ男の入夫婚姻によって，Ｇ男を継父，Ｅ女，Ｆ男を継子とする継親子関係（→継親子関係2-1-3）が成立した。

相続事例29では，入夫が戸主となる入夫婚姻によってＤ男が甲家の戸主となった後，離婚し，実家である丙家に復籍したもので，入夫の離婚によって，甲家において，Ｄ男を被相続人とする家督相続が開始した。甲家には直系卑属である長女Ｅ女，長男Ｆ男，二男Ｇ男がいた。第1種法定家督相続人の第2順序及び第5順序を適用し，男子で年長のＦ男が家督相続人となったものである（この場合，妻Ｃ女は家督相続人とならない。）。Ｆ男は，

第1章　家督相続

被相続人D男の家督相続人として，Dの権利義務の一切を包括して承継し，甲家の新戸主となった。

まとめ　第1種法定家督相続人の順序の特則

　家督相続が開始し，その開始時に，被相続人である戸主に家族である直系卑属がいたときは，第1種法定家督相続人の順序（本章第2節）に従って最優先の者が家督相続人となったが，その順序には特則があった。

　まず，準正子と養子について，その年長年少の者の間で年長の者を優先させるときは（第5順序），準正子については準正した時，養子については養子縁組の時に生まれたものとみなして年長年少を比較した。

　継子については，旧民法に明文の規定はないものの，その家制度における性格から，第1種法定家督相続人の順序が単純には適用されず，家附であるか，あるいは他家から入った者か等，被相続人の家における関係その他の事情を参酌し，個々の事案に応じて決すべきであるとされていた。

　また，親族入籍又は引取入籍したことで当該戸主の家族となった直系卑属については，嫡出子又は庶子である他の家族である直系卑属がいない場合に限って，第1種法定家督相続人の順序に従って第1種法定家督相続人となった。認知によって父の家に入った子や，携帯入籍した直系卑属，離婚又は離縁によって実家に復籍した直系卑属は，親族入籍又は引取入籍した直系卑属には当たらなかった。

　さらに，法定推定家督相続人は，婿養子によって家督相続権を害されることがなかったため，婿養子の第1種法定家督相続人の順序は自己の妻である家女の第1種法定家督相続人の順序以上にはならず，ただ，その妻には優先したのであった。

　なお，入夫が戸主となる入夫婚姻によって家督相続が開始したときは，必ず，入夫が家督相続人となったが（入夫が戸主とならない入夫婚姻では家督相続は開始しない。），入夫離婚の場合には，入夫離婚により妻

202

（元女戸主）が家督相続人となるものではなく，第1種法定家督相続人
の順序（入夫婚姻の際の特則以外の特則を含む。）に従って家督相続人が定
められた。

第4節　家督相続の代襲相続

〈論点　戸主の長男が戸主より先に死亡しているときは，亡長男の子が，
　　　家督相続人となるのか。〉

概　説

〈旧民法〉

第974条　第970条及ヒ第972条ノ規定ニ依リテ家督相続人タルヘキ者カ
　　家督相続ノ開始前ニ死亡シ又ハ其相続権ヲ失ヒタル場合ニ於テ其者ニ
　　直系卑属アルトキハ其直系卑属ハ第970条及ヒ第972条ニ定メタル順序
　　ニ従ヒ其者ト同順位ニ於テ家督相続人ト為ル
　2　前項ノ規定ノ適用ニ付テハ胎児ハ既ニ生マレタルモノト看做ス但死
　　体ニテ生マレタルトキハ此限ニ在ラス
　※　昭和17年法律第7号改正により第2項新設

　家督相続において，第1順位の家督相続人である第1種法定家督相続人
（→第1種法定家督相続人3-1-2）が家督相続すべき場合にあっては，代襲相
続が成立する場合があった。

　戸主に，家督相続開始前に法定推定家督相続人（→法定推定家督相続人
3-1-2）がいたときに，その後，家督相続が開始すると，その法定推定
家督相続人が家督相続人になったところ，その法定推定家督相続人が家督
相続の開始前に死亡するなどしていた場合に，その法定推定家督相続人に
直系卑属がいたときは，その直系卑属が家督相続人となった。例えば，戸
主に，家族として長男と二男がいた場合，まずは長男が法定推定家督相続
人であったところ，戸主の死亡前に長男が死亡すると，二男が法定推定家
督相続人となり，戸主が死亡すると，二男が家督相続人となった。ところ

第1章　家督相続

が，長男に子がいた場合には，長男の死亡によって，二男ではなく，長男の子（戸主の孫）が法定推定家督相続人となり，その後に戸主が死亡すると，長男の子が家督相続人となった。つまり，戸主の孫（代襲者）が，戸主の子（孫の親）に**代襲**して家督相続したのである。

　旧民法第970条及び第972条の規定によって家督相続人となるべき者（法定推定家督相続人）が，家督相続の開始前に死亡し，又は相続権を失った場合において，その死亡し又は相続権を失った者に直系卑属がいたときは，その直系卑属が，同二条（旧民法970条，972条）に定められた順序（本章第2節，第3節）に従って，その死亡し又は相続権を失った者と同順位で家督相続人となったことを，**代襲による家督相続**といい，これによって家督相続人となった者を代襲者，家督相続の開始前に死亡，又は相続権を失った法定推定家督相続人を被代襲者という。

＊　代襲による家督相続の要件

　代襲による家督相続は，法定推定家督相続人が家督相続人（第1順位の家督相続人）となるべき場合，つまり，第1種法定家督相続人の順序（本章第2節），及び，入夫婚姻によって入夫が家督相続人となる場合を除いて，第1種法定家督相続人の順序の特則（本章第3節）に従って家督相続人になるべき場合に限られ，第2順位以下（→指定家督相続人3-1-5，→第1種選定家督相続人3-1-6，→第2種法定家督相続人3-1-7，→第2種選定家督相続人3-1-8）の家督相続の場合には適用されなかった。

　代襲原因，つまり，家督相続の開始前に，法定推定家督相続人が，その地位を喪失した原因には，法定推定家督相続人（被代襲者）の死亡の他，欠格（旧民法969条），廃除（旧民法975条）が含まれた。また，法定推定家督相続人は，戸主の家族でなければならないため（旧民法970条），例えば，戸主の法定推定家督相続人である養子が離縁によって実家に復籍した（当該養子であった者は戸主の直系卑属ではなくなったが，養子に子がいたときは，その子は，引き続き，戸主の孫である場合があった（親族事例15）。），あるいは，法定推定家督相続人である長男が離籍（旧民法749条），本家相続（→本家相続2-2-8）

第4節　家督相続の代襲相続

などによって戸主の家を去った（**→去家**2-2-1）こと（当該長男が戸主の直系卑属であることに変わりはない。）も代襲原因となった。

代襲による家督相続は，被代襲者に直系卑属がいない場合には成立しないが，代襲者は，被代襲者の直系卑属であると同時に被相続人の直系卑属でなければならず，例えば，通常，戸主の亡長男の子が代襲者となることは，祖父である戸主の死亡によって，戸主の孫が，被代襲者である亡長男（孫の父）を代襲して家督相続人となったことを意味する。戸主である養親にとって養子の子であっても，養子縁組前に出生していた者など，戸主の子の子であっても，戸主の孫には当たらない場合もあり（親族事例3，6，7），その場合には，戸主の亡子の子は代襲者となり得なかった。

代襲者は，家督相続の開始の時に被相続人である戸主の家族である必要があるが，代襲原因の発生した時（例えば，法定推定家督相続人である長男が死亡した時）には他家の家族であっても，家督相続の開始の時（例えば，その亡父の父である戸主が死亡した時）に戸主の家の家族であれば代襲者となり得た（大一民判昭17・8・27大民集21巻16号882頁）。

代襲者となり得るべき者が複数である場合，つまり，亡法定推定家督相続人の直系卑属で戸主の直系卑属でもある同じ家の者が複数いた場合は，それらの者のうち，旧民法第970条及び第972条の規定による第1種法定家督相続人の順序及び第1種法定家督相続人の順序の特則に従って最優先となる者が，家督相続人となった。この場合，代襲による家督相続人の順位は，被代襲者の順位と同順位となった。例えば，その家に，戸主の亡長男の長女，長男，二男と，戸主の二男がいた場合は，亡長男の長男が，戸主の二男に優先して家督相続人となったのである。

＊　胎児による代襲

旧民法の制定，施行時には同法第974条には第2項がなく，昭和17年法律第7号によって同条に第2項が追加された。これは，当初代襲者は家督相続の開始時に存在していたことだけでなく，代襲原因の発生時にも存在していなければならなかったと解されていたため（大連判大8・3・28大民録

第1章　家督相続

25輯507頁），代襲原因発生時に**胎児**であった者は代襲者とはなりえなかっ
たところ，旧民法の前記改正により，昭和17年3月1日以降は，代襲原因
発生時に胎児であった者は代襲相続に関しては生まれたものとみなされ，
死体で生まれない限り，代襲相続人となり得たのである。

相続事例30：代襲による家督相続（孫）

被相続人A男

明治31・8・9	甲家戸主A男が乙家家族B女と婚姻（B女が甲家戸籍に入籍）
明治33・4・19	A男とB女に嫡出子C男が誕生（C男は甲家戸籍に入籍）
明治35・2・12	A男とB女に嫡出子D男が誕生（D男は甲家戸籍に入籍）
昭和2・11・21	C男が丙家家族E女と婚姻（E女が甲家戸籍に入籍）
昭和5・10・25	C男とE女に嫡出子F女が誕生（F女は甲家戸籍に入籍）
昭和7・1・6	C男とE女に嫡出子G男が誕生（G男は甲家戸籍に入籍）
昭和8・2・8	C男とE女に嫡出子H男が誕生（H男は甲家戸籍に入籍）
昭和9・3・10	C男とE女に嫡出子I男が誕生（I男は甲家戸籍に入籍）
昭和10・4・12	丁家戸主J男がH男を養子とする養子縁組（H男が丁家戸籍に入籍）
昭和18・5・14	G男が死亡
昭和19・9・29	C男が死亡
昭和20・7・17	A男が死亡
	※　I男の家督相続届によりI男を戸主とする甲家の新戸籍編製

206

第4節　家督相続の代襲相続

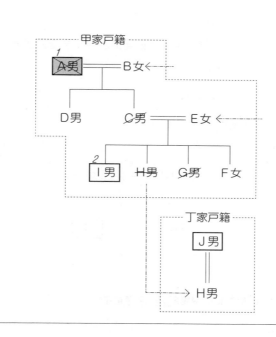

相続事例31：代襲による家督相続（子の養子）

被相続人Ａ男

明治29・8・5	甲家戸主Ａ男が乙家家族Ｂ女と婚姻（Ｂ女が甲家戸籍に入籍）
明治31・8・9	Ａ男とＢ女に嫡出子Ｃ男が誕生（Ｃ男は甲家戸籍に入籍）
明治35・2・12	Ａ男とＢ女に嫡出子Ｄ女が誕生（Ｄ女は甲家戸籍に入籍）
大正５・2・5	Ｃ男が丙家家族Ｅ女と婚姻（Ｅ女が甲家戸籍に入籍）
昭和19・1・5	Ｃ男及びＥ女が丁家家族Ｉ男を養子とする養子縁組（Ｉ男が甲家戸籍に入籍）
昭和19・7・5	Ｃ男及びＥ女が辛家家族Ｎ女を養子とする養子縁組（Ｎ女が甲家戸籍に入籍）
昭和20・1・8	Ｃ男が死亡

第1章　家督相続

昭和21・2・2　A男が死亡
　　　　　　　※　I男の家督相続届によりI男を戸主とする甲家の新戸籍編製

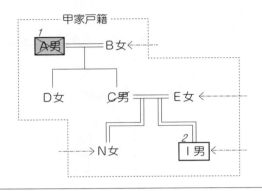

相続事例32：代襲による家督相続（養子の子）

被相続人C男

大正5・2・5　　甲家戸主C男が丙家家族E女と婚姻（E女が甲家戸籍に入籍）

大正6・4・17　丁家戸主F男が戊家家族G女と婚姻（G女が丁家戸籍に入籍）

大正8・3・5　　F男とG女に嫡出子H男が誕生（H男は丁家戸籍に入籍）

大正10・8・9　F男とG女に嫡出子I男が誕生（I男は丁家戸籍に入籍）

昭和17・9・16　I男が己家家族J女と婚姻（J女が丁家戸籍に入籍）

昭和18・9・3　I男とJ女に嫡出子K男が誕生（K男は丁家戸籍に入籍）

昭和18・10・6　J女が死亡

昭和19・1・5　C男及びE女がI男を養子とする養子縁組（I男が甲家戸籍に入籍）

昭和19・2・15　I男がK男を甲家に引取入籍（K男が甲家戸籍に入籍）

昭和19・7・5　C男及びE女が辛家家族N女を養子とする養子縁組

第4節 家督相続の代襲相続

（N女が甲家戸籍に入籍）
昭和20・1・31　Ⅰ男が庚家家族L女と婚姻（L女が甲家戸籍に入籍）
昭和21・2・27　Ⅰ男とL女に嫡出子M女が誕生（M女は甲家戸籍に入籍）
昭和21・12・8　Ⅰ男が死亡
昭和22・2・2　C男が死亡

　　※　M女の家督相続届によりM女を戸主とする甲家の新戸籍編製

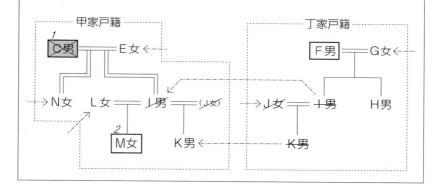

相続事例33：代襲による家督相続（離縁養子の子）

被相続人C男

大正5・2・5　甲家戸主C男が丙家家族E女と婚姻（E女が甲家戸籍に入籍）
大正6・4・17　丁家戸主F男が戊家家族G女と婚姻（G女が丁家戸籍に入籍）
大正8・3・5　F男とG女に嫡出子H男が誕生（H男は丁家戸籍に入籍）
大正10・8・9　F男とG女に嫡出子Ⅰ男が誕生（Ⅰ男は丁家戸籍に入籍）
昭和19・1・5　C男及びE女がⅠ男を養子とする養子縁組（Ⅰ男が甲家戸籍に入籍）
昭和19・7・5　C男及びE女が辛家家族N女を養子とする養子縁組

第1章　家督相続

　　　　　　　（N女が甲家戸籍に入籍）
昭和20・1・31　I男が庚家家族L女と婚姻（L女が甲家戸籍に入籍）
昭和21・2・27　I男とL女に嫡出子M女が誕生（M女は甲家戸籍に入籍）
昭和21・12・8　C男及びE女とI男が離縁（I男が丁家戸籍に復籍）
　　　　　　　※　L女はI男に随従して丁家戸籍に入籍
昭和22・2・2　C男が死亡
　　　　　　　※　M女の家督相続届によりM女を戸主とする甲家の新戸籍編製

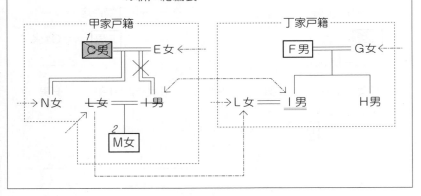

相続事例34：代襲による家督相続（子の継子）

被相続人A男
明治29・8・5　甲家戸主A男が乙家家族B女と婚姻（B女が甲家戸籍に入籍）
明治31・8・9　A男とB女に嫡出子C男が誕生（C男は甲家戸籍に入籍）
明治35・2・12　A男とB女に嫡出子D女が誕生（D女は甲家戸籍に入籍）
大正6・4・17　丁家戸主F男が戊家家族G女と婚姻（G女が丁家戸籍に入籍）
大正8・3・5　F男とG女に嫡出子H男が誕生（H男は丁家戸籍に入籍）
大正10・8・9　F男とG女に嫡出子I男が誕生（I男は丁家戸籍に入籍）

210

第4節　家督相続の代襲相続

昭和17・9・16　　I男が己家家族J女と婚姻（J女が丁家戸籍に入籍）
昭和18・9・3　　　I男とJ女に嫡出子K男が誕生（K男は丁家戸籍に入籍）
昭和18・10・6　　I男が死亡
昭和20・1・5　　　C男がJ女と婚姻（J女が甲家戸籍に入籍）
昭和20・2・5　　　J女がK男を甲家に引取入籍（K男が甲家戸籍に入籍）
昭和21・1・8　　　C男が死亡
昭和21・2・2　　　A男が死亡
　　　　※　D女の家督相続届によりD女を戸主とする甲家の新戸籍編製

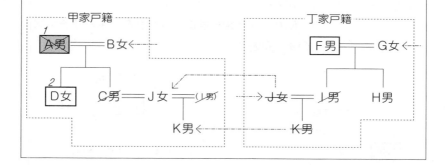

相続事例35：代襲による家督相続（継子の子）

被相続人C男

明治31・8・9　　　丁家戸主F男が戊家家族G女と婚姻（G女が丁家戸籍に入籍）
明治33・2・12　　F男とG女に嫡出子H男が誕生（H男は丁家戸籍に入籍）
明治34・3・3　　　F男とG女に嫡出子I男が誕生（I男は丁家戸籍に入籍）
大正10・4・17　　I男が己家家族J女と婚姻（J女が丁家戸籍に入籍）
大正11・9・3　　　I男とJ女に嫡出子K男が誕生（K男は丁家戸籍に入籍）
昭和17・9・16　　K男が壬家家族O女と婚姻（O女が丁家戸籍に入籍）
昭和18・9・3　　　K男とO女に嫡出子P男が誕生（P男は丁家戸籍に入籍）

211

第1章　家督相続

昭和18・10・6　　I男が死亡
昭和19・12・5　　C男がJ女と婚姻（J女が甲家戸籍に入籍）
昭和19・12・25　 J女がK男及びP男を甲家に引取入籍（K男及びP男が甲家戸籍に入籍）
　　　　　　　　※　O女が甲家戸籍に随従入籍
昭和20・6・24　　O女が死亡
昭和20・9・30　　K男が庚家家族L女と婚姻（L女が甲家戸籍に入籍）
昭和21・9・8　　 K男とL女に嫡出子M女が誕生（M女は甲家戸籍に入籍）
昭和21・2・2　　 K男が死亡
昭和22・2・2　　 C男が死亡
　　　　　　　　※　M女の家督相続届によりM女を戸主とする甲家の新戸籍編製

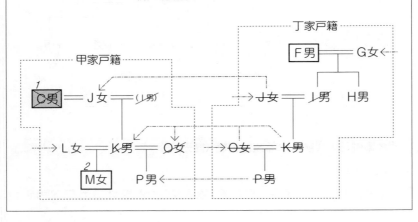

事例の解説

　相続事例30では，甲家の戸主A男に直系卑属である長男C男，二男D男がいて，C男には長女F女，長男G男，二男H男，三男I男がいた。C男は甲家の法定推定家督相続人であったが，A男が死亡する前に死亡した。もし，C男に直系卑属がいなければ，甲家の法定推定家督相続人はD男になったところ，C男には直系卑属がいたため，代襲相続が成立し得た。こ

こでは，A男の死亡によって開始した家督相続において，C男の直系卑属のうち旧民法第970条及び第972条の規定による第1種法定家督相続人の順序及び第1種法定家督相続人の順序の特則に従って最優先となる者がC男と同順位で家督相続人となった。そのため，直系卑属なく死亡していたG男，家督相続開始時に他家にいたH男を除くと，F女とI男ではI男が優先して，C男を代襲して家督相続人となった。I男は，年長で，戸主により近い親等のD男にも優先して家督相続人になったものである。この事例で，A男死亡時にI男も死亡していたとすると，女子であってもF女が，同様にD男に優先して家督相続人となったわけである。

　相続事例31では，甲家の戸主A男に直系卑属である長男C男，長女D女がいて，C男が法定推定家督相続人であった。C男はA男の死亡の前に死亡しているが，C男には直系卑属として養子I男，養女N女がいた。C男の養子が，C男の実父であるA男の直系卑属であれば代襲相続が成立するところ，養子と，養親の血族とは法定血族の関係が生じ，I男及びN女はA男の孫（**子の養子**）であった。そのため，A男が死亡した時は，C男の養子がC男を代襲し，I男とN女間では第1種法定家督相続人の順序に従ってI男が優先する。したがって，I男がC男を代襲して家督相続人となったものである。

　相続事例32では，甲家の戸主C男に直系卑属である養子I男，養女N女がいて，I男が法定推定家督相続人であった。I男はC男の死亡の前に死亡しているが，I男には直系卑属として先妻J女との間の長男K男，妻L女との間の長女M女がいた。I男の養子が，I男の養父であるC男の直系卑属であれば代襲相続が成立するところ，養親と，養子の子とは，その養子縁組後に出生した子に限って法定血族関係が生じ（大四民判昭7・5・11大民集11巻11号1062頁），ここでは，M女はC男の孫（**養子の子**）になったが，K男は孫にはならなかった。したがって，M女がI男を代襲して家督相続人となったものである。

　相続事例33では，甲家の戸主C男に直系卑属である養子I男，養女N女がいて，I男が法定推定家督相続人であった。I男には長女M女がいて，

第1章　家督相続

M女はC男の孫であったが，C男が死亡する前にC男とⅠ男が離縁した。旧民法施行中は，Ⅰ男が離縁し，実家丁家に復籍しても，M女が丁家に入籍しないときは，C男とM女の祖父孫の関係は継続していた。また，旧民法では，被代襲者の死亡以外にも離縁なども代襲原因となった。したがって，M女がⅠ男を代襲して家督相続人となったものである。

　相続事例34では，甲家の戸主A男に直系卑属である長男C男，長女D女がいて，C男が法定推定家督相続人であった。C男はA男の死亡の前に死亡しているが，C男には直系卑属として継子K男がいた。なお，C男がJ女と婚姻し，K男が甲家に入籍したことで，C男とK男に継親子関係が生じた。C男の継子が，C男の実父であるA男の直系卑属であれば代襲相続が成立するところ，継親と継子とは親子関係を生じるものの，継親の血族と継子とは親族関係は生じず，**子の継子**であるK男はA男の孫ではなかった。そのため，A男が死亡した時は，C男の継子K男はC男を代襲することはできず，他にC男の直系卑属もいなかったため代襲相続は成立しなかった。したがって，A男の唯一の直系卑属であるD女が家督相続人となったものである。

　相続事例35では，甲家の戸主C男に直系卑属である継子K男がいて，K男が法定推定家督相続人であった。K男はC男の死亡の前に死亡しているが，K男には直系卑属として先妻O女との間の長男P男，妻L女との間の長女M女がいた。K男の子が，K男の継父であるC男の直系卑属であれば代襲相続が成立するところ，継親と，継子の子とは，その継親子関係の成立後に出生した子に限って法定血族関係が生じ，ここでは，M女はC男の孫（継子の子）になったが，P男は孫にはならなかった。したがって，M女がK男を代襲して家督相続人となったものである。

まとめ　代襲による家督相続

　戸主に法定推定家督相続人がいたとき，その法定推定家督相続人が家督相続の開始前に死亡するなどしていた場合に，その法定推定家督相続人に直系卑属がいたときは，代襲による家督相続が成立し，その

第5節　第2順位の家督相続人（指定家督相続人）

直系卑属が家督相続人となった。代襲による家督相続が成立すると，その死亡するなどした法定推定家督相続人の直系卑属が，旧民法第970条及び第972条の規定に定められた順序に従って，その死亡するなどした法定推定家督相続人（被代襲者）と同順位で家督相続人（代襲者）となった。代襲による家督相続は，入夫婚姻によって入夫が家督相続人となる場合，及び，第2順位以下の家督相続の場合は適用されなかった。

　代襲原因は，被代襲者の死亡，欠格，廃除の他に，離縁，離籍，本家相続などによっても成立した。また，代襲者は，被代襲者の直系卑属であると同時に被相続人の直系卑属でなければならなかったため，養子は，養親の実親を被相続人とする家督相続において養親を代襲して家督相続人となることができたが，継子は，継親の実親の孫ではないため，継親の実親を被相続人とする家督相続において継親を代襲して家督相続人となることはできなかった。養子又は継子の子は，養子縁組前に出生していた子又は継親子関係成立前に出生していた子については養親又は継親の孫となったため，養親又は継親を被相続人とする家督相続において養子又は継子を代襲して家督相続人となった。

第3編
相続

第5節　第2順位の家督相続人（指定家督相続人）

〈論点　家督相続人を指定することができる場合は，どのような場合か。〉

［概　説］

〈旧民法〉

第979条　法定ノ推定家督相続人ナキトキハ被相続人ハ家督相続人ヲ指定スルコトヲ得此指定ハ法定ノ推定家督相続人アルニ至リタルトキハ其効力ヲ失フ

2　家督相続人ノ指定ハ之ヲ取消スコトヲ得

215

第1章　家督相続

> 3　前二項ノ規定ハ死亡又ハ隠居ニ因ル家督相続ノ場合ニノミ之ヲ適用
> ス
>
> **第980条**　家督相続人ノ指定及ヒ其取消ハ之ヲ戸籍吏ニ届出ツルニ因リ
> テ其効カヲ生ス
>
> **第981条**　被相続人カ遺言ヲ以テ家督相続人ノ指定又ハ其取消ヲ為ス意
> 思ヲ表示シタルトキハ遺言執行者ハ其遺言カ効カヲ生シタル後遅滞ナ
> ク之ヲ戸籍吏ニ届出ツルコトヲ要ス此場合ニ於テ指定又ハ其取消ハ被
> 相続人ノ死亡ノ時ニ遡リテ其効カヲ生ス

第2順位の家督相続人は，**指定家督相続人**である。

家が継続することが家制度の基本であることから，戸主に直系卑属がい
ない場合，つまり，戸主に法定推定家督相続人（→**法定推定家督相続人3－1－
2**）がいない場合には，その家を絶やさないため，その戸主は，次代の家
督相続人を指定することができた（後掲・戸籍記載例㉓）。これにより家督相
続人となった者を，指定家督相続人といった。例えば，実子に限らず子や
孫が（女子の子や孫も）いない戸主は，生前に，家督相続人を指定（一人に限
る。）しておけば，その死後，原則として，指定家督相続人が新戸主とし
て，その家を継承することができた。

法定推定家督相続人がいない戸主は，被指定者が自己の親族であるか否
か，家を同じくするか否か，被指定者の同意があるか否かとは無関係に，
戸籍に届け出ることによって指定することができたが，指定家督相続人が
家督相続人となったのは，戸主の死亡又は隠居によって家督相続が開始し
たときに限られた。

戸主の死亡によって被指定者が当該家の家督相続人になるが，被指定者
は家督相続を**放棄**することができ（戸主の隠居の場合には，必ず，被指定者によ
る家督相続の承認を要した。），その場合には家督相続人になることはなく，ま
た，被指定者が他家の戸主又は法定推定家督相続人であった場合には，適
法に廃家（→**廃家2－2－11**）若しくは隠居（→**隠居2－2－10**）することができ
たり，又は廃除されるなど法定推定家督相続人の去家の制限（→**去家の制限**

216

第5節　第2順位の家督相続人（指定家督相続人）

2-2-8）が解かれなければ家督相続人になることはなかった。

　指定家督相続人は，その家の新たな戸主となったが，家督相続人の指定は養子縁組とは異なることから，尊属，年長の者を指定することもでき，指定者と被指定者に親子関係が生じるものではなかった。

* 　指定の失効

　被指定者が家督相続の開始前に死亡すると指定の効力は失われ，被指定者の直系卑属がいたとしても，代襲相続が成立することはなかった。

　被指定者の死亡以外にも，戸主に法定推定家督相続人（女子を含む。）ができたときには，指定の効力は失われた。例えば，戸主が家督相続人を指定した後に，戸主に実子が誕生した，あるいは戸主が養子を迎えたときには，家督相続人の指定は失効した。一旦，子が出生すると指定は失効し，戸主の死亡までに，その出生した子が死亡したとしても，失効した指定の効力が回復することはなかったのである（明32・2・17民刑2425号民刑局長回答）。

　指定が失効すると，戸籍に，指定失効の旨が記載され，家督相続人の指定に関する事項が抹消されることになったが，その届出がなされずに，戸籍上は家督相続人の指定に関する事項が存続していても，実体法上，指定は失効したものとして取り扱う必要がある。

相続事例36：指定家督相続人

被相続人Ｃ男

明治29・8・5	甲家戸主Ａ男が乙家家族Ｂ女と婚姻（Ｂ女が甲家戸籍に入籍）
明治31・8・9	Ａ男とＢ女に嫡出子Ｃ男が誕生（Ｃ男は甲家戸籍に入籍）
明治35・2・12	Ａ男とＢ女に嫡出子Ｄ女が誕生（Ｄ女は甲家戸籍に入籍）
大正5・2・5	Ｃ男が丙家家族Ｅ女と婚姻（Ｅ女が甲家戸籍に入籍）
大正6・4・17	丁家戸主Ｆ男が戊家家族Ｇ女と婚姻（Ｇ女が丁家戸籍に

第1章　家督相続

　　　　　　　　　入籍）
大正8・3・5　　F男とG女に嫡出子H男が誕生（H男は丁家戸籍に入籍）
大正10・8・9　 F男とG女に嫡出子I男が誕生（I男は丁家戸籍に入籍）
昭和16・12・31　A男が死亡
　　　　　　　　※　C男の家督相続届によりC男を戸主とする甲家
　　　　　　　　　の新戸籍編製
昭和17・9・16　C男がI男を甲家の家督相続人に指定
昭和20・5・31　C男が死亡
　　　　　　　　※　I男の家督相続届によりI男を戸主とする甲家
　　　　　　　　　の新戸籍編製

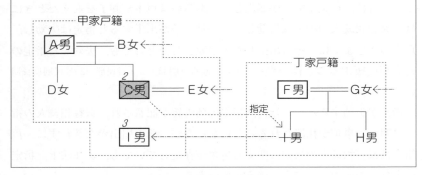

事例の解説

　この事例では，甲家の戸主C男が，直系卑属が一人もいない（法定推定家督相続人がいない）ので，他家のI男を家督相続人に指定した後に，死亡し，家督相続が開始した。I男は家督相続を承認し，また，実家である丁家において戸主でも法定推定家督相続人でもないため，丁家を去って，甲家に入ることができた。そこで，I男が家督相続人になったものである。
　なお，I男が，甲家のB女，D女，E女と親族関係になくても，B女，D女，E女は，甲家において戸主I男の家族（→家族2-2-1）となった。

第6節　第3順位の家督相続人（第1種選定家督相続人）

> **まとめ　指定家督相続人**
>
> 　法定推定家督相続人がいない戸主は，第2順位の家督相続人として，戸籍に届け出ることによって家督相続人を指定することができた。指定家督相続人が家督相続人となったのは，戸主の死亡又は隠居によって家督相続が開始したときに限られたが，被指定者が家督相続の開始前に死亡すると指定の効力は失われ，あるいは，戸主に法定推定家督相続人ができたときにも，指定の効力は失われた。

第3編 相続

第6節　第3順位の家督相続人（第1種選定家督相続人）

〈論点　戸主と同じ家に，戸主の直系卑属，指定家督相続人はいないが，弟がいる場合は，その弟が家督相続人となるのか。〉

■ 概　説 ■

〈旧民法〉

第982条　法定又ハ指定ノ家督相続人ナキ場合ニ於テ其家ニ被相続人ノ父アルトキハ父，父アラサルトキ又ハ父カ其意思ヲ表示スルコト能ハサルトキハ母，父母共ニアラサルトキ又ハ其意思ヲ表示スルコト能ハサルトキハ親族会ハ左ノ順序ニ従ヒ家族中ヨリ家督相続人ヲ選定ス

第一　配偶者但家女ナルトキ

第二　兄弟

第三　姉妹

第四　第一号ニ該当セサル配偶者

第五　兄弟姉妹ノ直系卑属

第983条　家督相続人ヲ選定スヘキ者ハ正当ノ事由アル場合ニ限リ裁判所ノ許可ヲ得テ前条ニ掲ケタル順序ヲ変更シ又ハ選定ヲ為ササルコトヲ得

　第3順位の家督相続人は，**第1種選定家督相続人**である。

　家督相続の開始の時において，第1種法定家督相続人（→第1種法定家督

第1章　家督相続

相続人3-1-2）も，指定家督相続人（→指定家督相続人3-1-5）もいない場合は，第1種選定家督相続人の選定が検討された。

　第1種選定家督相続人は，家督相続開始時において，自動的に定まるものではなく，事後に，一人が**選定（家督相続人の選定）**され，その家督相続を承認することで，家督相続の開始の時に遡って家督相続人となった。

＊　被選定対象者及び順序

　第1種選定家督相続人に選定されるべき者は，まず，被相続人である戸主の家族（家督相続の開始の時においても，選定の時においても，戸主と同じ家であること）であって，次の者が，その順序で選定された。

第一　家女である配偶者
第二　兄弟
第三　姉妹
第四　家女でない配偶者
第五　兄弟姉妹の直系卑属

　選定される者は，上記の順序で選定されるため，例えば，第1順序の者がいる限り，第2順序以下の者がいても，第2順序以下の者が選定されることはなかった。

　第1順序は家女（→家女3-1-3論点2）である配偶者であり，その家で生まれた女子である配偶者という意味である。例えば，婿養子である戸主が死亡したが，直系卑属も，指定家督相続人もない場合に，その妻（妻は自分の家で生まれ，夫である婿養子が他家から入籍している。）が当たる。その家の血統を重視したものであるが，この場合であっても，婿養子の死亡によって自動的に，家女である妻が家督相続人になるわけではなく，あくまでも選定されて，はじめて家督相続人となった（**選定家督相続**）。

　第2順序は兄弟，第3順序は姉妹であり，兄弟姉妹がいたときは，まず兄弟の中から選定された。同じ家の兄弟又は姉妹が複数あるときは，年長年少，嫡出非嫡出を問わず，適任者を選任することができた（明31・10・15

220

第6節　第3順位の家督相続人（第1種選定家督相続人）

民刑1679号民刑局長回答，大10・7・13民2887号民事局長回答）。

第4順序は家女でない配偶者で，例えば，通常の婚姻による夫婦のうち戸主である夫が死亡した際の，その妻や，入夫が戸主とならない入夫婚姻による夫婦のうち女戸主である妻が死亡した際の，その入夫である夫が当たる。

第5順序は甥姪などの兄弟，姉妹の直系卑属で，これらの間から適任者が選定された。第1種選定家督相続においては代襲相続は適用されなかったため，被選定対象者が選定される前に死亡したときは，その死亡した者に直系卑属がいたとしても，その直系卑属が代襲して被選定対象者となることはできなかった。そのため，第5順序の者は，第2順序，第3順序の者を代襲して選定されるわけではなく，あくまでも，独自の身分で被選定対象者となったのである。

被選定対象者が複数の場合はもちろん，一人の場合であっても，選定されなければ家督相続人になることはなかった（明31・9・16民刑1336号民刑局長回答）。

被選定者は，家督相続の承認又は**放棄**をすることができた。

＊　選定者

選定者は被相続人と同じ家の父であったが，その父がないとき，又は父がその意思を表示することができないときは家を同じくする母が，家を同じくする父母が共にないとき又はその意思を表示することができないときは，親族会が選定者となった。

選定者は前記の順序で選定しなければならなかったが，正当な事由がある場合に，裁判所の許可を得て，前記の順序を変更し，又は選定しないこともできた。

選定には，特段の方式は定められておらず，被選定者が家督相続を承認すると，家督相続開始時に遡って家督相続人となり，選定を証する書面を添付して，戸籍に家督相続の届出をしたが（後掲・戸籍記載例㉔），選定についての期限の制限はなかった。

221

第1章　家督相続

被選定対象者がいたにもかかわらず（新民法施行前に死亡した者を除く。），新民法施行までに選定されなかったときは，**家督相続人不選定**として家督相続の開始の時に遡って新民法の規定が適用された（第5編第1章）。

＊　親族会

親族会とは，単に，親族の集まりというものではなく，旧民法において定められた一定の事項（戸主権の代行，各種同意，後見人の選任，家督相続人の選定等）を決定する必要が生じる都度，本人，戸主，親族等の請求によって裁判所が招集し，裁判所が選任した三人以上の親族会員によって構成され，その過半数の賛成で決することとなる重要な機関であった（旧民法944条〜947条）。

相続事例37：第1種選定家督相続人

被相続人Ｃ男

明治29・8・5	甲家戸主Ａ男が乙家家族Ｂ女と婚姻（Ｂ女が甲家戸籍に入籍）
明治31・8・9	Ａ男とＢ女に嫡出子Ｃ男が誕生（Ｃ男は甲家戸籍に入籍）
明治33・2・12	Ａ男とＢ女に嫡出子Ｄ女が誕生（Ｄ女は甲家戸籍に入籍）
明治34・7・21	Ａ男とＢ女に嫡出子Ｅ男が誕生（Ｅ男は甲家戸籍に入籍）
明治35・10・3	Ａ男とＢ女に嫡出子Ｆ男が誕生（Ｆ男は甲家戸籍に入籍）
明治36・12・30	Ａ男とＢ女に嫡出子Ｇ男が誕生（Ｇ男は甲家戸籍に入籍）
大正10・2・5	Ｃ男が丙家家族Ｈ女と婚姻（Ｈ女が甲家戸籍に入籍）
大正11・4・17	Ｅ男が丁家家族Ｉ女と婚姻（Ｉ女が甲家戸籍に入籍）
大正13・3・5	Ｆ男が戊家家族Ｊ女と婚姻（Ｊ女が甲家戸籍に入籍）
大正14・8・9	Ｅ男とＩ女に嫡出子Ｋ女が誕生（Ｋ女は甲家戸籍に入籍）
大正15・12・24	Ｆ男とＪ女に嫡出子Ｌ男が誕生（Ｌ男は甲家戸籍に入籍）
昭和2・11・3	Ａ男が隠居
	※　Ｃ男の家督相続届によりＣ男を戸主とする甲家

第6節　第3順位の家督相続人（第1種選定家督相続人）

昭和 6・12・ 8　　G男が分家（G男を戸主とする甲家分家の新戸籍編製）
昭和10・ 5・13　　C男が死亡
昭和17・ 9・16　　A男がE男を甲家の家督相続人に選定
　　　　　　　　※　E男の家督相続届によりE男を戸主とする甲家の新戸籍編製

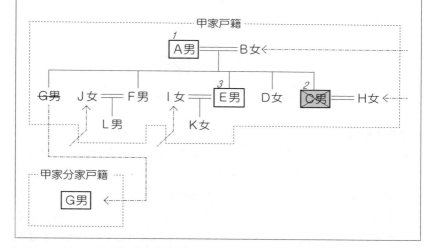

相続事例38：第1種選定家督相続人（家女である配偶者）

被相続人D男

明治29・ 8・ 5　　甲家戸主A男が乙家家族B女と婚姻（B女が甲家戸籍に入籍）
明治34・ 7・21　　A男とB女に嫡出子C女が誕生（C女は甲家戸籍に入籍）
大正14・ 8・ 9　　A男及びB女並びにC女が丙家家族D男と婿養子縁組（D男が甲家戸籍に入籍）
昭和17・ 9・16　　A男が死亡
　　　　　　　　※　D男の家督相続届によりD男を戸主とする甲家の新戸籍編製

第1章　家督相続

昭和20・5・13　　D男が死亡
昭和20・9・16　　B女がC女を甲家の家督相続人に選定
　　　　　　　　※　C女の家督相続届によりC女を戸主とする甲家
　　　　　　　　　の新戸籍編製

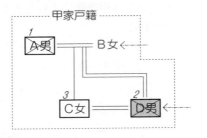

事例の解説

　相続事例37では，甲家の戸主C男が死亡したが，第1種法定家督相続人（家族である直系卑属）も指定家督相続人もいなかった。甲家には，第1順序の被選定対象者はいなかったが，第2順序の兄弟E男，F男がいた。G男は家を同じくしないので，被選定対象者ではなかった。そこで，選定者である甲家の父A男が，E男，F男のうちから，適任者としてE男を家督相続人に選定した。E男が家督相続を承認し，C男の死亡の時に遡ってE男が家督相続人となったものである。もし，E男及びF男がいなければ，D女を選定することを検討し，D女もいなければH女を選定することを検討し，H女もいなければK女，L男のうちから適任者を選定することが検討された。

　相続事例38では，甲家の戸主D男が死亡したが，第1種法定家督相続人（家族である直系卑属）も指定家督相続人もいなかった。D男は婿養子であり，甲家には，第1順序の被選定対象者として家女である配偶者，つまり，D男の妻（A男の娘）がいた。そこで，選定者である甲家の母B女が，C女が適任者としてC女を家督相続人に選定した。C女が家督相続を承認し，D男の死亡の時に遡って家督相続人となったものである。

224

第7節　第4順位の家督相続人（第2種法定家督相続人）

> **まとめ** 第1種選定家督相続人
>
> 　第1順位の第1種法定家督相続人，第2順位の指定家督相続人がいないときは，第3順位として第1種選定家督相続人が検討された。
>
> 　第1種選定家督相続人に選定されるべき者は，被相続人である戸主の家族であって，第1順序の家女である配偶者，第2順序の兄弟，第3順序の姉妹，第4順序の家女でない配偶者，第5順序の兄弟姉妹の直系卑属が，その順序で適任者が選定されたが，第1種選定家督相続人は，家督相続開始時において，自動的に定まるものではなく，たとえ被選定対象者が一人であったとしても，選定されない限り，家督相続人となることはなかった。
>
> 　選定者は被相続人と同じ家の父であったが，その父がないとき，又は父がその意思を表示することができないときは家を同じくする母が，家を同じくする父母が共にないとき又はその意思を表示することができないときは，親族会が選定者となった。
>
> 　被選定者が家督相続を承認すると，家督相続開始時に遡って家督相続人となった。

第7節　第4順位の家督相続人（第2種法定家督相続人）

〈**論点**　戸主が死亡したとき，同じ家に，直系卑属，配偶者，兄弟姉妹，甥姪はいないが，父母がいるときは，誰が家督相続人になるのか。〉

【概　説】

〈旧民法〉

　第984条　第982条ノ規定ニ依リテ家督相続人タル者ナキトキハ家ニ在ル直系尊属中親等ノ最モ近キ者家督相続人ト為ル但親等ノ同シキ者ノ間ニ在リテハ男ヲ先ニス

　第4順位の家督相続人は，**第2種法定家督相続人**である。

　家督相続の開始の時において，第1種法定家督相続人（→第1種法定家督

第1章　家督相続

相続人3-1-2）も，指定家督相続人（→指定家督相続人3-1-5）も，第1種
選定家督相続人（→**第1種選定家督相続人3-1-6**）もいない場合は，第2種
法定家督相続人が家督相続人となった。

　第2種法定家督相続は法定相続であるため，家督相続の開始の時に，第
3順位までの家督相続人がいなかったときは，第2種法定家督相続人（一
人）は，指定，選定されることなく，自動的に（家督相続の届出の有無に関わ
らず），家督相続人として定まった。

　第2種法定家督相続人は，被相続人である戸主と同じ家にいる戸主の**直
系尊属**であり，ここにおける直系尊属とは，血族である直系尊属であり，
姻族であるものは含まれなかった（大元・9・11民363号民事局長回答）。その
直系尊属が一人であるときは当該直系尊属が家督相続人となったが，その
直系尊属が複数であるときは，それらのうち，親等が最も近い者が家督相
続人となり，親等が同じ者の間にあっては男が優先して家督相続人となっ
た。例えば，子も兄弟姉妹（甥姪）も配偶者もいない戸主が死亡し，同じ
家に父母が在籍していたときは父が第2種法定家督相続人となった。第2
種法定家督相続には代襲相続は適用されなかったため，例えば，第2種法
定家督相続人であるべき者が亡父であった場合，戸主の弟は第1種選定家
督相続における被選定対象者ではあっても，亡父を代襲して第2種法定家
督相続人になることはなく，同じ家に父方の祖母のみがいた場合は，その
祖母は，独自の身分で第2種法定家督相続人になったのであり，戸主の亡
父（その祖母の子）を逆代襲して第2種法定家督相続人になったわけではな
かった。

　ここで，第1種選定家督相続人となるべき者がないときとは，家督相続
の開始の時において被選定対象者（被相続人である戸主と同じ家の家女である配
偶者，兄弟，姉妹，家女でない配偶者，兄弟姉妹の直系卑属）が全くいなかったと
きを言ったが，その他にも，家督相続の開始の時において被選定対象者は
いたが選定される前（新民法施行前）に全員が死亡したとき，選定された者
（被選定対象者が複数である場合は，順次，選定された被選定対象者全員）が家督相
続を放棄したとき，裁判所の許可を得て家督相続人を選定しなかった場合

226

第7節　第4順位の家督相続人（第2種法定家督相続人）

などがあった。そのため，第1種選定家督相続人が選定される可能性があるまでは，直系尊属が家督相続人となることはなかった。

　家督相続人となった直系尊属は，家督相続が開始すると，相続の開始があったことを知った時から3か月以内に単純若しくは限定の承認又は**放棄**をすることができたが（旧民法1017条），この期間内に限定承認又は放棄をしないときは，単純承認したものとみなされた（旧民法1024条2号）。

　また，第2種法定家督相続は**法定相続**であるため，**家督相続届**の記載のない戸籍謄本等をもって，旧民法の規定によって定まった第2種法定家督相続人への，家督相続による所有権移転登記を申請することもできる（昭34・1・29民事甲150号民事局長回答）。なお，戸籍上，家督相続の開始の時において第1種選定家督相続人の被選定対象者が一人でもいたときは，前述の「第1種選定家督相続人となるべき者がないとき」に該当しない限り，第2種法定家督相続人が家督相続人となることはなかったので，例えば，戸主が死亡し，同じ家の戸籍に弟と父がいた場合は，弟が第1種選定家督相続人に選定されたときも，あるいは新民法施行までに選定されなかったときも（家督相続人不選定），父を家督相続人とする家督相続による所有権移転登記を申請することはできない。

相続事例39：父母祖父母

被相続人Ｅ男

明治29・8・5	甲家戸主Ａ男が乙家家族Ｂ女と婚姻（Ｂ女が甲家戸籍に入籍）
明治34・7・21	Ａ男とＢ女に嫡出子Ｃ男が誕生（Ｃ男は甲家戸籍に入籍）
大正11・8・9	Ｃ男が丙家家族Ｄ女と婚姻（Ｄ女が甲家戸籍に入籍）
大正12・9・16	Ｃ男とＤ女に嫡出子Ｅ男が誕生（Ｅ男は甲家戸籍に入籍）
昭和10・10・10	Ａ男が隠居
	※　Ｃ男の家督相続届によりＣ男を戸主とする甲家の新戸籍編製

227

第1章　家督相続

昭和16・5・13　C男が死亡
　　　　　　　※　E男の家督相続届によりE男を戸主とする甲家
　　　　　　　　の新戸籍編製
昭和20・7・16　E男が死亡
　　　　　　　※　D女の家督相続届によりD女を戸主とする甲家
　　　　　　　　の新戸籍編製

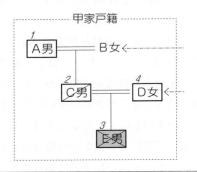

相続事例40：父母祖父母と亡妹

被相続人E男

明治29・8・5　　甲家戸主A男が乙家家族B女と婚姻（B女が甲家戸籍に入籍）
明治34・7・21　A男とB女に嫡出子C男が誕生（C男は甲家戸籍に入籍）
大正11・8・9　　C男が丙家家族D女と婚姻（D女が甲家戸籍に入籍）
大正12・9・16　C男とD女に嫡出子E男が誕生（E男は甲家戸籍に入籍）
大正14・4・7　　C男とD女に嫡出子F女が誕生（F女は甲家戸籍に入籍）
昭和10・10・10　A男が隠居
　　　　　　　※　C男の家督相続届によりC男を戸主とする甲家
　　　　　　　　の新戸籍編製
昭和6・12・22　A男が死亡

228

第7節 第4順位の家督相続人（第2種法定家督相続人）

昭和16・5・13　C男が死亡
　　　　　　　※　E男の家督相続届によりE男を戸主とする甲家の新戸籍編製
昭和17・11・3　D女が死亡
昭和20・7・16　E男が死亡
昭和21・1・8　F女が死亡
　　　　　　　※　B女の家督相続届によりB女を戸主とする甲家の新戸籍編製

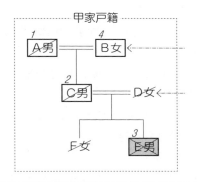

相続事例41：養父母実父母

被相続人E男
明治29・8・5　　甲家戸主A男が乙家家族B女と婚姻（B女が甲家戸籍に入籍）
明治34・7・21　A男とB女に嫡出子C男が誕生（C男は甲家戸籍に入籍）
明治35・9・14　A男とB女に嫡出子G男が誕生（G男は甲家戸籍に入籍）
大正11・8・9　　C男が丙家家族D女と婚姻（D女が甲家戸籍に入籍）
昭和1・12・25　G男が分家（G男を戸主とする甲家分家の新戸籍編製）
昭和2・12・25　G男が丁家家族H女と婚姻（H女が甲家分家戸籍に入籍）
昭和3・12・1　　G男とH女に嫡出子I男が誕生（I男は甲家分家戸籍に

第1章　家督相続

昭和4・11・8　　G男とH女に嫡出子E男が誕生（E男は甲家分家戸籍に入籍）

昭和6・12・22　A男が隠居
　　　　　　　　※　C男の家督相続届によりC男を戸主とする甲家の新戸籍編製

昭和10・10・10　C男及びD女がE男を養子とする養子縁組（E男が甲家戸籍に入籍）

昭和16・5・13　I男が死亡

昭和17・11・3　G男が甲家分家を廃家，甲家に親族入籍（G男が甲家戸籍に入籍）
　　　　　　　　※　H女が甲家戸籍に随従入籍

昭和20・7・16　C男が隠居
　　　　　　　　※　E男の家督相続届によりE男を戸主とする甲家の新戸籍編製

昭和21・1・8　E男が死亡
　　　　　　　　※　C男の家督相続届によりC男を戸主とする甲家の新戸籍編製

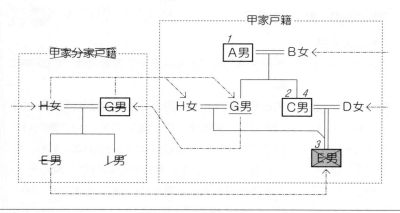

第7節　第4順位の家督相続人（第2種法定家督相続人）

■ 事例の解説

　相続事例39では，甲家の戸主E男が死亡したところ，第1種法定家督相続人がなく，家督相続人の指定もなく，第1種選定家督相続人の被選定対象者もいないが，甲家にはE男の母D女，祖父A男，祖母B女がいた。第3順位までの家督相続人がいないときは，第4順位は第2種法定家督相続人として同じ家の直系尊属が家督相続人となった。異親等の直系尊属間では近親等の者が優先した。そのため，母D女が家督相続人となったものである。この事例で，もし，C男が存命であったとすると，同親等の者の間では男（つまり父）が優先したので，C男が家督相続人となった。

　相続事例40では，甲家の戸主E男が死亡したところ，第1種法定家督相続人がなく，家督相続人の指定もないが，第1種選定家督相続人の被選定対象者である妹F女がいた。しかし，F女は，家督相続人に選定されることなく新民法施行前に死亡したため，この場合にも，第4順位は第2種法定家督相続人として同じ家の直系尊属が家督相続人となった。そのため，唯一の直系尊属である祖母B女が家督相続人となったものである。

　相続事例40では，甲家の戸主E男が死亡したところ，第1種法定家督相続人がなく，家督相続人の指定もないが，甲家には，E男の直系尊属として，養父C男（特別隠居（第2編第2章第10節）した。），養母D女，実父G男，実母H女がいた。同じ家に，養父と実父がいる場合は，その家の家附（→家附3-1-3論点2）の父が優先した。例えば，その家が戸主である被相続人にとっての養家であれば，養父が優先して家督相続人となるなど，直系尊属として，同じ家に，実親，養親又は継親がいた場合には，その家の祖先の血統の者が優先された。ここでは，甲家における家督相続であるため，甲家の家附であるC男が家督相続人となったものである。

■ まとめ　第2種法定家督相続人

　第1順位の第1種法定家督相続人，第2順位の指定家督相続人，第3順位の第1種選定家督相続人がいないとき，第4順位の家督相続人

第1章　家督相続

は第2種法定家督相続人であった。

　　第2種法定家督相続人は，被相続人である戸主と同じ家にいる戸主
の直系尊属であり，その直系尊属が複数であるときは，それらのうち，
親等が最も近い者が家督相続人となり，親等が同じ者の間にあっては
男が優先して家督相続人となった。直系尊属として，同じ家に，実親，
養親又は継親がいた場合には，その家の祖先の血統の者（父母では父）
が優先して家督相続人となった。

第8節　第5順位の家督相続人（第2種選定家督相続人）──────

〈論点　単身戸主が死亡したときは，誰が家督相続人になるのか。〉

┃概　説┃

〈旧民法〉

第985条　前条ノ規定ニ依リテ家督相続人タル者ナキトキハ親族会ハ被
　　相続人ノ親族，家族，分家ノ戸主又ハ本家若クハ分家ノ家族中ヨリ家
　　督相続人ヲ選定ス
　2　前項ニ掲ケタル者ノ中ニ家督相続人タルヘキ者ナキトキハ親族会ハ
　　他人ノ中ヨリ之ヲ選定ス
　3　親族会ハ正当ノ事由アル場合ニ限リ前二項ノ規定ニ拘ハラス裁判所
　　ノ許可ヲ得テ他人ヲ選定スルコトヲ得

　　第5順位の家督相続人は，**第2種選定家督相続人**である。

　　家督相続の開始の時において，第1種法定家督相続人（→第1種法定家督
相続人3-1-2）も，指定家督相続人（→指定家督相続人3-1-5）も，第1種
選定家督相続人（→第1種選定家督相続人3-1-6）も，第2種法定家督相続
人（→第2種法定家督相続人3-1-7）もいない場合は，第2種選定家督相続
人の選定が検討された。

　　第2種選定家督相続は選定相続（選定家督相続）であるため，第2種選定

第8節　第5順位の家督相続人（第2種選定家督相続人）

家督相続人は，第1種選定家督相続人と同様，被選定対象者（第2種選定家督相続人の被選定対象者は，事実上，無限にいる。）がいても，選定されない限り，家督相続人となることはなかった。つまり，第2種選定家督相続人は，家督相続開始時において，自動的に定まるものではなく，事後に，一人が選定され，その家督相続を承認することで，家督相続の開始の時に遡って家督相続人となった。被選定者は，家督相続の放棄をすることもでき，また，被選定者が他家の戸主又は法定推定家督相続人であった場合には，適法に廃家（→廃家2-2-11）若しくは隠居（→隠居2-2-10）することができたり，又は廃除されるなど法定推定家督相続人の去家の制限（→去家の制限2-2-8）が解かれなければ家督相続人になることはなかった。

　選定は親族会（→親族会3-1-6）によって第2種選定家督相続人に選定されるべき者は，被相続人である戸主の親族（→親族2-1-1），家族（→家族2-2-1），分家（→分家2-2-7論点1）の戸主又は本家若しくは分家の家族であり，これらの者のうちでは順序の優劣はなく，親族会が適任者を選定した。選定は，その人の性行の如何，及び精神，身体より見て家名を汚辱し，又は家政をとるに堪えることができるか否かを基準とし，被相続人の意思如何をもって基準とはされなかった（大三民判大13・10・15大民集3巻11号482頁）。被選定対象者は，家督相続の開始の時において，被相続人の家に在籍していたか否かは問われなかった（被相続人の家族は，当然に，被相続人の家に在籍していたが。）。

*　**他人選定**

　被選定対象者である被相続人である戸主の親族，家族，分家の戸主又は本家若しくは分家の家族が全くいなかった場合は，親族会は，**他人**を第2種選定家督相続人に選定することができた。また，戸主の親族，家族，分家の戸主又は本家若しくは分家の家族がいたときであっても，親族会は，正当事由があるときは，裁判所の許可を得て，他人を選定することもできた。

233

第1章　家督相続

＊　絶家，家督相続人不選定

　第1順位から第4順位の家督相続人がいなかったときに第5順位の家督相続人もいなかったとき，つまり，第2種選定家督相続人が選定されなかった場合は，原則として，**相続人曠欠**の手続を経て，**絶家**となった（第2編第2章第12節）。

　なお，このような場合において第2種選定家督相続人が選定されなかったものの，絶家とならなかった（新民法施行までに第2種選定家督相続人が選定されなかった）ときは，**家督相続人不選定**として家督相続の開始の時に遡って新民法の規定が適用された（第5編第1章）。

相続事例42：家族の選定

被相続人H男

明治31・8・9	甲家戸主A男が乙家家族B女と婚姻（B女が甲家戸籍に入籍）
明治33・2・12	A男とB女に嫡出子C男が誕生（C男は甲家戸籍に入籍）
明治34・3・3	A男とB女に嫡出子D女が誕生（D女は甲家戸籍に入籍）
明治36・6・6	A男とB女に嫡出子E男が誕生（E男は甲家戸籍に入籍）
明治37・7・7	A男とB女に嫡出子F男が誕生（F男は甲家戸籍に入籍）
大正10・4・17	C男が丙家家族G女と婚姻（G女が甲家戸籍に入籍）
大正11・9・3	C男とG女に嫡出子H男が誕生（H男は甲家戸籍に入籍）
大正12・2・2	A男が死亡
	※　C男の家督相続届によりC男を戸主とする甲家の新戸籍編製
大正13・7・6	B女が死亡
昭和2・1・11	E男が丁家家族I女と婚姻（I女が甲家戸籍に入籍）
昭和3・4・5	E男とI女に嫡出子J女が誕生（J女は甲家戸籍に入籍）
昭和5・6・7	F男が分家（F男を戸主とする甲家分家の新戸籍編製）
昭和6・7・9	G女が死亡

第8節　第5順位の家督相続人（第2種選定家督相続人）

昭和17・9・16　C男が死亡
　　　　　　　※　H男の家督相続届によりH男を戸主とする甲家
　　　　　　　　の新戸籍編製
昭和18・10・6　H男が死亡
昭和19・12・25　親族会がE男を甲家の家督相続人に選定
　　　　　　　※　E男の家督相続届によりE男を戸主とする甲家
　　　　　　　　の新戸籍編製

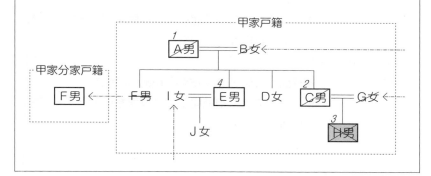

相続事例43：他人の選定

被相続人H男

明治31・8・9　甲家戸主A男が乙家家族B女と婚姻（B女が甲家戸籍に入籍）
明治33・2・12　A男とB女に嫡出子C男が誕生（C男は甲家戸籍に入籍）
明治34・3・3　A男とB女に嫡出子D女が誕生（D女は甲家戸籍に入籍）
大正7・12・21　戊家戸主K男が己家家族L女と婚姻（L女が甲家戸籍に入籍）
大正8・9・1　K男とL女に嫡出子M男が誕生（M男は戊家戸籍に入籍）
大正9・11・19　K男とL女に嫡出子N男が誕生（N男は戊家戸籍に入籍）
大正10・4・17　C男が丙家家族G女と婚姻（G女が甲家戸籍に入籍）

235

第1章　家督相続

大正11・9・3　C男とG女に嫡出子H男が誕生（H男は甲家戸籍に入籍）
大正12・2・2　A男が死亡
　　　　　　　※　C男の家督相続届によりC男を戸主とする甲家
　　　　　　　　の新戸籍編製
大正13・7・6　B女が死亡
昭和6・7・9　G女が死亡
昭和14・8・31　D女が死亡
昭和17・9・16　C男が死亡
　　　　　　　※　H男の家督相続届によりH男を戸主とする甲家
　　　　　　　　の新戸籍編製
昭和18・10・6　H男が死亡
昭和19・12・25　親族会がN男を甲家の家督相続人に選定
　　　　　　　※　N男の家督相続届によりN男を戸主とする甲家
　　　　　　　　の新戸籍編製

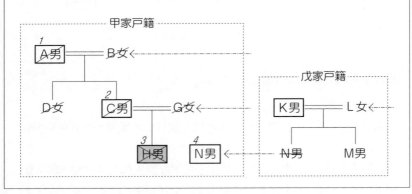

事例の解説

相続事例42では，甲家の戸主H男が死亡したところ，第1順位から第4順位までの家督相続人がいなかったが，家族として，D女，E男，I女，J女がいて，さらに，分家戸主としてF男がいた。そこで，この事例では，親族会が，適任者として叔父E男（第1種選定家督相続人の被選定対象者ではな

第8節　第5順位の家督相続人（第2種選定家督相続人）

い。）を家督相続人に選定した。E男が家督相続を承認し，H男の死亡の時に遡ってE男が家督相続人となったものである。E男も，D女，I女，J女，F男も（他に親族がいても），選定されなければ，家督相続人となることはなかった。

　相続事例43では，甲家の戸主H男が死亡したところ，H男は単身戸主（→単身戸主2-2-1）であり，第1順位から第4順位までの家督相続人がいなかった。そのため，第5順位の被選定対象者がいなかったとして，ここでは，親族会が，適任者として，他人（親族，家族，分家の戸主又は本家若しくは分家の家族ではない者）であるN男を家督相続人に選定し，N男が家督相続を承認し，H男の死亡の時に遡ってN男が家督相続人となったものである。

> **まとめ** **第2種選定家督相続人**
>
> 　第1順位の第1種法定家督相続人，第2順位の指定家督相続人，第3順位の第1種選定家督相続人，第4順位の第2種法定家督相続人がいないときは，第5順位として第2種選定家督相続人が検討された。
>
> 　第2種選定家督相続人に選定されるべき者は，被相続人である戸主の親族，家族，分家の戸主又は本家若しくは分家の家族であり，親族会が，その中から適任者を選定した。第2種選定家督相続人は，家督相続開始時において，自動的に定まるものではなく，選定されない限り，家督相続人となることはなかった。被選定者が家督相続を承認すると，家督相続開始時に遡って家督相続人となった。
>
> 　家の存続が最も重要な価値である家制度にあっては，戸主を失った（家督相続が開始した）ときには，旧民法は第1順位から第4順位の家督相続人に関する規定を用意し，さらに，第5順位として親族，家族等や，他人であっても家督相続人（新たな戸主）に選定し，その家を断絶することがないようにされていた。
>
> 　ただ，実際には，家督相続人が選定されなかったことも少なくなく，そのことで絶家となった場合もあった。また，絶家にはなっていない

第3編

相続

第1章　家督相続

もののの，新民法施行までに家督相続人が選定されなかったときは，家
督相続人の不選定として家督相続の開始の時に遡って新民法の規定が
適用された。

第9節　財産留保

〈論点　隠居した者の財産は，すべて，新たな戸主である家督相続人の所
　　　有となるのか。〉

【概　説】

〈旧民法〉

第988条　隠居者及ヒ入夫婚姻ヲ為ス女戸主ハ確定日附アル証書ニ依リ
　　テ其財産ヲ留保スルコトヲ得但家督相続人ノ遺留分ニ関スル規定ニ違
　　反スルコトヲ得ス

　家督相続が開始すると，家督相続人は家督相続開始の時から，前戸主が
有していた権利義務の一切を包括して承継した。つまり，被相続人である
前戸主が家督相続開始の時に有していた一切の財産を，家督相続人が有す
ることとなった（本編第1章第1節）。このことは，隠居（相続事例9）や入夫
婚姻（相続事例10）などを原因として，被相続人の生前に開始した家督相続
の場合であっても同様で，これらの場合にも，被相続人である前戸主が隠
居，入夫婚姻などの時に有していた一切の財産を，新戸主である家督相続
人が有したのである。

　ただ，隠居又は入夫婚姻によって家督相続が開始した場合にあっては，
前戸主である隠居者（隠居戸主）又は女戸主は，その家の新戸主の家族（→
家族2-2-1）となって，順次，配偶者，直系卑属，直系尊属，戸主，夫婦
の一方と他の一方の直系尊属で同じ家にいる者，兄弟姉妹として扶養を受
け得る場合があったとはいえ（旧民法955条），自らも生活していく必要が
あったことから，隠居又は入夫婚姻に当たって**財産留保**をすることができ
た。

238

第9節　財産留保

　財産留保によって，隠居又は入夫婚姻に当たって，家督相続によって新戸主に承継されるべき財産から特定の財産を除外し，当該特定の財産については，隠居又は入夫婚姻後も，なお，前戸主である隠居者又は女戸主（であった者）が有することとなった。したがって，財産留保をした隠居者又は女戸主は，隠居又は入夫婚姻後は，財産留保された当該財産を家族として有することになったのである。

　財産留保は，家督相続開始の時までに，確定日付のある証書によってしなければならず，また，第1種法定家督相続人（→第1種法定家督相続人3-1-2）は被相続人の財産の半額，その他の家督相続人は被相続人の財産の3分の1の遺留分に関する規定（旧民法1030条）に違反することができなかった。

＊　財産留保と相続登記

　隠居又は入夫婚姻によって開始した家督相続の場合は，隠居又は入夫婚姻の時に，前戸主である隠居者又は女戸主が有していた財産は，財産留保がなければ新戸主に承継されたが，財産留保がなされていたら新戸主には承継されずに隠居者又は女戸主（であった者）の所有のままであった。ただ，財産留保については，その旨が戸籍や登記簿には記載されてはいないため，現代において，隠居者又は女戸主が隠居又は入夫婚姻の時に所有していた不動産の相続登記にあっては，それが財産留保されたものであるか否か判明せず，すなわち，隠居又は入夫婚姻によって開始した家督相続による相続登記を申請するものか，その家督相続による相続登記を申請する対象ではないのか明らかではない。

　財産留保の有無は登記官の審査権限の範囲には属さないとされているが（大2・6・30民132号法務局長回答），現行の不動産登記法（平成16年6月18日法律第123号以後の不動産登記法）においては，登記原因証明情報を提供しなければならないことから（不動産登記法61条），隠居者又は女戸主名義の不動産について当該不動産が留保財産であるとして，現代において，当該家督相続以外の相続登記（例えば，その後，隠居した者が死亡したことで申請する遺産

第1章　家督相続

相続（→**遺産相続3-2**）による相続登記）を申請するにあっては，戸籍謄本等の他，当該不動産が留保財産であることを証する情報として，旧民法第688条に規定する確定日付のある証書や，留保財産であることについての判決書の正本，相続人全員の合意書等を提供する必要がある（登記研究789号121頁）。ということは，隠居者又は女戸主名義の不動産（隠居又は入夫婚姻の時に所有していたもの）について当該不動産が留保財産でないとして申請する家督相続による相続登記にあっては，当該不動産が留保財産でないことを証する情報の提供は必要ないということになり，要するに，隠居者又は女戸主名義の不動産（隠居又は入夫婚姻の時に所有していたもの）については，当該不動産が留保財産であることを証する情報がない限り，当該家督相続人を相続人と認定し，家督相続による相続登記を申請することとで足りると考えられる。

　もちろん，隠居者又は女戸主名義の不動産について当該不動産が留保財産であるとして，当時，家督相続による相続登記をせずに，その後，前戸主である隠居者又は女戸主（であった者）が死亡し，その死亡によって遺産相続による等の相続登記を経ている事例にあっては，当然，先の家督相続においては財産留保がなされていたと判断することができる。

＊　**不動産の取得時期と隠居又は入夫婚姻との関係**

　隠居者又は女戸主を被相続人とする相続登記にあっては，隠居又は入夫婚姻によって開始した家督相続による相続登記を申請することになる。これは，あくまでも，隠居者又は女戸主名義の不動産のうち，隠居又は入夫婚姻の時に所有していたものについてのことである。なお，現在においては，隠居又は入夫婚姻の時に所有していた不動産については，原則として，財産留保はなかったものとして家督相続による相続登記を申請するべきことは前述のとおりである。

　他方，隠居又は入夫婚姻した後に，前戸主である隠居者又は女戸主（であった者）が取得した財産については，隠居又は入夫婚姻によって開始した家督相続をもって新戸主に承継される財産とはならなかった。そのため，

第9節　財産留保

隠居又は入夫婚姻した後に取得された不動産について，当該隠居又は入夫婚姻によって開始した家督相続による相続登記を申請することはできない。

この場合には，その不動産の取得後，最初に開始した別の相続の対象として，その相続登記を検討することとなる。例えば，隠居者が隠居後に取得した不動産について，その隠居者が家族のまま旧民法施行中に死亡したときは遺産相続が適用され，遺産相続による相続登記を申請することになるのである。また，その隠居者が，後に，戸主となった場合には，以後，その戸主について家督相続が開始したときは，当該後の家督相続による相続登記を申請することになるのである。

相続事例44：不動産の取得時期と隠居との関係

被相続人Ａ男

明治39・4・19　甲家戸主Ａ男が乙家家族Ｂ女と婚姻（Ｂ女が甲家戸籍に入籍）

明治42・9・14　Ａ男とＢ女に嫡出子Ｃ女が誕生（Ｃ女は甲家戸籍に入籍）

明治44・8・13　Ａ男とＢ女に嫡出子Ｄ男が誕生（Ｄ男は甲家戸籍に入籍）

昭和3・6・8　Ａ男が不動産①を取得

昭和7・7・27　Ａ男が隠居

　　　　　　※　Ｄ男の家督相続届によりＤ男を戸主とする甲家の新戸籍編製

昭和13・7・9　Ａ男が不動産②を取得

昭和18・8・30　Ａ男が死亡

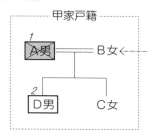

241

第1章　家督相続

事例の解説

　この事例では，まず，戸主A男が隠居し，A男の隠居によって家督相続が開始し，その家督相続人は長男D男であった。これにより，D男は，A男が隠居時に所有していた（つまり，隠居までに取得し，隠居の時まで所有していた）不動産を承継した。その後，A男は，旧民法施行中に死亡したが，この時には，A男は戸主ではなく，家族であったため，家督相続ではなく，遺産相続が開始した。第1順位の遺産相続人は親等の近い直系卑属であり（本編第2章第2節），長女C女及び長男D男が各2分の1の相続分で遺産相続人となり，A男が家族として死亡の時に所有していた不動産は，それら遺産相続人が承継した。

　そこで，この事例では，被相続人A男の所有名義のものに不動産 ① と不動産 ② があり，不動産 ① はA男が隠居する前に取得し，隠居の時に所有していたものであり，隠居による家督相続が適用される。そして，不動産 ② はA男が隠居した後に取得し，死亡の時に所有していたものであり，家族の死亡による遺産相続が適用される。したがって，不動産 ① についてはD男に対する家督相続による相続登記を申請し，不動産 ② についてはC女及び長男D男（各2分の1）に対する遺産相続による相続登記を申請することとなる。

　ここでは，A男は，2回，被相続人となったのである。

まとめ　財産留保，隠居等の時期と相続登記

　隠居又は入夫婚姻による家督相続の場合，隠居者又は女戸主は財産留保をすることができた。財産留保をすることで，留保した特定の財産を，隠居又は入夫婚姻による家督相続の対象から除外することができた。これにより，財産留保をした隠居者又は女戸主は，隠居又は入夫婚姻後も，引き続き，当該財産を有することになった。財産留保は，家督相続開始の時までに，確定日付のある証書によってしなければならなかった。なお，財産留保は戸籍や登記簿に記載されることはなかったため，現代において，被相続人名義の当該不動産（隠居者又は女

242

第9節 財産留保

戸主が隠居又は入夫婚姻の時に所有していたもの）が財産留保されたもので
あるか否か判明しない。ただ，現行の不動産登記法においては，当該
不動産が留保財産であることを証する情報がない限り，当該家督相続
人を相続人と認定し，家督相続による相続登記を申請することとで足
りると考えられる。

　隠居，入夫婚姻その他の被相続人の生前に開始した家督相続にあっ
ては，当該不動産の相続登記においては，被相続人が当該不動産を取
得した時期が問題となる。隠居，入夫婚姻などによる家督相続の開始
の時に所有していた不動産については，その開始した家督相続による
相続登記を申請することになり，隠居，入夫婚姻などによる家督相続
の開始の後に取得した不動産については，その家督相続による相続登
記を申請することはできない。例えば，隠居者が隠居後に取得した不
動産について，その隠居者が旧民法施行中に家族として死亡したとき
は，遺産相続による相続登記を申請することになる。

　このように，隠居者又は女戸主の不動産の相続登記にあっては，そ
の不動産の取得年月日にも注意を払う必要があり，これは，その他の
被相続人の生前における家督相続の開始の場合にも当てはまる。旧民
法の適用によって，同一人が２回以上，被相続人となることがあった
わけで，そのような事例においては，その都度，その都度の相続法を
適用して相続人を特定しなければならないのである（第１編第１章第３
節）。

第3編 相 続

243

第1章　家督相続

第10節　国籍喪失

〈論点　国籍を喪失した者の財産は，新たな戸主である家督相続人の所有となるのか。〉

【概　説】

〈旧民法〉

第964条　家督相続ハ左ノ事由ニ因リテ開始ス
一　戸主ノ死亡，隠居又ハ国籍喪失
二　（前出）
三　（前出）

第990条　国籍喪失者ノ家督相続人ハ戸主権及ヒ家督相続ノ特権ニ属スル権利ノミヲ承継ス但遺留分及ヒ前戸主カ特ニ指定シタル相続財産ヲ承継スルコトヲ妨ケス
2　国籍喪失者カ国籍ノ喪失ニ因リテ其有スル権利ヲ享有スルコトヲ得サルニ至リタル場合ニ於テ一年内ニ之ヲ譲渡ササルトキハ其権利ハ家督相続人ニ帰属ス
※　大正14年法律第42号改正前
2　国籍喪失者カ日本人ニ非サレハ享有スルコトヲ得サル権利ヲ有スル場合ニ於テ一年内ニ之ヲ日本人ニ譲渡ササルトキハ其権利ハ家督相続人ニ帰属ス

　戸主（→戸主2-2-1）が**日本国籍**を喪失（国籍喪失）すると，家督相続が開始した。これは，家（→家2-2-1）にいる者，すなわち戸籍に記載される者は，当然のことながら，日本国籍を有するものに限られたため，戸主は（家族も）必ず日本国籍を有する者でなければならなかったからである。戸主が日本国籍を喪失すると，その戸主は，当該家（戸籍）に属することができなくなることで，その家における戸主権も喪失した。そこで，家には必ず一人の戸主が必要であり，家督相続が開始し，家督相続人が新たな戸主となった。この場合も，家督相続人の順位，順序は，本章第2節から第8節によった。

　家督相続が開始すると，被相続人の戸主権と財産権を新戸主が承継する

第10節　国籍喪失

ところ，国籍喪失による家督相続の場合には，原則として，家督相続人である新戸主は戸主権のみを承継した。これは，財産を有する戸主が外国に帰化した場合は，新戸主は戸主権は承継するものの，原則として，財産は承継せず，外国人となった前戸主がなお継続して有していることを意味した。

　ただ，国籍喪失による家督相続の家督相続人は，**家督相続の特権に属する権利**として，系譜，祭具及び墳墓の所有権（旧民法987条）は承継した（承継しないことはできなかった。）。

　以上のことから，国籍喪失によって家督相続が開始すると，その家の戸籍は前戸主を筆頭とするものから，新たな戸主を筆頭とする戸籍に編製替え（新戸籍の編製）がなされたが，墓地などを除いて，財産権が承継されることはなく，不動産について家督相続による相続登記をすることはできなかった。なお，前戸主が特に指定した財産も承継することはできた（遺留分減殺請求することはできた。）。また，国籍を喪失した前戸主が，国籍の喪失によって有している権利を享有することができなくなった場合（一定の外国人が，日本の土地の所有権を取得できない場合など）において1年以内に，その権利を他に譲渡しなかったときは，その権利は家督相続人に帰属した。

相続事例45：国籍喪失と家督相続

被相続人Ａ男

明治39・4・19	甲家戸主Ａ男が乙家家族Ｂ女と婚姻（Ｂ女が甲家戸籍に入籍）
明治42・9・14	Ａ男とＢ女に嫡出子Ｃ女が誕生（Ｃ女は甲家戸籍に入籍）
明治44・8・13	Ａ男とＢ女に嫡出子Ｄ男が誕生（Ｄ男は甲家戸籍に入籍）
昭和3・6・8	Ｂ女が死亡
昭和7・7・27	Ａ男が外国に帰化
	※　Ｄ男の家督相続届によりＤ男を戸主とする甲家の新戸籍編製

第1章　家督相続

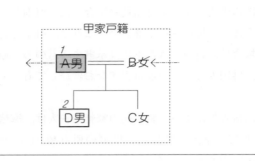

事例の解説

この事例では、まず、戸主A男が国籍を喪失したことで家督相続が開始し、長男D男が家督相続人となったものである。この場合、D男は、戸主権は承継しても、原則として、A男の財産は承継しなかった。

そのため、A男の所有する不動産については、墓地を除くと、家督相続による相続登記をすることはない。

まとめ　国籍喪失と家督相続

戸主が日本国籍を喪失すると、家督相続が開始し、家督相続人が新たな戸主となった。

国籍喪失によって家督相続が開始した場合は、他の事由によって家督相続が開始した場合と異なり、家督相続人である新戸主は、原則として、戸主権のみを承継した。つまり、新戸主は戸主権は承継するものの、原則として、外国人となった前戸主の財産は承継しなかったのである（系譜、祭具及び墳墓の所有権、並びに前戸主が特に指定した財産は承継した。）。そのため、国籍喪失によって家督相続が開始すると、その家の戸籍は家督相続によって戸籍の編製替え（新戸籍の編製）がなされたが、墓地などを除いて、不動産について家督相続による相続登記をすることはない。

第1節　遺産相続総則

第2章　遺産相続

第1節　遺産相続総則―――――――――――――――――――――――

〈論点　遺産相続は，どのようなときに開始するのか。〉

【概　説】

〈旧民法〉

第992条　遺産相続ハ家族ノ死亡ニ因リテ開始ス

第993条　第965条乃至第968条ノ規定ハ遺産相続ニ之ヲ準用ス

第997条　左ニ掲ケタル者ハ遺産相続人タルコトヲ得ス
一　故意ニ被相続人又ハ遺産相続ニ付キ先順位若クハ同順位ニ在ル者ヲ死ニ致シ又ハ死ニ致サントシタル為メ刑ニ処セラレタル者
二　第969条第二号乃至第五号ニ掲ケタル者

第998条　遺留分ヲ有スル推定遺産相続人カ被相続人ニ対シテ虐待ヲ為シ又ハ之ニ重大ナル侮辱ヲ加ヘタルトキハ被相続人ハ其推定遺産相続人ノ廃除ヲ裁判所ニ請求スルコトヲ得

第999条　被相続人ハ何時ニテモ推定遺産相続人廃除ノ取消ヲ裁判所ニ請求スルコトヲ得

第1000条　第976条及ヒ第978条ノ規定ハ推定遺産相続人ノ廃除及ヒ其取消ニ之ヲ準用ス

第1001条　遺産相続人ハ相続開始ノ時ヨリ被相続人ノ財産ニ属セシ一切ノ権利義務ヲ承継ス但被相続人ノ一身ニ専属セシモノハ此限ニ在ラス

第1002条　遺産相続人数人アルトキハ相続財産ハ其共有ニ属ス

第1003条　各共同相続人ハ其相続分ニ応シテ被相続人ノ権利義務ヲ承継

第2章　遺産相続

ス

第1010条　被相続人ハ遺言ヲ以テ分割ノ方法ヲ定メ又ハ之ヲ定ムルコトヲ第三者ニ委託スルコトヲ得

第1011条　被相続人ハ遺言ヲ以テ相続開始ノ時ヨリ五年ヲ超エサル期間内分割ヲ禁スルコトヲ得

第1012条　遺産ノ分割ハ相続開始ノ時ニ遡リテ其効カヲ生ス

第1017条　相続人ハ自己ノ為メニ相続ノ開始アリタルコトヲ知リタル時ヨリ三个月内ニ単純若クハ限定ノ承認又ハ抛棄ヲ為スコトヲ要ス但此期間ハ利害関係人又ハ検察官ノ請求ニ因リ裁判所ニ於テ之ヲ伸長スルコトヲ得
※　昭和22年法律第61号改正前は，第1017条第1項中「検察官」は「検事」であった。
2　相続人ハ承認又ハ抛棄ヲ為ス前ニ相続財産ノ調査ヲ為スコトヲ得

旧民法において，日本国籍を有する者であれば，必ず，家に属したが，家には戸主と，戸主以外の者があり，戸主以外の者を家族といったことは第2編第2章第1節で述べ，そのうち，戸主が死亡すると家督相続が開始し，戸主の死亡以外の事由で家督相続が開始することもあったことは本編第1章第1節で解説した。

では，家族が死亡したときは，どのような相続が開始したのか。旧民法施行中に家族が死亡したときは，**遺産相続**が開始した。遺産相続とは，戸主ではない者を被相続人とする相続で，被相続人の財産のみを承継する相続であった。戦前，財産，特に不動産を有する者は戸主が多かったものと思われるが，家族が，自己の名において取得した財産は，その特有財産とされたことから（旧民法748条），家族であっても不動産を有していた場合もあり，不動産を有する家族が旧民法施行中に死亡したときは，遺産相続が開始し，遺産相続による相続登記をする場面があることになる。

遺産相続は財産相続に関する性質のみを有するもので，応急措置法，新

第1節　遺産相続総則

民法以来，現行民法の相続と同様の性質を有していた。そのため，遺産相続は，家族の死亡によって開始し，死亡以外の事由で開始することはなかった。また，遺産相続が開始すると，遺産相続人は，被相続人の一身に専属するものを除いて，相続開始の時から，被相続人が有した財産に関する一切の権利義務を承継した。遺産相続人が数人である場合には，相続財産は，それらの共有に属し，各共同の遺産相続人は，その各相続分に応じて被相続人の権利義務を承継した。遺産相続によって共有に属した相続財産は，遺産分割によって，個々の財産が特定の遺産相続人に帰属し（なお，旧民法には，遺産の分割の基準（現行民法906条），遺産の分割の協議又は審判等（現行民法907条）に相当する規定はなかった。），遺産分割は相続の開始の時に遡って効力が生じた。

　遺産相続が開始すると，旧民法の規定に基づいて，当然に遺産相続人が定まり（選定されるということはなかった），**胎児**は，遺産相続については既に生まれたものとみなされた。遺産相続人となるべき者は，旧民法第997条に規定された**欠格事由**に該当しない者でなければならず，遺産相続を廃除された者も遺産相続人とはなり得なかった。また，遺産相続人は，その順位に関わらず，相続を**放棄**することができた。

　遺産相続は，家族の死亡によってのみ開始するため，財産を有する家族が分家，去家，国籍喪失するなど，自己が属する家の戸籍を除籍したとしても，その財産が承継されることはなく，引き続き，同人が有したのである。

　遺産相続は死亡時において家族である被相続人に適用されることから，戸主であっても，隠居，入夫婚姻などで，その生前に家族となって，家族として死亡した際には，その死亡については遺産相続が適用されたことは，本編第1章第9節で解説している。

＊　遺産相続人の特定

　遺産相続が開始した場合，家督相続の場合と異なり，戸籍に誰（誰々）が遺産相続人であるのかということが記載されることはない。このことは，

第 2 章　遺産相続

現行民法，戸籍法において相続登記をする場合と同様に，原則として，被相続人の出生から死亡までの戸籍，その他，相続人を特定するために必要とされるすべての戸籍の記載を基に，その親族関係を明らかにし，遺産相続人を特定しなければならないことを意味する。

相続事例46：家族の死亡

被相続人Ｂ女
明治39・4・19　甲家戸主Ａ男が乙家家族Ｂ女と婚姻（Ｂ女が甲家戸籍に入籍）
大正8・9・14　Ａ男とＢ女に嫡出子Ｃ男が誕生（Ｃ男は甲家戸籍に入籍）
昭和14・7・27　Ａ男が死亡
　　　　　　　※　Ｃ男の家督相続届によりＣ男を戸主とする甲家の新戸籍編製
昭和17・2・11　Ｂ女が死亡

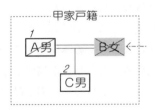

事例の解説

　この事例では，被相続人Ｂ女は戸主ではなく家族であり，その死亡によって遺産相続が開始し，直系卑属である長男Ｃ男が遺産相続人となったものである。遺産相続人は戸主であるか，家族であるかは問われない。
　遺産相続人の順位については，次節以降で解説する。

250

第2節　遺産相続人

> **まとめ**　**遺産相続**
>
> 　旧民法施行中に家族が死亡したときは，遺産相続が開始した。遺産
> 相続によって，遺産相続人は，被相続人の財産を相続した。家督相続
> と異なり，遺産相続人は複数であることもあり，その場合の相続財産
> は，それら遺産相続人の共有に属した。
> 　また，家督相続の場合と異なり，戸籍に誰が遺産相続人であるのか
> ということが記載されることはなく，誰（誰々）が遺産相続人である
> ということは，関係するすべての戸籍の記載から判断しなければなら
> ない。

第2節　遺産相続人

〈**論点1**　**戸主でない者が死亡したとき，その者を被相続人とする遺産相
　　　　続については，その者の子のうち，他家にいる子は遺産相続人
　　　　とはならないのか。**〉

【概　説】

> 〈旧民法〉
>
> **第994条**　被相続人ノ直系卑属ハ左ノ規定ニ従ヒ遺産相続人ト為ル
> 一　親等ノ異ナリタル者ノ間ニ在リテハ其近キ者ヲ先ニス
> 二　親等ノ同シキ者ハ同順位ニ於テ遺産相続人ト為ル
>
> **第1004条**　同順位ノ相続人数人アルトキハ其各自ノ相続分ハ相均シキモ
> 　ノトス但直系卑属数人アルトキハ嫡出ニ非サル子ノ相続分ハ嫡出子ノ
> 　相続分ノ二分ノ一トス
> ※　昭和17年法律第7号改正前
> **第1004条**　同順位ノ相続人数人アルトキハ其各自ノ相続分ハ相均シキモノトス但
> 　直系卑属数人アルトキハ<u>庶子及ヒ私生子</u>ノ相続分ハ嫡出子ノ相続分ノ二分ノ一
> 　トス

第2章　遺産相続

　第1順位の**遺産相続人**は**直系卑属**であり，親等の異なる者の間では，親等の近い者が遺産相続人となった。

　ここで，遺産相続人としての直系卑属とは，家督相続の場合とは異なり（本編第1章第2節），遺産相続の開始の時において，被相続人と同じ家の戸籍に在籍している者には限られず，他家の戸籍に在籍している者であっても遺産相続人となった。直系卑属であれば，日本国籍の有無も問われなかった。

　2親等（孫）以下の直系卑属については代襲相続の対象とされることから（本節論点2），第1順位の遺産相続人は，まず，被相続人の子について検討することとなり，子には，実子の他，養子，継子（嫡母に対する庶子を含む。）を含み（第2編第1章第2節，第3節），嫡出非嫡出，年長年少，男女の別には関係なく，すべての子が遺産相続人となった。

　遺産相続人である子が複数である場合には，それらの子の**相続分**は相等しいとされたが，**嫡出子**と**非嫡出子**（→非嫡出子2-4-1論点2）がいた場合には非嫡出子の相続分は嫡出子の相続分の2分の1とされた。

　なお，応急措置法，新民法以来，現行民法の場合の相続と異なり，**配偶者**が常に相続人となることはなく，配偶者は第2順位で遺産相続人になったものであり（相続事例58），配偶者がいても，直系卑属がいたときは，直系卑属のみが遺産相続人となったのである。

相続事例47：直系卑属（実子）

被相続人Ｃ男

明治39・4・19	甲家戸主Ａ男が乙家家族Ｂ女と婚姻（Ｂ女が甲家戸籍に入籍）
明治41・5・23	Ａ男とＢ女に嫡出子Ｃ男が誕生（Ｃ男は甲家戸籍に入籍）
明治43・9・30	Ａ男とＢ女に嫡出子Ｄ男が誕生（Ｄ男は甲家戸籍に入籍）
昭和8・9・14	Ｃ男が丙家家族Ｅ女と婚姻（Ｅ女が甲家戸籍に入籍）
昭和10・7・27	Ｃ男とＥ女に嫡出子Ｆ男が誕生（Ｆ男は甲家戸籍に入籍）

昭和12・1・6　　C男とE女に嫡出子G女が誕生（G女は甲家戸籍に入籍）
昭和13・12・5　 C男とE女に嫡出子H女が誕生（H女は甲家戸籍に入籍）
昭和17・2・11　 C男が死亡

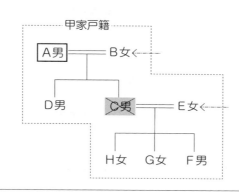

相続事例48：直系卑属（他家の実子，養子，継子）

被相続人D女

明治39・4・19　甲家戸主A男が乙家家族B女と婚姻（B女が甲家戸籍に入籍）

明治40・6・29　丙家家族C男が丁家家族D女と婚姻（D女が丙家戸籍に入籍）

明治41・5・23　A男とB女に嫡出子E女が誕生（E女は甲家戸籍に入籍）

明治43・9・30　C男とD女に嫡出子F男が誕生（F男は丙家戸籍に入籍）

明治44・1・10　A男とB女に嫡出子G女が誕生（G女は甲家戸籍に入籍）

大正3・7・7　　C男が死亡

大正4・3・2　　B女が死亡

大正5・8・8　　A男がD女と婚姻（D女が甲家戸籍に入籍）

大正8・9・14　 A男とD女に嫡出子H男が誕生（H男は甲家戸籍に入籍）

大正10・6・1　 A男とD女に嫡出子I女が誕生（I女は甲家戸籍に入籍）

昭和10・7・27　A男及びD女が戊家家族J女を養子とする養子縁組

（J女が甲家戸籍に入籍）
昭和11・8・31　己家戸主K男がG女を養子とする養子縁組（G女が己家戸籍に入籍）
昭和16・11・9　庚家戸主L男がI女と婚姻（I女が庚家戸籍に入籍）
昭和17・2・11　D女が死亡

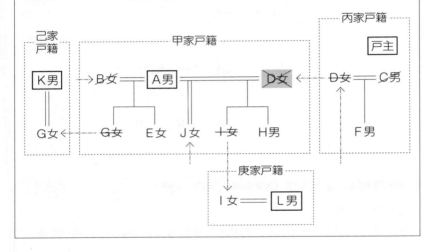

相続事例49：直系卑属（婿養子と家女）

被相続人B女

明治39・4・19　甲家戸主A男が乙家家族B女と婚姻（B女が甲家戸籍に入籍）

大正8・9・14　A男とB女に嫡出子C女が誕生（C女は甲家戸籍に入籍）

昭和15・8・9　A男及びB女並びにC女が丙家家族D男と婿養子縁組（D男が甲家戸籍に入籍）

昭和16・7・27　A男が死亡
　　　　　　　※　D男の家督相続届によりD男を戸主とする甲家の新戸籍編製

昭和17・2・11　B女が死亡

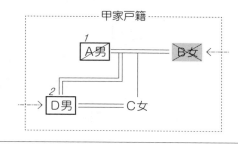

相続事例50：直系卑属（嫡出子，非嫡出子）

被相続人D男

明治39・4・19　甲家戸主A男が乙家家族B女と婚姻（B女が甲家戸籍に入籍）

明治41・5・23　A男とB女に嫡出子C男が誕生（C男は甲家戸籍に入籍）

明治43・9・30　A男とB女に嫡出子D男が誕生（D男は甲家戸籍に入籍）

大正11・8・8　D男が丙家家族E女と婚姻（E女が甲家戸籍に入籍）

大正13・6・1　D男とE女に嫡出子F男が誕生（F男は甲家戸籍に入籍）

昭和10・7・27　丁家家族G女がD男の庶子H女を出生（H女は甲家戸籍に入籍）

昭和11・8・31　G女が私生子I女を出生（I女は丁家戸籍に入籍）

昭和12・9・1　D男がI女を認知

昭和17・2・11　D男が死亡

第 2 章　遺産相続

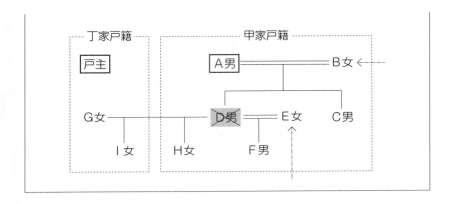

事例の解説

　相続事例47では，被相続人C男は戸主ではなく家族であり，その死亡によって，遺産相続が開始した。C男は法定推定家督相続人（→**法定推定家督相続人3-1-2**）であるが，その死亡時において，まだ戸主ではなく，家族であることに変わりない。第1順位の遺産相続人は直系卑属であり，そこで，C男には実子F男，G女，H女がいた。年長年少，男女の別を問わずに遺産相続人となったため，F男，G女，H女が各3分の1の相続分で遺産相続人となった。この場合，妻E女は遺産相続人とはならなかった。

　相続事例48では，被相続人D女は家族であり，その子には，再婚前の実子で他家にいるF男，再婚後の実子で同じ家のH男，養女J女，そして，婚姻によって他家に入ったI女がいた。さらに，A男とD女が婚姻したことでD女の継子となったE女及びG女がいた（→**継親子関係2-1-3**）となった。なお，G女は，D女の継子となってからK男の養子となって他家に入ったが，D女との継親子関係に影響はなかった。そのため，D女の子には，E女及びG女もいたことになる。遺産相続人は，実子，**養子**を問わず，属する家を問わず，また**継子**も子として，家督相続の場合と異なり（相続事例20，21），家附であるか否かを問わず遺産相続人となった。したがって，F男，H男，I女，J女，E女，G女が各6分の1の相続分で遺産相続人となった。この場合，夫A男は遺産相続人とはならなかった。た

256

だ，この事例では，戸籍上は戸主から見た続柄としてE女は長女，G女は二女と記載され，D女の継子であることは（D女が継母であることも）記載されていないものの，婚姻など親族関係の記載から継親子関係を判別し，遺産相続人を特定しなければならないことに注意を要する。

相続事例49では，被相続人B女は家族であり，B女には長女C女と婚養子D男がいた。婚養子（→婚養子2-4-2論点2）は家女（→家女3-1-6）の夫であると同時に，その父母の養子であり，つまり，C女だけでなく，D男もB女の子であった。結局，婚養子は，妻である養親の家女ともに遺産相続人となったのであり（大一民判大14・3・9大民集4巻3号106頁），したがって，C女，D男が各2分の1の相続分で遺産相続人となった。

相続事例50では，被相続人D男は家族であり，その子には，嫡出子F男，非嫡出子として**庶子**H女，庶子I女がいた。子は，嫡出子，非嫡出子を問わず遺産相続人となったが，非嫡出子の相続分は嫡出子の相続分の2分の1であった。したがって，F男，H女，I女が，各々4分の2，4分の1，4分の1の相続分で遺産相続人となった（妻E女が遺産相続人とならないことは，これまでに説明したとおりである。）。なお，この事例では，I女は父D男の認知を受けたにもかかわらず，母の家である丁家戸籍にとどまり，父の家である甲家戸籍に入っていない。これは，甲家の戸主の同意が得られなかったためであるが，この場合，甲家の戸籍（D男の出生から死亡までの戸籍）において，他家の戸籍にI女が在籍していることがわからなかったことがあった（第2編第4章第1節論点2）。この事例でも，庶子I女の存在がわからないことの方が多いと思われ，F男，H女以外の子がいることが明らかでない限り，実務上，F男，H女が，各々3分の2，3分の1の相続分で遺産相続人となったとして取り扱うほかない。

第 2 章　遺産相続

〈**論点 2**　戸主でない者が死亡したとき，被相続人の子が先に死亡している場合には，代襲による遺産相続によって，孫が遺産相続人となるのか。〉

【概　説】

〈旧民法〉

第995条　前条ノ規定ニ依リテ遺産相続人タルヘキ者カ相続ノ開始前ニ死亡シ又ハ其相続権ヲ失ヒタル場合ニ於テ其者ニ直系卑属アルトキハ其直系卑属ハ前条ノ規定ニ従ヒ其者ト同順位ニ於テ遺産相続人ト為ル

2　第974条第 2 項ノ規定ハ前項ノ場合ニ之ヲ準用ス

※　昭和17年法律第 7 号改正により第 2 項新設

第1004条　（前出）

第1005条　第995条ノ規定ニ依リテ相続人タル直系卑属ノ相続分ハ其直系尊属カ受クヘカリシモノニ同シ但直系卑属数人アルトキハ其各自ノ直系尊属カ受クヘカリシ部分ニ付キ前条ノ規定ニ従ヒテ其相続分ヲ定ム

　遺産相続人となるべき直系卑属が，被相続人の死亡前に，死亡し，又は相続権を失っていた場合は，その遺産相続人となるべきであった直系卑属に直系卑属がいたときは，**代襲による遺産相続**が成立し，その直系卑属が遺産相続人となった。**代襲**による遺産相続が成立すると，その死亡するなどした遺産相続人となるべきであった直系卑属（被代襲者）の直系卑属が，旧民法第994条の規定に定められた順序に従って，被代襲者と同順位で遺産相続人（代襲者）となった。代襲による遺産相続は，第 2 順位以下の遺産相続の場合は適用されなかった。代襲による遺産相続人の相続分についても，旧民法第1004条の規定が適用され，代襲者の相続分は被代襲者の相続分を基礎とした。

　代襲原因は代襲による家督相続の場合と同じであり，代襲者は，被代襲者の直系卑属であると同時に被相続人の直系卑属でなければならなかった

258

第 2 節　遺産相続人

ことも，代襲による家督相続の場合と同じである（本編第 1 章第 4 節）。そのため，養子は，養親の実親を被相続人とする遺産相続において養親を代襲して遺産相続人となることができたが，継子は，継親の実親の孫ではないため，継親の実親を被相続人とする遺産相続において継親を代襲して遺産相続人となることはできなかった。養子又は継子の子は，養子縁組前に出生していた子又は継親子関係成立前に出生していた子については，養親又は継親の孫となったため，養親又は継親を被相続人とする遺産相続において養子又は継子を代襲して遺産相続人となった。

　胎児による代襲についても家督相続の場合と同じであり，旧民法の制定，施行時には代襲者は，遺産相続の開始時に存在していたことだけでなく，代襲原因の発生時にも存在していなければならなかったと解されていたため，代襲原因発生時に胎児であった者は代襲者とはなり得なかったところ，旧民法の改正により昭和17年 3 月 1 日以降は，代襲原因発生時に胎児であった者は代襲相続に関しては生まれたものとみなされ，死体で生まれない限り，代襲相続人となり得た。

相続事例51：代襲による遺産相続（子と孫）

被相続人Ｄ男

明治33・4・19	甲家戸主Ａ男が乙家家族Ｂ女と婚姻（Ｂ女が甲家戸籍に入籍）
明治34・5・23	Ａ男とＢ女に嫡出子Ｃ男が誕生（Ｃ男は甲家戸籍に入籍）
明治35・7・30	Ａ男とＢ女に嫡出子Ｄ男が誕生（Ｄ男は甲家戸籍に入籍）
大正11・8・8	Ｄ男が丙家家族Ｅ女と婚姻（Ｅ女が甲家戸籍に入籍）
大正12・8・1	Ｄ男とＥ女に嫡出子Ｆ男が誕生（Ｆ男は甲家戸籍に入籍）
大正13・7・1	Ｄ男とＥ女に嫡出子Ｇ女が誕生（Ｇ女は甲家戸籍に入籍）
昭和14・7・27	Ａ男が死亡
	※　Ｃ男の家督相続届によりＣ男を戸主とする甲家の新戸籍編製

259

第2章　遺産相続

昭和18・9・27　F男が丁家家族H女と婚姻（H女が甲家戸籍に入籍）
昭和19・8・31　F男とH女に嫡出子I女が誕生（I女は甲家戸籍に入籍）
昭和20・9・1　F男とH女に嫡出子J男が誕生（J男は甲家戸籍に入籍）
昭和21・11・28　F男が死亡
昭和22・2・11　D男が死亡

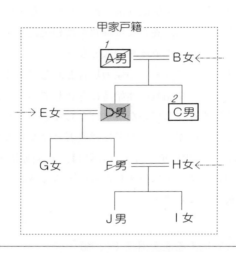

相続事例52：代襲による遺産相続（孫と孫）

被相続人D男

明治33・4・19　甲家戸主A男が乙家家族B女と婚姻（B女が甲家戸籍に入籍）
明治34・5・23　A男とB女に嫡出子C男が誕生（C男は甲家戸籍に入籍）
明治35・7・30　A男とB女に嫡出子D男が誕生（D男は甲家戸籍に入籍）
大正11・8・8　D男が丙家家族E女と婚姻（E女が甲家戸籍に入籍）
大正12・8・1　D男とE女に嫡出子F男が誕生（F男は甲家戸籍に入籍）
大正13・7・1　D男とE女に嫡出子G女が誕生（G女は甲家戸籍に入籍）
昭和14・7・27　A男が死亡

※　C男の家督相続届によりC男を戸主とする甲家の新戸籍編製
昭和18・9・27　F男が丁家家族H女と婚姻（H女が甲家戸籍に入籍）
昭和19・8・31　F男とH女に嫡出子I女が誕生（I女は甲家戸籍に入籍）
昭和19・12・2　戊家戸主K男がG女と婚姻（G女が戊家戸籍に入籍）
昭和20・9・1　F男とH女に嫡出子J男が誕生（J男は甲家戸籍に入籍）
昭和20・11・30　K男とG女に嫡出子L男が誕生（L男は戊家戸籍に入籍）
昭和21・11・28　F男が死亡
昭和22・1・3　G女が死亡
昭和22・2・11　D男が死亡

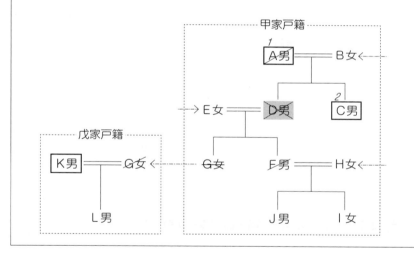

相続事例53：代襲による遺産相続（子の養子）

被相続人A男
明治29・8・5　甲家家族A男が乙家家族B女と婚姻（B女が甲家戸籍に入籍）
明治31・8・9　A男とB女に嫡出子C男が誕生（C男は甲家戸籍に入籍）

第 2 章　遺産相続

明治35・2・12　A男とB女に嫡出子D女が誕生（D女は甲家戸籍に入籍）
大正 5・2・5　 C男が丙家家族E女と婚姻（E女が甲家戸籍に入籍）
昭和19・1・5　 C男及びE女が丁家家族I男を養子とする養子縁組
　　　　　　　　（I男が甲家戸籍に入籍）
昭和19・7・5　 C男及びE女が辛家家族N女を養子とする養子縁組
　　　　　　　　（N女が甲家戸籍に入籍）
昭和20・1・8　 C男が死亡
昭和21・2・2　 A男が死亡

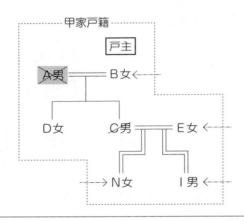

相続事例54：代襲による遺産相続（養子の子）

被相続人C男
　大正 5・2・5　 甲家家族C男が丙家家族E女と婚姻（E女が甲家戸籍に入籍）
　大正 6・4・17　丁家戸主F男が戊家家族G女と婚姻（G女が丁家戸籍に入籍）
　大正 8・3・5　 F男とG女に嫡出子H男が誕生（H男は丁家戸籍に入籍）
　大正10・8・9　 F男とG女に嫡出子I男が誕生（I男は丁家戸籍に入籍）

第2節　遺産相続人

昭和17・9・16　　I男が己家家族J女と婚姻（J女が丁家戸籍に入籍）
昭和18・9・3　　 I男とJ女に嫡出子K男が誕生（K男は丁家戸籍に入籍）
昭和18・10・6　　J女が死亡
昭和19・1・5　　 C男及びE女がI男を養子とする養子縁組（I男が甲家戸籍に入籍）
昭和19・2・15　　I男がK男を甲家に引取入籍（K男が甲家戸籍に入籍）
昭和19・7・5　　 C男及びE女が辛家家族N女を養子とする養子縁組（N女が甲家戸籍に入籍）
昭和20・1・31　　I男が庚家家族L女と婚姻（L女が甲家戸籍に入籍）
昭和21・2・27　　I男とL女に嫡出子M女が誕生（M女は甲家戸籍に入籍）
昭和21・12・8　　I男が死亡
昭和22・2・2　　 C男が死亡

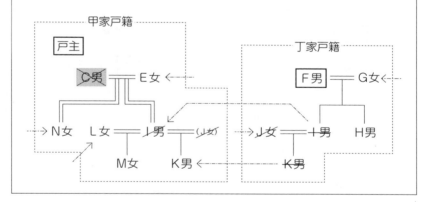

相続事例55：代襲による遺産相続（離縁養子の子）

被相続人C男

大正5・2・5　　 甲家家族C男が丙家家族E女と婚姻（E女が甲家戸籍に入籍）

大正6・4・17　　丁家戸主F男が戊家家族G女と婚姻（G女が丁家戸籍に

第2章　遺産相続

大正 8・3・5	F男とG女に嫡出子H男が誕生（H男は丁家戸籍に入籍）
大正10・8・9	F男とG女に嫡出子 I 男が誕生（I 男は丁家戸籍に入籍）
昭和19・1・5	C男及びE女が I 男を養子とする養子縁組（I 男が甲家戸籍に入籍）
昭和19・7・5	C男及びE女が辛家家族N女を養子とする養子縁組（N女が甲家戸籍に入籍）
昭和20・1・31	I 男が庚家家族L女と婚姻（L女が甲家戸籍に入籍）
昭和21・2・27	I 男とL女に嫡出子M女が誕生（M女は甲家戸籍に入籍）
昭和21・12・8	C男及びE女と I 男が離縁（I 男が丁家戸籍に復籍）
	※　L女は I 男に随従して丁家戸籍に入籍
昭和22・2・2	C男が死亡

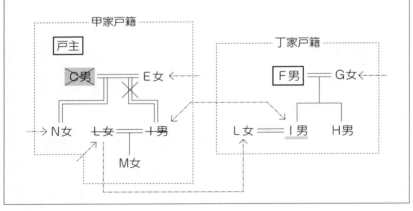

相続事例56：代襲による遺産相続（子の継子）

被相続人Ａ男
明治29・8・5　甲家家族Ａ男が乙家家族Ｂ女と婚姻（Ｂ女が甲家戸籍に入籍）

明治31・8・9　Ａ男とＢ女に嫡出子Ｃ男が誕生（Ｃ男は甲家戸籍に入籍）

第2節　遺産相続人

明治35・2・12　A男とB女に嫡出子D女が誕生（D女は甲家戸籍に入籍）
大正6・4・17　丁家戸主F男が戊家家族G女と婚姻（G女が丁家戸籍に入籍）
大正8・3・5　F男とG女に嫡出子H男が誕生（H男は丁家戸籍に入籍）
大正10・8・9　F男とG女に嫡出子I男が誕生（I男は丁家戸籍に入籍）
昭和17・9・16　I男が己家家族J女と婚姻（J女が丁家戸籍に入籍）
昭和18・9・3　I男とJ女に嫡出子K男が誕生（K男は丁家戸籍に入籍）
昭和18・10・6　I男が死亡
昭和20・1・5　C男がJ女と婚姻（J女が甲家戸籍に入籍）
昭和20・2・5　J女がK男を甲家に引取入籍（K男が甲家戸籍に入籍）
昭和21・1・8　C男が死亡
昭和21・2・2　A男が死亡

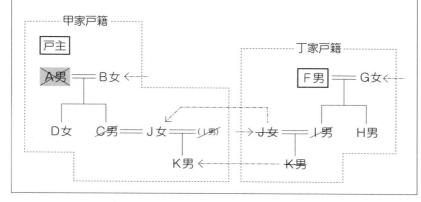

相続事例57：代襲による遺産相続（継子の子）

被相続人C男

明治31・8・9　丁家家族F男が戊家家族G女と婚姻（G女が丁家戸籍に入籍）
明治33・2・12　F男とG女に嫡出子H男が誕生（H男は丁家戸籍に入籍）
明治34・3・3　F男とG女に嫡出子I男が誕生（I男は丁家戸籍に入籍）

265

第2章　遺産相続

大正10・4・17　Ｉ男が己家家族Ｊ女と婚姻（Ｊ女が丁家戸籍に入籍）
大正11・9・3　Ｉ男とＪ女に嫡出子Ｋ男が誕生（Ｋ男は丁家戸籍に入籍）
昭和17・9・16　Ｋ男が壬家家族Ｏ女と婚姻（Ｏ女が丁家戸籍に入籍）
昭和18・9・3　Ｋ男とＯ女に嫡出子Ｐ男が誕生（Ｐ男は丁家戸籍に入籍）
昭和18・10・6　Ｉ男が死亡
昭和19・12・5　Ｃ男がＪ女と婚姻（Ｊ女が甲家戸籍に入籍）
昭和19・12・25　Ｊ女がＫ男及びＰ男を甲家に引取入籍（Ｋ男及びＰ男が甲家戸籍に入籍）
　　　　　　　※　Ｏ女が甲家に随従入籍
昭和20・6・24　Ｏ女が死亡
昭和20・9・30　Ｋ男が庚家家族Ｌ女と婚姻（Ｌ女が甲家戸籍に入籍）
昭和21・9・8　Ｋ男とＬ女に嫡出子Ｍ女が誕生（Ｍ女は甲家戸籍に入籍）
昭和21・2・2　Ｋ男が死亡
昭和22・2・2　Ｃ男が死亡

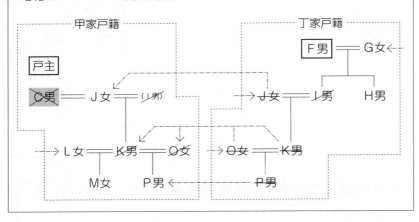

事例の解説

　相続事例51では，被相続人Ｄ男は戸主ではなく家族であり，子にＦ男とＧ女がいたが，Ｄ男が死亡する前にＦ男が死亡し，Ｆ男の子にＩ女とＪ男がいた。そのため，Ｉ女とＪ男はＦ男と同順位でＦ男を代襲して遺産相続

第2節　遺産相続人

人となり，代襲相続人の相続分は被代襲者の相続分を基礎とした。したがって，Ｉ女，Ｊ男，Ｇ女が，各々4分の1，4分の1，4分の2の相続分で遺産相続人となった（配偶者が遺産相続人とならないことは，以下，説明を省略する。）。

相続事例52では，被相続人Ｄ男は戸主ではなく家族であり，子にＦ男とＧ女がいたが，Ｄ男が死亡する前にＦ男，Ｇ女が死亡し，Ｆ男の子にはＩ女とＪ男が，Ｇ女の子にはＬ男がいた。遺産相続人は代襲相続人を含めて被相続人と同じ家の者である必要はなく，これにより，ここでは，Ｉ女，Ｊ男，Ｌ男が遺産相続人となることに異論はなく，各々相続分については次のように考えられた。この事例のように複数の子のすべてが被相続人が死亡する前に死亡し，各々子（被相続人の孫）がいた場合，被相続人の直系卑属はすべて同親等の孫であり，旧民法第994条第1号「親等ノ異ナリタル者ノ間ニ在リテハ其近キ者ヲ先ニス」及び第1004条本文「同順位ノ相続人数人アルトキハ其各自ノ相続分ハ相均シキモノトス」の規定を適用すると，孫は全員が平等に遺産相続人となり，この事例では，Ｉ女，Ｊ男，Ｌ男が各3分の1の相続分で遺産相続人となったとも考えられる（頭割り説）。しかし，このような事例においても，代襲による遺産相続が適用された（株分け説）。そのため，Ｉ女及びＪ男の相続分は，Ｆ男の代襲者としてＦ男の受けるべきであった相続分を基礎とした。したがって，Ｉ女，Ｊ男，Ｌ男が，各々4分の1，4分の1，4分の2の相続分で遺産相続人となった。

相続事例53では，被相続人Ａ男は戸主ではなく家族であり，子にＣ男とＤ女がいたが，Ａ男が死亡する前にＣ男が死亡し，Ｃ男には養子Ｉ男とＮ女がいた。子の養子は，当該子（養親）の親の直系卑属であり（相続事例31），被相続人の直系卑属は代襲者となるため，Ｉ男及びＮ女はＣ男を代襲して遺産相続人となった。したがって，Ｉ男，Ｎ女，Ｄ女が，各々4分の1，4分の1，4分の2の相続分で遺産相続人となった。

相続事例54では，被相続人Ｃ男は戸主ではなく家族であり，子には養子Ｉ男とＮ女がいたが，Ｃ男が死亡する前にＩ男が死亡し，Ｉ男には実子Ｋ

第2章　遺産相続

男とM女がいた。養子の子は養子縁組の後に生まれた者に限って養親の直系卑属となり（相続事例32），被相続人の直系卑属は代襲者となるため，M女はI男を代襲して遺産相続人となった。したがって，M女，N女が，各2分の1の相続分で遺産相続人となった。

　相続事例55では，被相続人C男は戸主ではなく家族であり，子には養子I男とN女がいたが，C男が死亡する前にC男とI男が離縁し，I男には実子M女がいた。旧民法施行中は，養子が離縁し，実家に復籍しても，養子の子が親（離縁した養子）の実家に入籍しないときは，養親の直系卑属（孫）であることは継続し（相続事例33），被相続人の直系卑属は代襲者となるため，M女はI男を代襲して遺産相続人となった。したがって，M女，N女が，各2分の1の相続分で遺産相続人となった。遺産相続においても，被代襲者の死亡以外にも離縁なども代襲原因となったのである。

　相続事例56では，被相続人A男は戸主ではなく家族であり，子にC男とD女がいたが，A男が死亡する前にC男が死亡した。C男がJ女と婚姻し，K男が甲家に入籍したことで，C男とK男に継親子関係が生じ，C男には直系卑属として継子K男がいた。継親と継子とは親子関係を生じるものの，継親の血族と継子とは親族関係は生じず，K男はA男の孫ではなかった（相続事例34）。そのため，A男が死亡した時は，C男の継子K男はC男を代襲することはできず，他にC男の直系卑属もいなかったため代襲相続は成立しなかった。したがって，D女が遺産相続人となった。

　相続事例57では，被相続人C男は戸主ではなく家族であり，C男には子として継子K男がいたが（C男とJ女の婚姻，K男の入籍により，C男とK男に継親子関係が生じた。），C男が死亡する前にK男が死亡し，K男には実子P男とM女がいた。継親と，継子の子とは，その継親子関係の成立後に出生した子に限って法定血族関係が生じ，ここでは，M女はC男の孫になったが，P男は孫にはならなかった（相続事例35）。したがって，M女がK男を代襲して遺産相続人となった。

268

第2節　遺産相続人

〈**論点3**　**戸主でない者が死亡したとき，直系卑属がいない場合，誰が遺産相続人となるのか。**〉

■**概　説**■

〈旧民法〉

第996条　前二条ノ規定ニ依リテ遺産相続人タルヘキ者ナキ場合ニ於テ
　　遺産相続ヲ為スヘキ者ノ順位左ノ如シ
　第一　配偶者
　第二　直系尊属
　第三　戸主
　2　前項第2号ノ場合ニ於テハ第994条ノ規定ヲ準用ス

　遺産相続が開始したものの，被相続人の死亡時において，第1順位の遺産相続人である直系卑属がまったくいなかったときは，第2順位として，その**配偶者**が遺産相続人となった。

　配偶者もいなかった場合は，第3順位として，その**直系尊属**が遺産相続人となった。この場合，旧民法第994条の規定が準用され，親等の異なる者の間では親等の近い者が遺産相続人となり，同親等の者は同順位で遺産相続人となった。例えば，直系卑属，配偶者のいない被相続人に父母と祖父母がいたときは父母が互いに同順位で遺産相続人となったのである。

　さらに，直系尊属もいなかった場合は，第4順位として，被相続人の属する家の戸主（→戸主2-2-1）が遺産相続人となった。絶家（→絶家2-2-12）の場合を除いて，家には必ず1名の戸主がいるため，戸主が最終の遺産相続順位を有していたことで，遺産相続においては，原則的に相続人不存在になることはなかった。

　配偶者，戸主は，必ず，被相続人と同じ家の戸籍に在籍していたが，直系尊属については，被相続人と同じ家の戸籍に在籍していたか否かを問わず遺産相続人となった。

第3編
相
続

269

相続事例58：配偶者

被相続人D男

明治39・4・19　甲家戸主A男が乙家家族B女と婚姻（B女が甲家戸籍に入籍）

明治41・5・23　A男とB女に嫡出子C男が誕生（C男は甲家戸籍に入籍）

明治43・9・30　A男とB女に嫡出子D男が誕生（D男は甲家戸籍に入籍）

昭和8・9・14　D男が丙家家族E女と婚姻（E女が甲家戸籍に入籍）

昭和17・2・11　D男が死亡

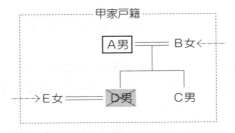

相続事例59：直系尊属

被相続人D男

明治39・4・19　甲家戸主A男が乙家家族B女と婚姻（B女が甲家戸籍に入籍）

明治41・5・23　A男とB女に嫡出子C男が誕生（C男は甲家戸籍に入籍）

明治43・9・30　A男とB女に嫡出子D男が誕生（D男は甲家戸籍に入籍）

昭和8・9・14　D男が丙家家族E女と婚姻（E女が甲家戸籍に入籍）

昭和16・9・25　E女が死亡

昭和17・2・11　D男が死亡

第2節　遺産相続人

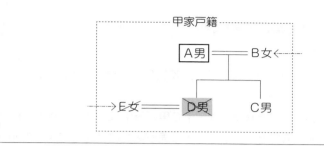

相続事例60：直系尊属（異親等）

被相続人F男

明治33・4・19　甲家戸主A男が乙家家族B女と婚姻（B女が甲家戸籍に入籍）

明治34・5・23　A男とB女に嫡出子C男が誕生（C男は甲家戸籍に入籍）

明治35・7・30　A男とB女に嫡出子D男が誕生（D男は甲家戸籍に入籍）

大正11・8・8　D男が丙家家族E女と婚姻（E女が甲家戸籍に入籍）

大正12・8・1　D男とE女に嫡出子F男が誕生（F男は甲家戸籍に入籍）

大正13・7・1　D男とE女に嫡出子G女が誕生（G女は甲家戸籍に入籍）

昭和16・9・25　D男が死亡

昭和20・2・11　F男が死亡

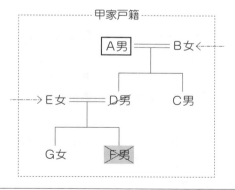

第2章　遺産相続

相続事例61：直系尊属（実親と養親）

被相続人D男

明治33・4・19　甲家戸主A男が乙家家族B女と婚姻（B女が甲家戸籍に入籍）

明治34・5・23　A男とB女に嫡出子C男が誕生（C男は甲家戸籍に入籍）

明治35・7・30　A男とB女に嫡出子D男が誕生（D男は甲家戸籍に入籍）

大正11・8・8　丙家戸主E男がD男を養子とする養子縁組（D男が丙家戸籍に入籍）

昭和16・9・25　D男が死亡

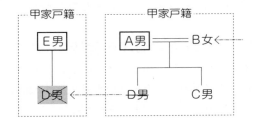

相続事例62：戸主

被相続人D男

明治39・4・19　甲家戸主A男が乙家家族B女と婚姻（B女が甲家戸籍に入籍）

明治41・5・23　A男とB女に嫡出子C男が誕生（C男は甲家戸籍に入籍）

明治43・9・30　A男とB女に嫡出子D男が誕生（D男は甲家戸籍に入籍）

昭和16・9・25　A男が死亡

　　　　　　　※　C男の家督相続届によりC男を戸主とする甲家の新戸籍編製

昭和17・2・11　B女が死亡

昭和18・4・17　D男が死亡

第2節　遺産相続人

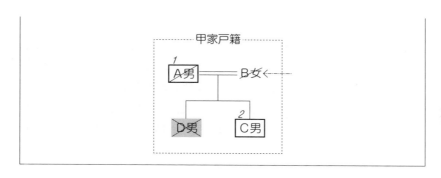

事例の解説

　相続事例58では，被相続人D男は戸主ではなく家族であり，直系卑属はいなかったが，父A男，母B女，妻E女，兄C男がいた。第2順位の遺産相続人は，配偶者である。そのため，E女が遺産相続人となった。

　相続事例59では，被相続人D男は戸主ではなく家族であり，直系卑属も配偶者もいなかったが，父A男，母B女，兄C男がいた。第3順位の遺産相続人は，直系尊属である。ここでは，父母が同順位で遺産相続人となった。したがって，A男，B女が，各2分の1の相続分で遺産相続人となった。

　相続事例60では，被相続人F男は戸主ではなく家族であり，直系卑属も配偶者もいなかったが，母E女，祖父（亡父D男の父）A男，祖母（亡父D男の母）B女，伯父（亡父D男の兄）C男がいた。第3順位の遺産相続人は，直系尊属であり，親等の異なる直系尊属がいた場合には，親等の近い者が遺産相続人となり，父又は母がいたときは，祖父母は遺産相続人とはならなかった。したがって，E女が遺産相続人となった。A男，B女が亡父D男を逆代襲して遺産相続人となるものではなかった。

　相続事例61では，被相続人D男は戸主ではなく家族であり，直系卑属も配偶者もいなかったが，養父E男，実父A男，実母B女，実兄C男がいた。第3順位の遺産相続人は，直系尊属であり，親であれば，実親，養親，継親を問わず，また，その属する家が被相続人と同じであるか否かを問わなかった。したがって，E男，A男，B女が，各3分の1の相続分で遺産相

273

第2章　遺産相続

続人となった。

　相続事例62では，被相続人D男は戸主ではなく家族であり，直系卑属も
配偶者も直系尊属もいなかったが（A男，B女以外の直系尊属もいなかったもの
とする。），兄である戸主C男がいた。第4順位の遺産相続人は，戸主であ
る。したがって，C男が遺産相続人となった。C男は，あくまでも戸主の
立場で遺産相続人となったものであり，兄の立場で遺産相続人となったも
のではなかった。

まとめ **遺産相続人**

　遺産相続人の第1順位は直系卑属（親等の近い者），第2順位は配偶
者，第3順位は直系尊属（親等の近い者），第4順位は戸主であった。
応急措置法，新民法以来，現行民法と異なり，旧民法施行中の遺産相
続にあっては，配偶者が常に相続人となることにはなっていなかった。
　遺産相続人は，遺産相続の開始の時において，被相続人と同じ家の
戸籍に在籍した者には限られず（配偶者，戸主は，当然に，同じ家の戸籍に
在籍していた。），年長年少，男女，国籍を問わず遺産相続人となった。
直系卑属，直系尊属は，実親子関係に基づくもの，養親子関係に基づ
くもの，継親子関係に基づくもののすべてが対象となった。
　第1順位の直系卑属については代襲相続が適用され，遺産相続人と
なるべき直系卑属が，被相続人の死亡前に，死亡し，又は相続権を
失っていた場合は，その遺産相続人とあるべきであった直系卑属（被
代襲者）に直系卑属（代襲者）がいたときは，その直系卑属（代襲者）が
遺産相続人となった。
　同順位の遺産相続人が複数いたときは，それらの相続分は相等しい
とされ，代襲による遺産相続の場合，代襲相続者の相続分は被代襲者
の相続分が基礎とされた。ただ，嫡出子と非嫡出子がいた場合には非
嫡出子の相続分は嫡出子の相続分の2分の1とされた。

第1節　旧民法特有の親族関係の消長

・・・・・・・・・・・・・・ 第 **4** 編 ・・・・・・・・・・・・・・

応急措置法

第1章　家に関する規定の不適用

第1節　旧民法特有の親族関係の消長──────────

〈論点　継親子関係は，応急措置法施行後も親子関係として継続しているのか。〉

【概　説】

〈応急措置法〉

第1条　この法律は，日本国憲法の施行に伴い，民法について，個人の尊厳と両性の本質的平等に立脚する応急的措置を講ずることを目的とする。

第2条　妻又は母であることに基いて法律上の能力その他を制限する規定は，これを適用しない。

第3条　戸主，家族その他家に関する規定は，これを適用しない。

第4条　成年者の婚姻，離婚，養子縁組及び離縁については，父母の同意を要しない。

第5条　夫婦は，その協議で定める場所に同居するものとする。
2　夫婦の財産関係に関する規定で両性の本質的平等に反するものは，これを適用しない。
3　配偶者の一方に著しい不貞の行為があつたときは，他の一方は，これを原因として離婚の訴を提起することができる。

第1章　家に関する規定の不適用

第10条　この法律の規定に反する他の法律の規定は，これを適用しない。

附　　則
1　この法律は，日本国憲法施行の日から，これを施行する。
2　この法律は，昭和23年1月1日から，その効力を失う。

　昭和22年5月3日，日本国憲法の施行によって，旧民法の根幹をなした家制度が消滅した。同日，**応急措置法**が施行されたためである。

　応急措置法の施行の時点で旧民法が廃止されたわけではないが（廃止は新民法（第5編第1章）施行と同時），戸主，家族その他家に関する規定など，個人の尊厳と両性の本質的平等に立脚することのない旧民法の規定は，以後，適用されなくなった。

　主なものとしては，相続に関連する事項では，戸主，家族その他家（→家2-2-1）に関する規定が適用されなくなり，つまり，戸主，家族という身分，家という存在が消滅した。家制度が消滅したことにより，継親子関係（→継親子関係2-1-3）も応急措置法の施行によって消滅し，また，以後，継親子関係が成立することはなかった。養親と養子の子（養子縁組後に出生した子）とは，旧民法施行中は，養親と養子（当該子の親）が離縁し，養親と養子の養親子関係が消滅しても，当該子が，なお当該家に在籍している限り，養親と当該子の祖父母孫の関係は消滅しなかったところ（親族事例15），この祖父母孫の関係も応急措置法の施行によって消滅し，また，以後に，養親と養子（当該子の親）が離縁し，養親と養子の養親子関係が消滅したときは養親と当該子の祖父母孫の関係も消滅することになる。

　他方，応急措置法施行後では消滅しない親族関係であっても，旧民法施行中に消滅した親族関係は復活しなかった。**養親の去家による養親子関係の消滅**（親族事例16）がこれで，養父母と養子とは，応急措置法の施行後は，離縁がない限り，養親子関係が消滅することはないが，旧民法中は，例えば，養母が婚姻によって当該家に入ってから養子と養子縁組をし，その後，養父母が離婚し，養母が去家する（実家に復籍するなど）と，養母と養子と

276

第1節　旧民法特有の親族関係の消長

の養親子関係が消滅した。この消滅した養親子関係は応急措置法の施行に
よって復活することはなく，その後，その養親であった者が死亡した場合
において，その養子であった者が相続人となることはない（最二小判平21・
12・4集民232号517頁）。

　旧民法施行中に成立した婿養子縁組（→婿養子2-4-2論点2），入夫婚姻
（→入夫婚姻2-2-3）については，応急措置法施行後は，婿養子，入夫とい
う身分は消滅したが，婚姻，養子縁組としての効力は継続するため，引き
続き，婿養子は妻の夫であると同時に妻の親の養子であり，**入夫**は妻の夫
である。もちろん，応急措置法施行後に婿養子縁組，入夫婚姻という形で
婚姻又は養子縁組をすることはできないことはいうまでもない。

＊　戸籍の改製

　旧民法施行中の親族関係は，大正4年式戸籍，明治31年式戸籍，明治19
年式戸籍に記載されていたが（明治5年式戸籍は現在は公開の対象ではない。），
応急措置法の施行によって家制度が不適用とされた結果，その戸籍は，家
の戸籍ではなくなり，**戸主**，家族の関係もなくなったが，各人は従来の戸
籍に在籍したままであった。従来の戸籍は，新民法に基づく戸籍とみなさ
れ（新戸籍法128条1項本文），新戸籍法施行（新民法の施行と同日）後10年を経
過した，昭和33年4月1日以降，順次，新民法に基づく戸籍に改製され，
他にも，それまでの間，子の出生などによって**新戸籍**が編製されていった
（第1編第2章第2節）。

　改正される前の戸籍は，現在，いわゆる**昭和改製原戸籍**と呼ばれ，戸主
その他の旧民法施行中特有の身分，親族関係が記載されたままとなってい
る。しかし，応急措置法の施行後は，その記載はないものとして取り扱う
必要があり，例えば，戸主として記載されている者も，当然，もはや戸主
ではない。

第1章　家に関する規定の不適用

相続事例63：継親子関係の消長

被相続人Ｄ女

明治39・4・19　甲家戸主Ａ男が乙家家族Ｂ女と婚姻（Ｂ女が甲家戸籍に入籍）

明治40・6・29　丙家家族Ｃ男が丁家家族Ｄ女と婚姻（Ｄ女が丙家戸籍に入籍）

明治41・5・23　Ａ男とＢ女に嫡出子Ｅ女が誕生（Ｅ女は甲家戸籍に入籍）

明治43・9・30　Ｃ男とＤ女に嫡出子Ｆ男が誕生（Ｆ男は丙家戸籍に入籍）

明治44・1・10　Ａ男とＢ女に嫡出子Ｇ女が誕生（Ｇ女は甲家戸籍に入籍）

大正3・7・7　Ｃ男が死亡

大正4・3・2　Ｂ女が死亡

大正5・8・8　Ａ男がＤ女と婚姻（Ｄ女が甲家戸籍に入籍）

大正8・9・14　Ａ男とＤ女に嫡出子Ｈ男が誕生（Ｈ男は甲家戸籍に入籍）

大正10・6・1　Ａ男とＤ女に嫡出子Ｉ女が誕生（Ｉ女は甲家戸籍に入籍）

昭和10・7・27　Ａ男及びＤ女が戊家家族Ｊ女を養子とする養子縁組（Ｊ女が甲家戸籍に入籍）

昭和11・8・31　己家戸主Ｋ男がＧ女を養子とする養子縁組（Ｇ女が己家戸籍に入籍）

昭和16・11・9　庚家戸主Ｌ男がＩ女と婚姻（Ｉ女が庚家戸籍に入籍）

昭和22・6・11　Ｄ女が死亡

第1節　旧民法特有の親族関係の消長

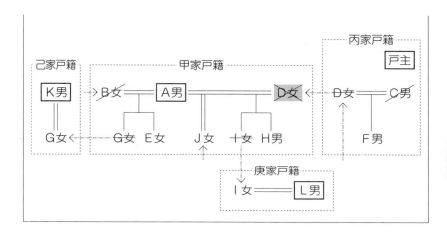

相続事例64：養子の離縁後の養親と養子の子の関係の消長

被相続人C男

大正5・2・5　甲家家族C男が丙家家族E女と婚姻（E女が甲家戸籍に入籍）

大正6・4・17　丁家戸主F男が戊家家族G女と婚姻（G女が丁家戸籍に入籍）

大正8・3・5　F男とG女に嫡出子H男が誕生（H男は丁家戸籍に入籍）

大正10・8・9　F男とG女に嫡出子I男が誕生（I男は丁家戸籍に入籍）

昭和19・1・5　C男及びE女がI男を養子とする養子縁組（I男が甲家戸籍に入籍）

昭和19・7・5　C男及びE女が辛家家族N女を養子とする養子縁組（N女が甲家戸籍に入籍）

昭和20・1・31　I男が庚家家族L女と婚姻（L女が甲家戸籍に入籍）

昭和21・2・27　I男とL女に嫡出子M女が誕生（M女は甲家戸籍に入籍）

昭和21・12・8　C男及びE女とI男が離縁（I男が丁家戸籍に復籍）

　　　　　　　※　L女が丁家戸籍に随従入籍

昭和22・6・2　C男が死亡

279

第1章　家に関する規定の不適用

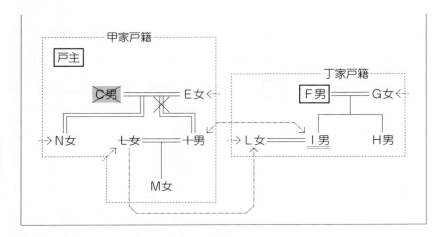

相続事例65：養親の去家による養親子関係の消滅の消長

被相続人E女

明治29・8・5　甲家戸主A男が乙家家族B女と婚姻（B女が甲家戸籍に入籍）

明治31・8・9　A男とB女に嫡出子D男が誕生（D男は甲家戸籍に入籍）

明治35・2・12　A男とB女に嫡出子E女が誕生（E女は甲家戸籍に入籍）

明治37・4・17　丁家戸主F男が戊家家族G女と婚姻（G女が丁家戸籍に入籍）

大正8・3・5　F男とG女に嫡出子H男が誕生（H男は丁家戸籍に入籍）

大正10・8・9　F男とG女に嫡出子I男が誕生（I男は丁家戸籍に入籍）

大正11・3・5　丙家戸主C男がE女と婚姻（E女が丙家戸籍に入籍）

昭和17・9・16　C男及びE女がI男を養子とする養子縁組（I男が丙家戸籍に入籍）

昭和19・11・4　C男とE女が離婚（E女が甲家戸籍に復籍）

昭和22・6・2　E女が死亡

第1節　旧民法特有の親族関係の消長

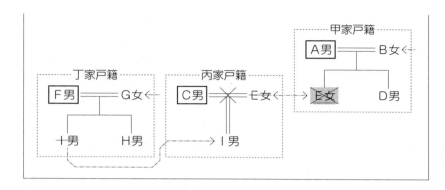

相続事例66：応急措置法後の婿養子

被相続人B女

明治39・4・19　甲家戸主A男が乙家家族B女と婚姻（B女が甲家戸籍に入籍）

大正8・9・14　A男とB女に嫡出子C女が誕生（C女は甲家戸籍に入籍）

昭和15・8・9　A男及びB女並びにC女が丙家家族D男と婿養子縁組（D男が甲家戸籍に入籍）

昭和16・7・27　A男が死亡

　　　　※　D男の家督相続届によりD男を戸主とする甲家の新戸籍編製

昭和22・11・11　B女が死亡

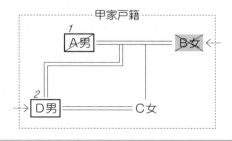

第1章　家に関する規定の不適用

事例の解説

相続事例63は，相続事例48で被相続人Ｄ女が応急措置法施行中に死亡したものとした事例である。まず，Ｄ女には，夫Ａ男がいたのでＡ男は相続人となった（応急措置法施行中の相続人の順位については，本編第2章で解説する。以下，本節において同様。）。そして，Ｄ女には，旧民法施行中（応急措置法の施行の前まで）には子として，実子Ｆ男，Ｈ男，Ｉ女，養子Ｊ女，継子Ｅ女，Ｇ女がいたが，継親子関係は応急措置法の施行と同時に消滅した。そのため，応急措置法施行後は，Ｅ女，Ｇ女はＤ女の子ではなくなった。つまり，Ｄ女の死亡時において，Ｅ女，Ｇ女はＤ女の子ではなかった。したがって，Ａ男，Ｆ男，Ｈ男，Ｉ女，Ｊ女が，各々6分の2，6分の1，6分の1，6分の1，6分の1の相続分で相続人となった。

相続事例64は，相続事例55で被相続人Ｃ男が応急措置法施行中に死亡したものとした事例である。まず，Ｃ男には，妻Ｅ女がいたのでＥ女は相続人となった。そして，Ｃ男には，旧民法施行中には子として，養子Ｉ男とＮ女がいたが，Ｃ男が死亡する前にＩ男は離縁し，Ｉ男には実子Ｍ女がいた。旧民法施行中（応急措置法の施行の前まで）は，Ｍ女はＣ男と同じ家の戸籍にいたためＣ男の孫であったが，その祖父孫の関係は応急措置法の施行と同時に消滅した。そのため，応急措置法施行後は，Ｍ女はＣ男の孫ではなくなった。つまり，Ｃ男の死亡時において，その直系卑属はＮ女のみとなった。したがって，Ｅ女，Ｍ女が，各々3分の1，3分の2の相続人分で相続人となった。

相続事例65は，親族事例16について被相続人をＥ女とし，Ｅ女が応急措置法施行中に死亡したものとした相続事例である。旧民法施行中に，Ｃ男とＥ女が離婚し，Ｅ女が丙家を去って甲家に復籍（Ｅ女の去家）したことによって，Ｅ女とＩ男との養親子関係が消滅した。この消滅した養親子関係は，応急措置法施行によっても復活しない。つまり，Ｅ女の死亡時において，Ｅ女には配偶者も直系卑属もいなかった。したがって，直系尊属であるＡ男，Ｂ女が，各2分の1の相続分で相続人となった。

相続事例66は，相続事例49で被相続人Ｂ女が応急措置法施行中に死亡し

第2節　家督相続の不適用

たものとした事例である。Ｂ女には，実子Ｃ女，婿養子Ｄ男がいたところ
で応急措置法の施行を迎えたものである。応急措置法の施行後に，新たに，
婿養子縁組という形態で婚姻，養子縁組をすることはできないが，旧民法
施行中に成立した婿養子縁組は，応急措置法の施行後は，普通の婚姻，普
通の養子縁組としての効力は継続した。つまり，Ｂ女の死亡時においても，
Ｄ男はＢ女の子であった。したがって，Ｃ女，Ｄ男が，各２分の１の相続
分で相続人となった。

第2節　家督相続の不適用

〈**論点**　戸籍上の戸主が，応急措置法後に死亡しても，家督相続は開始し
　　　ないのか。〉

【概　説】

〈**応急措置法**〉

　第7条　家督相続に関する規定は，これを適用しない。

　2　（後出）

　応急措置法の施行に伴って家制度が消滅したことで，家制度の根幹で
あった家督相続（→家督相続3-1）の制度も不適用とされた。

　つまり，応急措置法の施行まで戸主であった者が，応急措置法の施行後
に死亡したときは，たとえ，その死亡時の戸籍が改製されないままで，戸
籍上は「戸主」となっていたとしても，もはや，実体法上は戸主ではなく，
家督相続は開始しない。この場合，当該戸主であった者を被相続人とし，
その死亡によって，応急措置法，新民法に基づく相続が開始した。

相続事例67：「戸主」の応急措置法施行後の死亡

被相続人Ａ男

第1章 家に関する規定の不適用

大正6・4・19　甲家戸主A男が乙家家族B女と婚姻(B女が甲家戸籍に入籍)
大正8・9・14　A男とB女に嫡出子C女が誕生(C女は甲家戸籍に入籍)
大正9・9・16　A男とB女に嫡出子D男が誕生(D男は甲家戸籍に入籍)
昭和22・7・27　A男が死亡

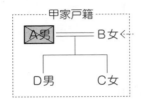

事例の解説

　この事例は，相続事例12で被相続人A男が応急措置法施行中に死亡したものとした事例である。A男が旧民法施行中に死亡すると，相続事例12のとおり，D男が単独で家督相続人となったところ，応急措置法後に開始した相続は，たとえ，戸籍が改製されないまま，戸籍上は「戸主」となっていたとしても，もはや家督相続は開始しなかった。したがって，B女，C女，D男が，各3分の1の相続分で相続人となった。

まとめ　家督相続に関する規定の不適用

　応急措置法の施行に伴って，家制度が消滅し，継親子関係など旧民法特有の親族関係は，応急措置法施行と同時に消滅した。
　主なものとして，まず，旧民法施行中（応急措置法施行まで）の継親子関係であるが，これは，応急措置法施行と同時に消滅し，継親と継子は親子で（継親子関係に基づく親族関係も）なくなり，応急措置法施行後に開始した相続においては，被相続人の継子（であった者）は相続人とはならなかった（家附の継子に関する特例は，第5編第2章で解説している。）。
　その他にも，旧民法施行中は，養親と養子（当該子の親）が離縁し，

284

第2節　家督相続の不適用

養親と養子の養親子関係が消滅しても，当該子が，なお当該家に在籍している限り，養親と当該子の祖父母孫の関係は消滅しなかったものが，応急措置法の施行と同時に，この祖父母孫の関係も消滅した。

他方，応急措置法施行後では消滅しない親族関係であっても，旧民法施行中に消滅した親族関係は復活することはなく，養親の去家によって消滅した養子子関係は，応急措置法の施行によって復活することはなかった。

旧民法施行中に成立した婿養子縁組，入夫婚姻は，応急措置法施行後も婚姻，養子縁組としての効力は継続した。

家制度の消滅にともない，その存続の根幹であった家督相続も不適用とされた。応急措置法の施行後に被相続人の死亡によって開始した相続は，たとえ，戸籍が改製されないまま，被相続人が戸籍上は「戸主」となっていたとしても，その相続は家督相続ではなかったのである。

第2章　応急措置法施行中に開始した相続人の順位，相続分

〈論点　応急措置法施行中に死亡した者について開始した相続については誰が相続人になるのか。〉

概　説

〈応急措置法〉

第7条　（前出）
2　相続については，第8条及び第9条の規定によるの外，遺産相続に関する規定に従う。

第8条　直系卑属，直系尊属及び兄弟姉妹は，その順序により相続人となる。
2　配偶者は，常に相続人となるものとし，その相続分は，左の規定に

285

第2章　応急措置法施行中に開始した相続人の順位，相続分

　従う。
一　直系卑属とともに相続人であるときは，３分の１とする。
二　直系尊属とともに相続人であるときは，２分の１とする。
三　兄弟姉妹とともに相続人であるときは，３分の２とする。

第９条　兄弟姉妹以外の相続人の遺留分の額は，左の規定に従う。
一　直系卑属のみが相続人であるとき，又は直系卑属及び配偶者が相続
　　人であるときは，被相続人の財産の２分の１とする。
二　その他の場合は，被相続人の財産の３分の１とする。

　応急措置法の施行によって，家制度が消滅し，家督相続の制度，妻・母の能力制限に関する規定，夫婦関係規定で両性の本質的平等に反するものなどの規定が不適用とされるなどしたが，その他の旧民法の規定は存続した。相続については，応急措置法第８条及び第９条の規定に関する事項以外は，旧民法の遺産相続（→**遺産相続3-2**）に関する規定が適用された。応急措置法の施行後に開始した相続は旧民法でいうところの遺産相続に一本化されたことで，遺産相続ではなく，新民法以降現行の民法と同様の相続となったのである。

　応急措置法に基づく相続は，人の死亡によってのみ開始し（旧民法992条），相続人の順位，**相続分**は旧民法の規定とは異なった。まず，被相続人の**配偶者**は，常に，相続人となった。配偶者以外では，被相続人に**直系卑属**がいれば第１順位として直系卑属が相続人となった。配偶者と直系卑属が共同で相続人となるときは，各相続分は配偶者が３分の１，直系卑属が３分の２となった。被相続人に直系卑属がいなければ第２順位として**直系尊属**が相続人となった。配偶者と直系尊属が共同で相続人となるときは，各相続分は配偶者が２分の１，直系尊属が２分の１となった。被相続人に直系尊属がいなければ第３順位として**兄弟姉妹**が相続人となった。配偶者と兄弟姉妹が共同で相続人となるときは，各相続分は配偶者が３分の２，兄弟姉妹が３分の１となった。

　第１順位として直系卑属が相続人となるとき，**胎児**（死体で生まれた場合を除いて）は，相続については既に生まれたものとみなされ（旧民法993条，

968条），親等の異なる者の間にあっては親等の近い者が相続人となり，親
等の同じ者は同順位で相続人となり（旧民法994条），相続人となるべき者が
相続の開始前に死亡し，又は相続権を失った場合において，その者に直系
卑属がいたときは，その直系卑属が代襲して相続人となり（旧民法995条，
1005条），同順位の相続人が数人いたときは各自の相続分は相等しいとされ
たが，非嫡出子の相続分は嫡出子の相続分の2分の1とされたことや（旧
民法1004条），養子も直系卑属として相続人となり，属する戸籍に関係なく
直系卑属として相続人になり，2親等（孫）以下の直系卑属については代
襲相続の対象とされることは，遺産相続と同様である。

　第2順位として直系尊属が相続人となるとき，親等の異なる者の間に
あっては親等の近い者が相続人となり，親等の同じ者は同順位で相続人と
なり（旧民法996条2項，994条），同順位の相続人が数人いたときは各自の相
続分は相等しいとされ（旧民法1004条），養親も相続人となり，属する戸籍
に関係なく直系尊属として相続人となることは，遺産相続と同様である。

　直系卑属，直系尊属が相続人となる場合は，詳しくは，第3編第2章を
参照していただきたい。ただし，応急措置法の施行後は，継親子関係など
家制度の基づいた親族関係が消滅していることは，本編第1章第1節で解
説したとおりである。

　第3順位は兄弟姉妹であり，旧民法では，家督相続人に選定される場合
はあったものの，兄弟姉妹の身分で法定の（自動的に）家督相続人又は遺
産相続人となることはなかった。これが，応急措置法以降は，兄弟姉妹と
いう立場で相続人となるようになったのである。兄弟姉妹とは，新民法以
降と同様，父母の双方を同じくする全血の兄弟姉妹だけでなく，父母の一
方のみを同じくする半血の兄弟姉妹を含んだが，応急措置法には，半血の
兄弟姉妹の相続分を全血の兄弟姉妹の相続分の2分の1とする旨の規定は
なかった。このため，父母の双方を同じくするか否かで相続分に差がな
かったことになる（幸良秋夫『新訂設問解説　相続法と登記』（日本加除出版，2018
年），459頁）。ただ，旧民法第1004条の但書きが適用されて，父母の一方の
みを同じくする兄弟姉妹の相続分は，父母の双方を同じくする兄弟姉妹の

第２章　応急措置法施行中に開始した相続人の順位，相続分

相続分の２分の１とする考えもある（河瀬敏雄『全訂　図解　旧民法・応急措置法から現行法　相続登記事例集』（日本加除出版，2005年），438頁）。また，兄弟姉妹が相続人となるべき場合の代襲相続に関する規定もなかったため，被相続人が死亡する前に兄弟姉妹が死亡していても，その兄弟姉妹の子孫が相続人となることはなかった。

　被相続人に，配偶者，直系卑属，直系尊属，兄弟姉妹がいなければ，相続人不存在となる。

相続事例68：直系卑属と配偶者

被相続人Ｃ男

明治39・4・19	甲家戸主Ａ男が乙家家族Ｂ女と婚姻（Ｂ女が甲家戸籍に入籍）
明治41・5・23	Ａ男とＢ女に嫡出子Ｃ男が誕生（Ｃ男は甲家戸籍に入籍）
明治43・9・30	Ａ男とＢ女に嫡出子Ｄ男が誕生（Ｄ男は甲家戸籍に入籍）
昭和8・9・14	Ｃ男が丙家家族Ｅ女と婚姻（Ｅ女が甲家戸籍に入籍）
昭和10・7・27	Ｃ男とＥ女に嫡出子Ｆ男が誕生（Ｆ男は甲家戸籍に入籍）
昭和12・1・6	Ｃ男とＥ女に嫡出子Ｇ女が誕生（Ｇ女は甲家戸籍に入籍）
昭和13・12・5	Ｃ男とＥ女に嫡出子Ｈ女が誕生（Ｈ女は甲家戸籍に入籍）
昭和15・4・9	丁家戸主Ｉ男がＨ女を養子とする養子縁組（Ｈ女が丁家戸籍に入籍）
昭和20・12・8	Ａ男が死亡 ※　Ｃ男の家督相続届によりＣ男を戸主とする甲家の新戸籍編製
昭和22・5・11	Ｃ男が死亡

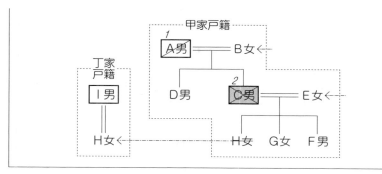

相続事例69：直系卑属

被相続人Ｃ男

明治39・4・19　甲家戸主Ａ男が乙家家族Ｂ女と婚姻（Ｂ女が甲家戸籍に入籍）

明治41・5・23　Ａ男とＢ女に嫡出子Ｃ男が誕生（Ｃ男は甲家戸籍に入籍）

明治43・9・30　Ａ男とＢ女に嫡出子Ｄ男が誕生（Ｄ男は甲家戸籍に入籍）

昭和 8・9・14　Ｃ男が丙家家族Ｅ女と婚姻（Ｅ女が甲家戸籍に入籍）

昭和10・7・27　Ｃ男とＥ女に嫡出子Ｆ男が誕生（Ｆ男は甲家戸籍に入籍）

昭和12・1・6　Ｃ男とＥ女に嫡出子Ｇ女が誕生（Ｇ女は甲家戸籍に入籍）

昭和13・12・5　Ｃ男とＥ女に嫡出子Ｈ女が誕生（Ｈ女は甲家戸籍に入籍）

昭和15・4・9　丁家戸主Ｉ男がＨ女を養子とする養子縁組（Ｈ女が丁家戸籍に入籍）

昭和20・12・8　Ｅ女が死亡

昭和22・5・11　Ｃ男が死亡

第2章　応急措置法施行中に開始した相続人の順位，相続分

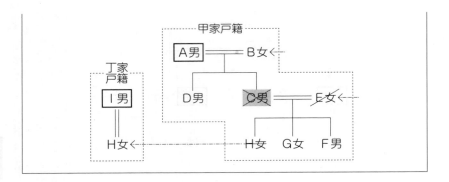

相続事例70：直系尊属と配偶者

被相続人Ｃ男

明治39・4・19　甲家戸主Ａ男が乙家家族Ｂ女と婚姻（Ｂ女が甲家戸籍に入籍）

明治41・5・23　Ａ男とＢ女に嫡出子Ｃ男が誕生（Ｃ男は甲家戸籍に入籍）

明治43・9・30　Ａ男とＢ女に嫡出子Ｄ男が誕生（Ｄ男は甲家戸籍に入籍）

昭和8・9・14　Ｃ男が丙家家族Ｅ女と婚姻（Ｅ女が甲家戸籍に入籍）

昭和20・12・8　Ａ男が死亡

　　※　Ｃ男の家督相続届によりＣ男を戸主とする甲家の新戸籍編製

昭和22・5・11　Ｃ男が死亡

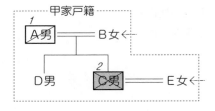

相続事例71：直系尊属

被相続人Ｃ男

明治39・4・19	甲家戸主Ａ男が乙家家族Ｂ女と婚姻（Ｂ女が甲家戸籍に入籍）
明治41・5・23	Ａ男とＢ女に嫡出子Ｃ男が誕生（Ｃ男は甲家戸籍に入籍）
明治43・9・30	Ａ男とＢ女に嫡出子Ｄ男が誕生（Ｄ男は甲家戸籍に入籍）
昭和8・9・14	Ｃ男が丙家家族Ｅ女と婚姻（Ｅ女が甲家戸籍に入籍）
昭和20・12・8	Ｅ女が死亡
昭和22・5・11	Ｃ男が死亡

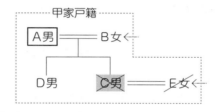

相続事例72：兄弟姉妹と配偶者

被相続人Ｃ男

明治39・4・19	甲家戸主Ａ男が乙家家族Ｂ女と婚姻（Ｂ女が甲家戸籍に入籍）
明治41・5・23	Ａ男とＢ女に嫡出子Ｃ男が誕生（Ｃ男は甲家戸籍に入籍）
明治43・9・30	Ａ男とＢ女に嫡出子Ｄ男が誕生（Ｄ男は甲家戸籍に入籍）
大正1・8・1	Ａ男とＢ女に嫡出子Ｊ女が誕生（Ｊ女は甲家戸籍に入籍）
昭和8・9・14	Ｃ男が丙家家族Ｅ女と婚姻（Ｅ女が甲家戸籍に入籍）
昭和9・11・2	戊家戸主Ｋ男がＪ女と婚姻（Ｊ女が戊家戸籍に入籍）
昭和20・12・8	Ａ男が死亡
	※　Ｃ男の家督相続届によりＣ男を戸主とする甲家

の新戸籍編製
昭和21・7・10　B女が死亡
昭和22・5・11　C男が死亡

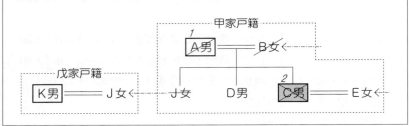

相続事例73：兄弟姉妹

被相続人C男

明治39・4・19　甲家戸主A男が乙家家族B女と婚姻（B女が甲家戸籍に入籍）

明治41・5・23　A男とB女に嫡出子C男が誕生（C男は甲家戸籍に入籍）

明治43・9・30　A男とB女に嫡出子D男が誕生（D男は甲家戸籍に入籍）

大正1・8・1　A男とB女に嫡出子J女が誕生（J女は甲家戸籍に入籍）

昭和8・9・14　C男が丙家家族E女と婚姻（E女が甲家戸籍に入籍）

昭和9・11・2　戊家戸主K男がJ女と婚姻（J女が戊家戸籍に入籍）

昭和19・2・2　E女が死亡

昭和20・12・8　A男が死亡

　　※　C男の家督相続届によりC男を戸主とする甲家の新戸籍編製

昭和21・7・10　B女が死亡

昭和22・5・11　C男が死亡

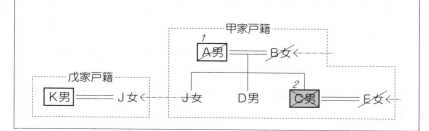

相続事例74：配偶者のみ

被相続人C男

明治39・4・19　甲家戸主A男が乙家家族B女と婚姻（B女が甲家戸籍に入籍）

明治41・5・23　A男とB女に嫡出子C男が誕生（C男は甲家戸籍に入籍）

昭和8・9・14　C男が丙家家族E女と婚姻（E女が甲家戸籍に入籍）

昭和20・12・8　A男が死亡

　　※　C男の家督相続届によりC男を戸主とする甲家の新戸籍編製

昭和21・7・10　B女が死亡

昭和22・5・11　C男が死亡

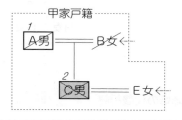

相続事例75：直系卑属の代襲相続

被相続人Ａ男

明治39・4・19　甲家戸主Ａ男が乙家家族Ｂ女と婚姻（Ｂ女が甲家戸籍に入籍）

明治41・5・23　Ａ男とＢ女に嫡出子Ｃ男が誕生（Ｃ男は甲家戸籍に入籍）

明治43・9・30　Ａ男とＢ女に嫡出子Ｄ男が誕生（Ｄ男は甲家戸籍に入籍）

昭和8・9・14　Ｃ男が丙家家族Ｅ女と婚姻（Ｅ女が甲家戸籍に入籍）

昭和10・7・27　Ｃ男とＥ女に嫡出子Ｆ男が誕生（Ｆ男は甲家戸籍に入籍）

昭和12・1・6　Ｃ男とＥ女に嫡出子Ｇ女が誕生（Ｇ女は甲家戸籍に入籍）

昭和13・12・5　Ｃ男とＥ女に嫡出子Ｈ女が誕生（Ｈ女は甲家戸籍に入籍）

昭和15・4・9　丁家戸主Ｉ男がＨ女を養子とする養子縁組（Ｈ女が丁家戸籍に入籍）

昭和20・12・8　Ｃ男が死亡

昭和22・5・11　Ａ男が死亡

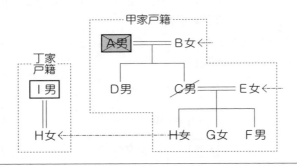

相続事例76：兄弟姉妹の代襲相続

被相続人Ｃ男

明治39・4・19　甲家戸主Ａ男が乙家家族Ｂ女と婚姻（Ｂ女が甲家戸籍に

	入籍）
明治41・5・23	A男とB女に嫡出子C男が誕生（C男は甲家戸籍に入籍）
明治43・9・30	A男とB女に嫡出子D男が誕生（D男は甲家戸籍に入籍）
大正1・8・1	A男とB女に嫡出子J女が誕生（J女は甲家戸籍に入籍）
昭和8・9・14	C男が丙家家族E女と婚姻（E女が甲家戸籍に入籍）
昭和9・11・2	戊家戸主K男がJ女と婚姻（J女が戊家戸籍に入籍）
昭和11・11・27	K男とJ女に嫡出子L男が誕生（L男は戊家戸籍に入籍）
昭和17・4・8	J女が死亡
昭和20・12・8	A男が死亡
	※ C男の家督相続届によりC男を戸主とする甲家の新戸籍編製
昭和21・7・10	B女が死亡
昭和22・5・11	C男が死亡

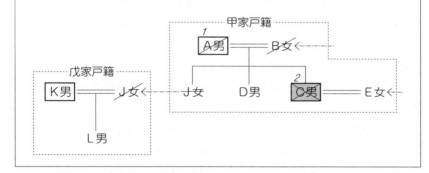

事例の解説

相続事例68では，被相続人C男が応急措置法の施行中に死亡したことで相続が開始した。応急措置法施行中に開始した相続においては，配偶者は常に相続人となり，直系卑属は第1順位で被相続人の配偶者とともに相続人となった。したがって，E女，F男，G女，H女が，各々，9分の3，9分の2，9分の2，9分の2の相続分で相続人となった。

相続事例69は，相続事例68でE女がC男より先に死亡していたとした事

295

第2章　応急措置法施行中に開始した相続人の順位，相続分

例である。したがって，F男，G女，H女が，各3分の1の相続分で相続人となった。

　相続事例70では，被相続人C男が応急措置法の施行中に死亡したことで相続が開始した。応急措置法施行中に開始した相続においては，配偶者は常に相続人となり，被相続人の死亡の時に直系卑属がいなければ，直系尊属が第2順位で被相続人の配偶者とともに相続人となった。したがって，E女，B女が，各2分の1の相続分で相続人となった。

　相続事例71は，相続事例70でA男が存命であり，E女がC男より先に死亡していたとした事例である。したがって，A男，B女が，各2分の1の相続分で相続人となった。

　相続事例72では，被相続人C男が応急措置法の施行中に死亡したことで相続が開始した。応急措置法施行中に開始した相続においては，配偶者は常に相続人となり，被相続人の死亡の時に直系卑属も直系尊属もいなければ，兄弟姉妹が第3順位で被相続人の配偶者とともに相続人となった。したがって，E女，D男，J女が，各々，6分の4，6分の1，6分の1の相続分で相続人となった。

　相続事例73は，相続事例72でE女がC男より先に死亡していたとした事例である。したがって，D男，J女が，各2分の1の相続分で相続人となった。

　相続事例74では，被相続人C男が応急措置法の施行中に死亡したことで相続が開始した。応急措置法施行中に開始した相続においては，配偶者は常に相続人となったが，C男には，その死亡時に直系卑属も直系尊属も兄弟姉妹もいなかった。そのため，E女が相続人となった。

　相続事例75では，被相続人A男が応急措置法の施行中に死亡したことで相続が開始した。応急措置法施行中に開始した相続においては，配偶者は常に相続人となり，被相続人の子が被相続人の死亡の前に死亡し，その死亡した子に直系卑属（被相続人の孫）がいたときは，その死亡した子を被代襲者，その孫を代襲者とする代襲相続が成立した。ここでは，C男をF男，G女，H女が代襲した。したがって，B女，F男，G女，H女，D男が，

296

各々，9分の3，9分の1，9分の1，9分の1，9分の3の相続分で相続人となった。

相続事例76では，被相続人C男が応急措置法の施行中に死亡したことで相続が開始した。応急措置法施行中に開始した相続においては，配偶者は常に相続人となり，被相続人の死亡の時に直系卑属も直系尊属もいなかったときは兄弟姉妹が相続人となったが，被相続人の兄弟姉妹が被相続人の死亡の前に死亡し，その死亡した兄弟姉妹に直系卑属（被相続人の甥姪）がいたとしても，代襲相続は成立しなかった。ここでは，C男の死亡前に死亡したJ女の子L男（C男の甥）がいたが，L男がJ女を代襲することはなかった。したがって，E女，D男が，各々，3分の2，3分の1の相続分で相続人となった。

> **まとめ**　**応急措置法施行中の相続人，相続分**
>
> 　応急措置法の施行中に開始（人の死亡によってのみ開始）した相続については，まず，被相続人の配偶者は，常に，相続人となった。さらに，被相続人に直系卑属がいれば第1順位として直系卑属（親等の近い者）が相続人となった。直系卑属がいなければ，第2順位として直系尊属（親等の近い者）が相続人となり，直系尊属もいなければ第3順位として兄弟姉妹が相続人となった。
>
> 　配偶者と直系卑属が共同で相続人となるときは各相続分は配偶者が3分の1，直系卑属が3分の2，配偶者と直系尊属が共同で相続人となるときは各相続分は配偶者が2分の1，直系尊属が2分の1，配偶者と兄弟姉妹が共同で相続人となるときは各相続分は配偶者が3分の2，直系尊属が3分の1となった。
>
> 　同順位の相続人が数人いたときは各自の相続分は同等であったが，非嫡出子の相続分は嫡出子の相続分の2分の1となったが，半血の兄弟姉妹の相続分を全血の兄弟姉妹の相続分の2分の1とする旨の規定はなかった。
>
> 　応急措置法の施行中に開始した相続においては，第1順位の直系卑

第4編　応急措置法

第2章 応急措置法施行中に開始した相続人の順位，相続分

属（子）が相続人となるべき場合は代襲相続が適用されたが，第3順位の兄弟姉妹が相続人となるべき場合は代襲相続は適用されなかったため（昭25・10・7民事甲2682号民事局長回答，最二小判昭43・11・22民集22巻12号2777頁），被相続人の死亡の前に相続人となるべき兄弟姉妹が死亡していて，その兄弟姉妹に子がいたとしても，当該子（被相続人の甥姪）が相続人となることはなかった。

······················ 第 **5** 編 ·················

新民法附則

第1章　家督相続人不選定

〈論点　戸主が死亡し，家督相続人が選定されないまま，新民法の施行を
　　　迎えたときは，誰が相続人になるのか。〉

概　説

〈新民法附則〉

第25条　応急措置法施行前に開始した相続に関しては，第2項の場合を
　除いて，なお，旧法を適用する。

2　応急措置法施行前に家督相続が開始し，新法施行後に旧法によれば
　家督相続人を選定しなければならない場合には，その相続に関しては，
　新法を適用する。但し，その相続の開始が入夫婚姻の取消，入夫の離
　婚又は養子縁組の取消によるときは，その相続は，財産の相続に関し
　ては開始しなかつたものとみなし，第28条の規定を準用する。

第27条　第25条第2項本文の場合を除いて，日本国憲法公布の日以後に
　戸主の死亡による家督相続が開始した場合には，新法によれば共同相
　続人となるはずであつた者は，家督相続人に対して相続財産の一部の
　分配を請求することができる。

2　前項の規定による相続財産の分配について，当事者間に協議が調わ
　ないとき，又は協議をすることができないときは，当事者は，家事審
　判所に対し協議に代わる処分を請求することができる。但し，新法施
　行の日から一年を経過したときは，この限りでない。

3　前項の場合には，家事審判所は，相続財産の状態，分配を受ける者
　の員数及び資力，被相続人の生前行為又は遺言によつて財産の分配を
　受けたかどうかその他一切の事情を考慮して，分配をさせるべきかど

299

第1章　家督相続人不選定

うか並びに分配の額及び方法を定める。

第28条　応急措置法施行の際戸主であつた者が応急措置法施行後に婚姻
の取消若しくは離婚又は養子縁組の取消若しくは離縁によつて氏を改
めた場合には，配偶者又は養親，若し配偶者又は養親がないときは新
法によるその相続人は，その者に対し財産の一部の分配を請求するこ
とができる。この場合には，前条第2項及び第3項の規定を準用する。

　昭和23年1月1日，**新民法**が施行された。新民法は旧民法の全面改正で
あるため，これをもって旧民法は実質的に廃止された。同時に，応急措置
法は失効した。

　旧民法施行中，応急措置法の施行前に開始した相続（家督相続，遺産相
続）については，旧民法が適用されることは，相続法は不遡及とされるこ
とから当然の結論となる。これは，旧民法の施行中，応急措置法の施行前
に家督相続（→家督相続3－1）又は遺産相続（→遺産相続3－2）が開始して
いたときは，応急措置法の施行後，新民法の施行後に，相続登記などの相
続に関する手続が行われる場合であっても，相続人の特定などについては
旧民法を適用することを意味する。応急措置法（第4編）の施行中に開始
した相続についても，新民法の施行後に，相続登記などの相続に関する手
続が行われる場合の相続人の特定などについては，応急措置法を適用する
ことは同様である。

　ところが，新民法の施行に伴って，その附則（**新民法附則**）において，こ
の相続法不遡の原則に特例が設けられた。旧民法施行中に開始した相続で
あっても，新民法が適用される場合があるのである。

　これが，**家督相続人不選定**の場合である。応急措置法の施行前に家督相
続が開始し，新民法の施行後に旧民法によれば家督相続人を選定しなけれ
ばならない場合には，その相続に関しては新民法（第1編第1章第2節第2の
5）が適用された。そのため，このような場合には，その家督相続が開始
した時に遡って，新民法が適用された。

　家督相続人の不選定によって新民法が遡及的に適用される相続とは，応

300

急措置法施行前に開始した家督相続である。つまり，旧民法施行中（応急措置法施行前）である昭和22年5月2日までに開始したもので，被相続人が，相続開始の際，戸主であったこと，すなわち，家督相続が開始したことが，まず前提とされる。旧民法施行中（応急措置法施行前）に開始した相続であっても遺産相続については，新民法が適用されることはない。

　家督相続人の不選定によって新民法が遡及的に適用されるには，さらに，新民法施行後に，旧民法によれば，家督相続人を選定しなければならない場合でなければならない。これは，家督相続人が選定されるべき場合において，新民法施行までに，家督相続人が選定されなかったことが該当する。旧民法施行中に開始した家督相続について第1種選定家督相続人（→第1種選定家督相続人3-1-6）又は第2種選定家督相続人（→第2種選定家督相続人3-1-8）を選定すべき場合に旧民法施行中に選定されていないときは，応急措置法施行中であれば選定することができたが，新民法施行後は，もはや，選定することはできず，その結果，家督相続人を定めることができないため，遡及して新民法を適用させるとしたものである。

　家督相続人が選定されるべき場合において家督相続人が選定されていないとは，第2種選定家督相続人が選定されるべき場合において家督相続人が選定されていない状態はもちろん，戸主である被相続人の家に，その配偶者や兄弟，姉妹等の第1種選定家督相続人に選定されるべき者がいたとしても，家督相続人として選定されていない状態をも包含した。

　家督相続人の選定は，戸籍の届出がなくても，選定行為があれば有効に成立したため，戸籍に選定の旨の記載がないことだけでは家督相続人が選定されていないことが確定しているとは言い難いが，相続登記の実務においては，家督相続人が選定された旨の証明書がない限り（通常はないものと思われる。），家督相続人不選定であるとして取り扱って差し支えない。この場合，相続人全員による「他に相続人はない」旨の証明書（家督相続人不選定証明書）は必要ない（登記研究844号123頁）。

　以上の状態と異なり，旧民法施行中に家督相続が開始し，第1種法定家督相続人（→第1種法定家督相続人3-1-2）又は第2種法定家督相続人（→第

第1章　家督相続人不選定

2種法定家督相続人3-1-7）がいたにもかかわらず，家督相続届がなされず
に戸籍に家督相続の旨の記載がなかったとしても，これは家督相続人不選
定ではないため新民法附則第25条第2項本文は適用されない。この場合に
は，その，第1種法定家督相続人又は第2種法定家督相続人を家督相続人
として特定することとなる（第3編第1章第1節，第2節，第7節）。

＊　入夫婚姻の取消，入夫の離婚又は養子縁組の取消しによる家督相続不選定の場合

家督相続人不選定の場合であっても，その家督相続が入夫婚姻（→入夫
婚姻2-2-4）の取消し，入夫の離婚又は養子縁組の取消しによるときは
（第3編第1章第1節），新民法の遡及適用はなかった。この場合は，財産の
相続に関しては，相続が開始しなかったものとみなされ，新民法附則第28
条の規定が準用された。つまり，旧民法施行中に，入夫婚姻の取消し，入
夫の離婚又は養子縁組の取消しによって家督相続が開始し，家督相続人不
選定のまま新民法の施行を迎えたときは，そもそも，家督相続も，新民法
による相続も開始していないとして取り扱われることとなる（被相続人は，
家督相続開始時に生存している。）。このような場合には，家督相続が開始した
にもかかわらず，被相続人である元戸主が，依然として，自分が有してい
た財産（入夫婚姻によって前戸主である妻から家督相続によって取得したものも含
む。）を引き続き有していることになった。

ただ，入夫離婚の以前から入夫が有している財産は，その多くは，妻の
家の財産として，入夫婚姻の際に，前戸主である妻から家督相続によって
受け継いだものであろうことから，入夫がその家を去る以上，その財産は，
その家の属する者に承継させるべきであると観念されていたため，その妻
は，元夫の有する財産の一部の分配を請求することができた。

相続事例77：家督相続人不選定

被相続人A男

明治39・8・5	甲家戸主A男が乙家家族B女と婚姻（B女が甲家戸籍に入籍）
明治44・10・4	A男とB女に嫡出子C女が誕生（C女は甲家戸籍に入籍）
大正2・6・21	A男とB女に嫡出子D男が誕生（D男は甲家戸籍に入籍）
大正5・6・29	A男とB女に嫡出子E男が誕生（E男は甲家戸籍に入籍）
昭和7・6・29	丙家家族F男がC女と婚姻（C女が丙家戸籍に入籍）
昭和13・7・4	E男が分家（E男を戸主とする甲家分家の新戸籍編製）
昭和15・12・30	D男が死亡
昭和17・12・3	A男が死亡

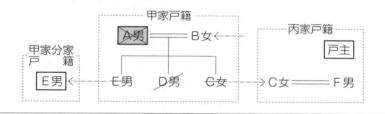

相続事例78：単身戸主の家督相続人不選定

被相続人E男

明治39・8・5	甲家戸主A男が乙家家族B女と婚姻（B女が甲家戸籍に入籍）
明治44・10・4	A男とB女に嫡出子C女が誕生（C女は甲家戸籍に入籍）
大正2・6・21	A男とB女に嫡出子D男が誕生（D男は甲家戸籍に入籍）
大正5・6・29	A男とB女に嫡出子E男が誕生（E男は甲家戸籍に入籍）
昭和7・6・29	丙家家族F男がC女と婚姻（C女が丙家戸籍に入籍）
昭和13・7・4	E男が分家（E男を戸主とする甲家分家の新戸籍編製）
昭和15・12・30	D男が死亡

第1章　家督相続人不選定

昭和17・12・3　　A男が死亡
昭和18・4・8　　E男が死亡

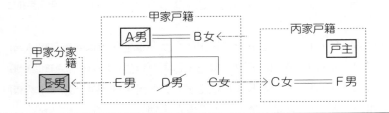

相続事例79：家督相続人不選定による家督相続

被相続人A男

明治39・8・5　　甲家戸主A男が乙家家族B女と婚姻（B女が甲家戸籍に入籍）
明治44・10・4　A男とB女に嫡出子C女が誕生（C女は甲家戸籍に入籍）
大正2・6・21　　A男とB女に嫡出子D男が誕生（D男は甲家戸籍に入籍）
大正5・6・29　　A男とB女に嫡出子E男が誕生（E男は甲家戸籍に入籍）
昭和7・6・29　　丙家家族F男がC女と婚姻（C女が丙家戸籍に入籍）
昭和13・7・4　　E男が分家（E男を戸主とする甲家分家の新戸籍編製）
昭和13・8・1　　E男が丁家家族G女と婚姻（G女が甲家分家戸籍に入籍）
昭和14・9・15　E男とG女に嫡出子H女が誕生（H女は甲家分家戸籍に入籍）
昭和15・11・3　E男とG女に嫡出子I男が誕生（I男は甲家分家戸籍に入籍）
昭和15・12・30　D男が死亡
昭和16・11・30　B女が死亡
昭和17・12・3　A男が死亡
昭和18・4・8　　E男が死亡

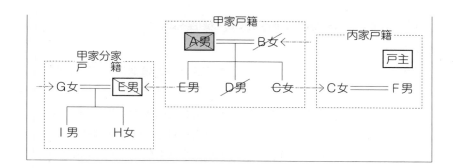

相続事例80：数次の家督相続人不選定

被相続人Ａ男

明治39・8・5	甲家戸主Ａ男が乙家家族Ｂ女と婚姻（Ｂ女が甲家戸籍に入籍）
明治44・10・4	Ａ男とＢ女に嫡出子Ｃ女が誕生（Ｃ女は甲家戸籍に入籍）
大正2・6・21	Ａ男とＢ女に嫡出子Ｄ男が誕生（Ｄ男は甲家戸籍に入籍）
大正5・6・29	Ａ男とＢ女に嫡出子Ｅ男が誕生（Ｅ男は甲家戸籍に入籍）
昭和7・6・29	丙家家族Ｆ男がＣ女と婚姻（Ｃ女が丙家戸籍に入籍）
昭和13・7・4	Ｅ男が分家（Ｅ男を戸主とする甲家分家の新戸籍編製）
昭和15・12・30	Ｄ男が死亡
昭和16・11・30	Ｂ女が死亡
昭和17・12・3	Ａ男が死亡
昭和18・4・8	Ｅ男が死亡

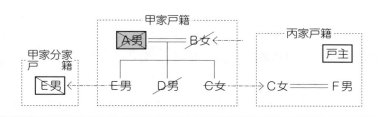

305

第1章　家督相続人不選定

相続事例81：家督相続人不選定による遺産相続

被相続人A男

明治39・8・5　甲家戸主A男が乙家家族B女と婚姻（B女が甲家戸籍に入籍）

明治44・10・4　A男とB女に嫡出子C女が誕生（C女は甲家戸籍に入籍）

大正2・6・21　A男とB女に嫡出子D男が誕生（D男は甲家戸籍に入籍）

大正5・6・29　A男とB女に嫡出子E男が誕生（E男は甲家戸籍に入籍）

昭和7・6・29　丙家家族F男がC女と婚姻（C女が丙家戸籍に入籍）

昭和13・7・4　E男が分家（E男を戸主とする甲家分家の新戸籍編製）

昭和14・9・15　F男とC女に嫡出子J女が誕生（J女は丙家戸籍に入籍）

昭和15・11・3　F男とC女に嫡出子K男が誕生（K男は丙家戸籍に入籍）

昭和15・12・30　D男が死亡

昭和16・11・30　B女が死亡

昭和17・12・3　A男が死亡

昭和18・4・8　C女が死亡

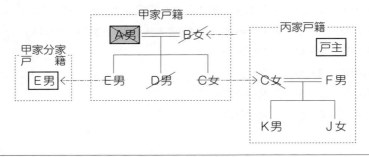

相続事例82：家督相続人不選定と継子

被相続人D男

明治39・8・5　乙家戸主B女が丙家家族A男と入夫婚姻（A男が乙家戸籍に入籍）

306

	※　入夫が戸主とならない旨婚姻届書に記載
明治44・10・4	B女とA男に嫡出子C男が誕生（C男は乙家戸籍に入籍）
大正3・9・8	甲家戸主D男が丁家家族E女と婚姻（E女が甲家戸籍に入籍）
大正4・10・4	D男とE女に嫡出子F男が誕生（F男は甲家戸籍に入籍）
大正5・12・12	D男とE女に嫡出子G男が誕生（G男は甲家戸籍に入籍）
昭和2・2・1	A男が死亡
昭和12・12・1	E女が死亡
昭和17・12・3	B女が乙家を廃家し，D男がB女と婚姻（B女が甲家戸籍に入籍）
	※　C男が甲家戸籍に随従入籍
昭和18・8・8	G男が分家（G男を戸主とする甲家第1分家の新戸籍編製）
昭和19・9・9	C男が分家（C男を戸主とする甲家第2分家の新戸籍編製）
昭和20・7・24	F男が死亡
昭和21・2・14	D男が死亡

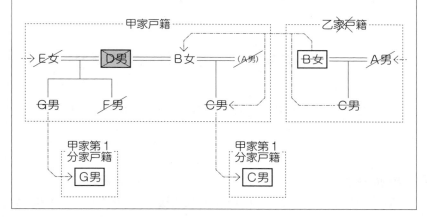

307

第1章　家督相続人不選定

相続事例83：職権絶家の無効

被相続人Ａ男

明治39・8・5　甲家戸主Ａ男が乙家家族Ｂ女と婚姻（Ｂ女が甲家戸籍に入籍）

明治44・10・4　Ａ男とＢ女に嫡出子Ｃ女が誕生（Ｃ女は甲家戸籍に入籍）

大正2・6・21　Ａ男とＢ女に嫡出子Ｄ男が誕生（Ｄ男は甲家戸籍に入籍）

大正5・6・29　Ａ男とＢ女に嫡出子Ｅ男が誕生（Ｅ男は甲家戸籍に入籍）

昭和7・6・29　丙家家族Ｆ男がＣ女と婚姻（Ｃ女が丙家戸籍に入籍）

昭和13・7・4　Ｅ男が分家（Ｅ男を戸主とする甲家分家の新戸籍編製）

昭和15・12・30　Ｄ男が死亡

昭和16・8・31　Ｂ女が死亡

昭和17・12・3　Ａ男が死亡

昭和19・11・4　裁判所の許可により甲家の絶家

※　甲家の絶家

令和1・5・7　Ａ男名義の不動産の発見

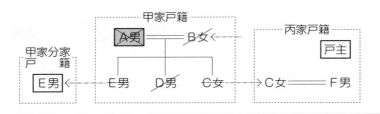

事例の解説

　相続事例77では，甲家の戸主Ａ男が旧民法施行中に死亡し，家督相続が開始したが，その家督相続の開始の時に甲家の戸籍には第１種法定家督相続人である直系卑属が在籍しておらず，指定家督相続人もなく，妻Ｂ女のみが在籍していた。妻は第１種選定家督相続人の被選定対象者であるが，選定されなければ家督相続人とはならなかった。ここでは，選定されるこ

となく，新民法の施行を迎え，家督相続人不選定となった。その結果，A男の死亡の時に遡って新民法が適用され，したがって，妻B女，子のC女，E男が，各3分の1の相続分で相続人となった。もし，この事例で，A男の死亡時に，甲家の戸籍にA男の直系尊属が在籍していたとしても家督相続人不選定の状態であり，結論は変わらない。

　相続事例78では，甲家分家の戸主E男が旧民法施行中に死亡し，家督相続が開始したが，E男は単身戸主（→**単身戸主2-2-1**）であったため，甲家分家の戸籍には第1順位から第4順位の家督相続人がいなかった。ここでは，第5順位の第2種選定家督相続人が選定されないまま新民法の施行を迎え，家督相続人不選定となった。その結果，E男の死亡の時に遡って新民法が適用され，したがって，母B女が相続人となった。

　相続事例79では，甲家の戸主A男が旧民法施行中に死亡し，家督相続が開始したが，その家督相続の開始の時に甲家の戸籍には第1順位から第4順位の家督相続人がいなかった。ここでは，第2種選定家督相続人が選定されないまま新民法の施行を迎え，家督相続人不選定となった。その結果，A男の死亡の時に遡って新民法が適用され，したがって，子のC女，E男が，各2分の1の相続分で相続人となった。ところが，その相続人E男も旧民法施行中に死亡していたもので，遡及して新民法が適用された結果，相続人になった者が旧民法施行中に死亡していた場合，後者の相続については新民法が適用されるのか，旧民法が適用されるのかが問題となる。このような場合，新民法が遡って適用されたことによって相続人となるべき者は，新民法施行時に生存している必要はなく，当該家督相続開始後，旧民法施行中に死亡した者であっても差支えなく，遡って新民法が適用された以後の相続が旧民法施行中に開始した相続である以上は旧民法が適用されると解されている（昭23・6・9民事甲1663号民事局長回答，昭25・10・7民事甲2682号民事局長回答，高松高判昭37・5・22高民15巻3号214頁，最二小判昭38・4・19民集17巻3号518頁）。そのため，E男の死亡によって，E男は戸主であったことから家督相続が開始した。E男の第1種法定家督相続人はI男であり，I男が家督相続人となった。結局，C女，E男が，各2分の1の

第1章　家督相続人不選定

相続分で相続人となり，Ｅ男の相続分をＩ男が家督相続した（ここでは，甲家分家の戸籍において，Ｉ男の家督相続届は未了であるが，Ｉ男を家督相続人であると判断することができる。）。

相続事例80でも，相続事例79と同様の理由で，Ａ男の死亡の時に遡って，子のＣ女，Ｅ男が，各２分の１の相続分で相続人となり，Ｅ男も戸主として旧民法施行中に死亡し，Ｅ男について家督相続が開始した。ところが，Ｅ男は単身戸主であり，新民法施行までに第２種選定家督相続人は選定されなかった。そのため，Ｅ男について開始した家督相続も家督相続人不選定となり，Ｅ男の死亡に遡って新民法が適用された。したがって，Ｅ男には配偶者も子も直系尊属もいなかったため，兄弟姉妹として姉Ｃ女が相続人となった。結局，Ｃ女，Ｅ男が，各２分の１の相続分で相続人となり，Ｅ男の相続分をＣ女が相続した。

相続事例81でも，相続事例79と同様の理由で，Ａ男の死亡の時に遡って，子のＣ女，Ｅ男が，各２分の１の相続分で相続人となった。ここでは，Ｃ女が旧民法施行中に死亡していたが，Ｃ女は家族であり，その死亡による相続については旧民法が適用されるため，遺産相続が開始した。したがって，Ｊ女，Ｋ男が，各２分の１の相続分で遺産相続人となった。結局，Ｃ女，Ｅ男が，各２分の１の相続分で相続人となり，Ｃ女の相続分をＪ女，Ｋ女が各２分の１，つまり，Ａ男の遺産を各４分の１で遺産相続した。

相続事例82では，甲家の戸主Ｄ男が旧民法施行中に死亡し，家督相続が開始したが，その家督相続の開始の時に甲家の戸籍には第１種法定家督相続人である直系卑属が在籍しておらず，指定家督相続人もなく，妻Ｂ女のみが在籍していた。妻は第１種選定家督相続人の被選定対象者であるが，選定されなければ家督相続人とはならなかった。ここでは，選定されることなく，新民法の施行を迎え，家督相続人不選定となった。その結果，Ｄ男の死亡の時に遡って新民法が適用された。遡って新民法の相続が適用される場合，相続に関する規定（新民法第5編）だけを遡及させる趣旨であれば相続については新民法が適用されるが，旧民法施行中に認められていた親子関係は，そのまま適用されるわけではなく，相続に関する規定の他，

310

身分（親族関係）に関する規定（新民法第4編）をも遡及させる趣旨であると解されている（昭26・6・1民事甲1136号民事局長回答）。つまり、相続については、その前提となる親族関係についても新民法が適用され、旧民法施行中に認められていた親族関係に基づいた相続は認められないこととなる。D男は、その死亡の当時、子として、実子G男のほか、B女との再婚及びC男の甲家への入籍によって成立した継子C男がいたが、遡及して適用される新民法の相続においては、継親子関係は認められない（第4編第1章第1節）。したがって、B女、G男が、各々、3分の1、3分の2の相続分で相続人となった。

　相続事例83では、単身戸主A男が死亡したが、財産を有していなかったため、市町村長が、区裁判所の許可を得て、職権で絶家としたものである。ところが、その後、新民法施行後に、A男名義の不動産が発見されたもので、これにより、その絶家は無効であったことになる（第2編第2章第12節）。このような場合、家督相続人を選定すべきであったことになり、結局、新民法施行まで家督相続人が選定されなかったことになる。そのため、ここでも、家督相続人不選定によってA男の死亡の時に遡って新民法が適用される。したがって、C女、E男が、各2分の1の相続分で相続人となった。

> **まとめ** 家督相続人不選定
>
> 　旧民法の施行中、応急措置法の施行前に家督相続が開始し、新民法の施行後に旧民法によれば家督相続人を選定しなければならない場合（家督相続人不選定）には、その相続に関しては、その家督相続が開始した時に遡って新民法が適用された。
>
> 　家督相続人不選定とは、旧民法によれば家督相続人を選定しなければならない場合で、これは、家督相続人が選定されるべき場合において、新民法施行までに、家督相続人が選定されなかったことをいい、旧民法施行中に開始した家督相続について第1種選定家督相続人又は第2種選定家督相続人を選定すべき場合において、新民法の施行まで

第1章　家督相続人不選定

に選定されなかった場合が該当した。

　家督相続人不選定によって新民法が遡及適用された結果，相続人となった者が旧民法施行中に死亡していた場合は，その死亡による相続については新民法ではなく，旧民法が適用された。また，家督相続人不選定によって新民法が遡及適用される場合は，新民法の相続に関する規定（新民法第5編相続）だけでなく，親族に関する規定（新民法第4編親族）も適用されたことから，この場合，被相続人の継子は相続人とはならなかった。

　同附則の適用を受けると，その家督相続については，もはや旧民法は適用されず，家督相続開始時に遡って，新民法が適用され（昭25・10・7民事甲2682号民事局長回答），この場合の相続登記については，家督相続開始の日（戸主の死亡の日）を相続の原因日付とし，（昭24・2・4民事甲3876号民事局長回答），登記原因については「相続」として差し支えない（昭31・9・25民事甲2206号民事局長通達）。

　また，職権絶家された後，新民法施行後に被相続人である戸主名義の不動産が発見されたときには，その絶家は無効であり，絶家がなかったものとして家督相続人を選定すべきであったところ，結局，新民法施行までに選定されなかったことになり，この場合にも，家督相続人不選定として，その戸主の死亡の時に遡って新民法が適用される。

　なお，家督相続人不選定であっても，その家督相続の開始が入夫婚姻の取消し，入夫の離婚又は養子縁組の取消しによるときは，新民法の遡及適用はなく，この場合は，財産の相続に関しては，相続が開始しなかったものとみなされた。

　家督相続人不選定についての詳細は，拙著『事例でわかる　戦前・戦後の新旧民法が交差する相続に関する法律と実務』（日本加除出版，2017年）第2編を御覧いただきたい。

　応急措置法施行中の家附の継子の相続財産分配請求権については，後述する（本編第2章第2節）。

第1節　新民法施行後の家附の継子の相続権

第2章　家附の継子

第1節　新民法施行後の家附の継子の相続権──────

〈**論点**　新民法施行後に開始した相続で子が相続人となるとき，継子で
あった者が相続人となることはないのか。〉

【**概　説**】

〈新民法附則〉

第26条　応急措置法施行の際における戸主が婚姻又は養子縁組によつて
　　他家から入つた者である場合には，その家の家附の継子は，新法施行
　　後に開始する相続に関しては，嫡出である子と同一の権利義務を有す
　　る。

2　（後出）

3　前2項の規定は，第1項の戸主であつた者が応急措置法施行後に婚
　　姻の取消若しくは離婚又は縁組の取消若しくは離縁によつて氏を改め
　　た場合には，これを適用しない。

第28条　応急措置法施行の際戸主であつた者が応急措置法施行後に婚姻
　　の取消若しくは離婚又は養子縁組の取消若しくは離縁によつて氏を改
　　めた場合には，配偶者又は養親，若し配偶者又は養親がないときは新
　　法によるその相続人は，その者に対し財産の一部の分配を請求するこ
　　とができる。この場合には，前条第2項及び第3項の規定を準用する。

　旧民法施行中に開始した相続であっても新民法が適用される場合が，家
督相続人不選定（→家督相続人不選定5-1）によって新民法が遡及して適用
される場合であるが，反対に，新民法の施行後に開始した相続であっても，
一定の場合に旧民法の親族関係に関する規律が適用されることがあり，こ
れが，**家附の継子の相続権**である。

　応急措置法施行の際における戸主（→戸主2-2-1）が，婚姻又は養子縁
組によって**他家**（→家2-2-1）から入った（入籍した）者である場合には，
その家の家附の継子（→家附の継子3-1-3論点2）であった者は，新民法施

第5編　新民法附則

313

第2章　家附の継子

行後に開始する相続に関しては，嫡出子と同一の権利義務を有した。この**新民法附則**第26条第1項の規定によって，被相続人にとって，その家附の継子であった者がいるときは，新民法施行後に開始した相続であっても，その家附の継子は，嫡出子と同一の権利義務を有し，応急措置法施行後は，もはや，子ではない（第4編第1章第1節）家附の継子であった者も，相続人となる。新民法施行後に開始した相続に同附則が適用された場合であっても，旧民法の相続編が適用されるわけではないが，家附の継子という一定の身分関係の存否については，旧民法（の解釈）に基づいて，相続人を特定することとなるのである。

　被相続人が新民法施行後に死亡（応急措置法施行中に死亡した場合は次節）したことで開始した相続において，家附の継子であった者が相続権を有することとなるには，被相続人が，応急措置法施行の際（昭和22年5月3日午前0時）において戸主であった者であり，その者が，婚姻又は養子縁組によって他家から入った者であったことが要件となり，相続権を有すべき者は，応急措置法施行の際において被相続人の家附の継子であった者であることが要件となる。被相続人は戸主であったことがあっても応急措置法施行の際には戸主でなかった場合や，応急措置法施行の際には戸主であったとしても婚姻又は養子縁組によって他家から入った者ではない場合，あるいは，被相続人の家附の継子であったことがあっても応急措置法施行の際には継親子関係が消滅していた場合や，応急措置法施行の際に継子であっても家附ではない場合には，同附則の適用はない。

　新民法施行後に開始した相続において家附の継子であった者に相続権を認める趣旨は，応急措置法の施行により継親子関係が消滅したため，他家から入って戸主となった者の財産を，以前から，その家にある継子が相続できなくなる結果は，旧民法下では当然に相続することができたことと比較してあまりにも酷であることから，その保護を図るためであるとされている。

第1節　新民法施行後の家附の継子の相続権

＊　戸主であった者が離婚によって氏を改めた場合

　新民法附則第26条第1項の規定が適用されて，家附の継子が相続権を有することとなるのは，新民法施行後に死亡するまで，応急措置法施行の際の氏を改めていなかったことが要件とされている。つまり，その戸主が，応急措置法施行後に婚姻の取消し若しくは離婚又は縁組の取消し若しくは離縁によって氏を改めた場合には適用されなかった。

　この場合には，家附の継子に相続権や，相続財産の一部の分配請求権（次節）は認められず，新民法附則第28条の規定が適用され，配偶者又は養親（配偶者又は養親がないときは新民法によるその相続人）に，財産の一部の分配請求権が認められた。

相続事例84：家附の継子

被相続人Ｄ男

大正1・12・13	丙家戸主Ｅ男が丁家家族Ｆ女と婚姻（Ｆ女が丙家戸籍に入籍）
大正3・7・10	Ｅ男とＦ女に嫡出子Ｇ男が誕生（Ｇ男は丙家戸籍に入籍）
大正5・3・6	Ｅ男とＦ女に嫡出子Ｄ男が誕生（Ｄ男は丙家戸籍に入籍）
昭和10・9・30	Ｇ男が己家家族Ｊ女と婚姻（Ｊ女が丙家戸籍に入籍）
昭和11・9・12	Ｄ男が戊家家族Ｈ女と婚姻（Ｈ女が丙家戸籍に入籍）
昭和13・1・31	Ｄ男とＨ女に嫡出子Ｉ女が誕生（Ｉ女は丙家戸籍に入籍）
昭和14・2・28	Ｈ女が死亡
昭和15・8・15	甲家戸主Ａ女が乙家家族Ｂ男と入夫婚姻（Ｂ男が甲家戸籍に入籍）
	※　入夫が戸主となる旨婚姻届書に記載なし
昭和16・10・4	Ａ女とＢ男に嫡出子Ｃ男が誕生（Ｃ男は甲家戸籍に入籍）
昭和19・7・4	Ｂ男が死亡
昭和20・10・1	Ｇ男及びＪ女がＩ女を養子とする養子縁組
昭和21・12・3	Ａ女が丙家家族Ｄ男と入夫婚姻（Ｄ男が甲家戸籍に入籍）

315

第2章　家附の継子

　　　　　※　入夫が戸主となる旨婚姻届書に記載
　　　　　※　D男を戸主とする甲家の新戸籍編製
昭和22・2・13　A女が死亡
昭和23・7・15　D男が死亡

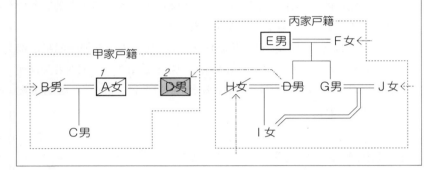

相続事例85：家附の継子（複数人）

被相続人D男

大正1・12・13　丙家戸主E男が丁家家族F女と婚姻（F女が丙家戸籍に入籍）

大正3・7・10　E男とF女に嫡出子G男が誕生（G男は丙家戸籍に入籍）

大正5・3・6　E男とF女に嫡出子D男が誕生（D男は丙家戸籍に入籍）

昭和10・9・30　G男が己家家族J女と婚姻（J女が丙家戸籍に入籍）

昭和11・9・12　D男が戊家家族H女と婚姻（H女が丙家戸籍に入籍）

昭和13・1・31　D男とH女に嫡出子I女が誕生（I女は丙家戸籍に入籍）

昭和14・2・28　H女が死亡

昭和15・8・15　甲家戸主A女が乙家家族B男と入夫婚姻（B男が甲家戸籍に入籍）

　　　　　※　入夫が戸主となる旨婚姻届書に記載なし

昭和16・10・4　A女とB男に嫡出子C男が誕生（C男は甲家戸籍に入籍）

昭和18・5・29　A女とB男に嫡出子K女が誕生（K女は甲家戸籍に入籍）

第1節　新民法施行後の家附の継子の相続権

昭和19・7・4　　B男が死亡
昭和20・10・1　　G男及びJ女がI女を養子とする養子縁組
昭和20・12・7　　A女が丙家家族D男と入夫婚姻（D男が甲家戸籍に入籍）
　　　　　　　　※　入夫が戸主となる旨婚姻届書に記載
　　　　　　　　※　D男を戸主とする甲家の新戸籍編製
昭和21・12・3　　庚家戸主L女がK女を養子とする養子縁組（K女が庚家戸籍に入籍）
昭和22・2・13　　A女が死亡
昭和23・7・15　　D男が死亡

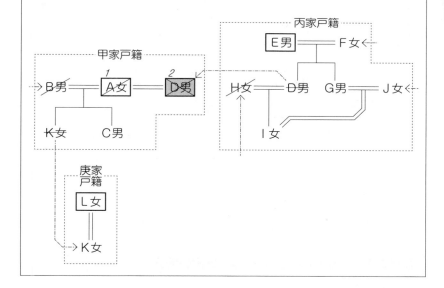

相続事例86：家附の亡継子の子

被相続人E男

明治39・8・5　　甲家戸主A女が乙家家族B男と入夫婚姻（B男が甲家戸籍に入籍）
　　　　　　　　※　入夫が戸主とならない旨婚姻届書に記載

317

明治42・6・1　　A女とB男に嫡出子C女が誕生（C女は甲家戸籍に入籍）
大正4・8・1　　 A女とB男に嫡出子D男が誕生（D男は甲家戸籍に入籍）
昭和3・7・7　　 B男が死亡
昭和10・2・28　 A女が丙家家族E男と入夫婚姻（E男が甲家戸籍に入籍）
　　　　　　　※　入夫が戸主となる旨婚姻届書に記載
　　　　　　　※　E男を戸主とする甲家の新戸籍編製
昭和15・8・17　 D男が丁家家族F女と婚姻（F女が甲家戸籍に入籍）
昭和16・1・10　 戊家戸主G男がC女と婚姻（C女が戊家戸籍に入籍）
昭和17・5・21　 D男とF女に嫡出子H男が誕生（H男は甲家戸籍に入籍）
昭和19・2・15　 D男とF女に嫡出子I女が誕生（I女は甲家戸籍に入籍）
昭和21・9・10　 D男が死亡
昭和27・7・5　　 E男が死亡

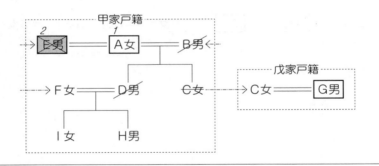

相続事例87：分家戸主であった者の家附の継子

被相続人E女

昭和5・8・15　　甲家家族A男が乙家家族B女と婚姻（B女が甲家戸籍に入籍）
昭和6・10・14　 A男とB女に嫡出子C男が誕生（C男は甲家戸籍に入籍）
昭和7・7・14　　A男とB女が離婚（B女は乙家戸籍に復籍）
昭和8・12・23　 丙家家族D男が丁家家族E女と婚姻（E女が丙家戸籍に

第1節　新民法施行後の家附の継子の相続権

	入籍）
昭和11・2・13	D男とE女に嫡出子F女が誕生（F女は丙家戸籍に入籍）
昭和13・11・5	D男が死亡
昭和16・5・2	A男とE女が婚姻（E女が甲家戸籍に入籍）
昭和20・1・8	A男が死亡
昭和21・3・4	E女が分家（E女を戸主とする甲家分家の新戸籍編製）
	※　E女がC男を甲家分家戸籍に携帯入籍
昭和23・7・15	E女が死亡

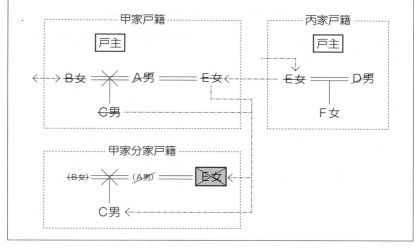

相続事例88：家附でない継子

被相続人D男

明治39・8・5	甲家戸主A女が乙家家族B男と入夫婚姻（B男が甲家戸籍に入籍）
	※　入夫が戸主とならない旨婚姻届書に記載
明治44・10・4	A女とB男に嫡出子C男が誕生（C男は甲家戸籍に入籍）
大正3・7・4	B男が死亡
大正4・6・30	A女が丙家家族D男と入夫婚姻（D男が甲家戸籍に入籍）

第2章　家附の継子

※　入夫が戸主となる旨婚姻届書に記載
大正 5・11・29　D男とA女に嫡出子K女が誕生（K女は甲家戸籍に入籍）
大正10・5・5　A女が死亡
大正11・5・19　丁家家族M男が戊家家族L女と婚姻（L女が丁家戸籍に入籍）
昭和 2・4・14　M男とL女に嫡出子N男が誕生（N男は丁家戸籍に入籍）
昭和 6・2・13　M男が死亡
昭和 8・7・21　D男がL女と婚姻（L女が甲家戸籍に入籍）
昭和10・9・25　L女がN男を引取入籍（N男が甲家戸籍に入籍）
昭和15・1・23　D男とL女に嫡出子O男が誕生（O男は甲家戸籍に入籍）
昭和27・12・3　D男が死亡

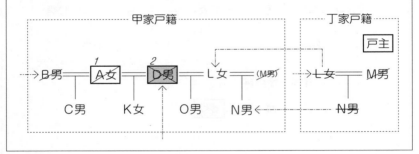

事例の解説

　相続事例84では，女戸主A女とD男が入夫婚姻（→入夫婚姻2-2-3）したことで，D男とC男との間に継親子関係が生じ，D男は継父，C男は継子となった。その際の入夫婚姻が入夫が戸主となる入夫婚姻であったためD男が戸主となった（ここで，A女を被相続人とし，D男を家督相続人とする家督相続が開始した。）。その後，D男が，新民法施行後に死亡したもので（妻A女は既に死亡している。），D男には実子I女がいるが，応急措置法の施行によってC男との親子関係（継親子関係）は消滅し，C男はD男の子ではなくなっている。そのため，新民法を適用すると，被相続人D男の相続人はI女だけとなる。ところが，D男は，応急措置法施行の際に甲家の戸主であ

320

り，入夫婚姻によって他家から甲家に入籍した者であった。また，Ｃ男は甲家の家附であり，つまり，Ｄ男にとって家附の継子であり，Ｃ男は家附の継子のまま応急措置法の施行を迎えた。そのため，この事例では新民法附則第26条第１項の規定が適用され，Ｃ男もＤ男の嫡出子と同一の相続権を有した。したがって，Ｉ女，Ｃ男が，各２分の１の相続分で相続人となった。もし，Ｄ男が旧民法施行中に死亡したとすると，Ｃ男が家督相続人として遺産のすべてを承継したところ，Ｄ男の死亡が新民法施行後であったことにより，新民法によれば，まったく相続人とならないことに対して保護を図ったものである。

　相続事例85でも，女戸主Ａ女とＤ男が入夫婚姻したことで，Ｄ男は戸主となり，Ｄ男は継父，Ｃ男，Ｋ女は継子となった。その後，Ｄ男が，新民法施行後に死亡し，Ｄ男には実子Ｉ女がいるが，応急措置法の施行によってＣ男，Ｋ女との親子関係（継親子関係）は消滅し，Ｃ男，Ｋ女はＤ男の子ではなくなっている。Ｃ男もＫ女も甲家で生まれた家附の継子であり，また，Ｋ女は養子縁組によって他家に入籍しているが，そのことで継親子関係は消滅せず（親族事例13），引き続き，家附の継子として応急措置法の施行を迎えたため，新民法附則第26条第１項の規定が適用される。ここでは，家附の継子であった者が複数いるが，この場合には，その各々が嫡出子と同一の権利義務を有することとなる（昭26・12・28民事甲2434号民事局長回答）。したがって，Ｉ女，Ｃ男，Ｋ女が，各３分の１の相続分で相続人となった。もし，Ｄ男が旧民法施行中に死亡したとすると，Ｃ男が家督相続人となり，Ｋ女は相続をなし得ないところ，同附則の適用については，家督相続人となるべきであった者にのみ相続を認めるものではないということになる。

　相続事例86では，女戸主Ａ女とＥ男が入夫婚姻したことで，Ｅ男は戸主となり，Ｅ男は継父，Ｃ女，Ｄ男は継子となった。その後，Ｅ男が，新民法施行後に死亡したが，Ｄ男が，Ｅ男の死亡の前に死亡していた。Ｃ女は婚姻後も家附の継子として応急措置法の施行を迎え，Ｄ男は死亡していなければ家附の継子として応急措置法の施行を迎え，新民法附則第26条第１項の規定が適用された。そこで，そのＤ男が被相続人の死亡の前に死亡し

第2章　家附の継子

たときは**代襲**相続が適用され，その家附の継子に直系卑属（子）がいたと
すると，被相続人と家附の継子との間に継親子関係が発生した後に生まれ
た者であれば代襲相続人となった（昭32・12・14民事甲2371号民事局長回答）。
つまり，H男，I女はD男を代襲して相続人となった。したがって，A女，
C女，H男，I女が，各々，6分の2，6分の2，6分の1，6分の1の相
続分で相続人となった。

　相続事例87では，甲家において，E女とC男との間に継親子関係が生じ
たのち，E女の分家とともにC男も携帯入籍により甲家分家に入ったもの
であり，継親の分家は，継親子関係に影響を及ぼさないため（親族事例12な
お書き），甲家分家においても，E女は継母，C男は継子であり，甲家本家
においてC男はE女にとって家附の継子であったところ，この関係は，甲
家分家においても変わらない。E女は，甲家分家において戸主として応急
措置法を迎え，新民法施行後に死亡した。ただ，被相続人が，応急措置法
施行の際における戸主であった者であることとは，その戸主が，その家に
おいて，家督相続によって戸主となった（家を継承した）ことを要するもの
と考えられており，分家によって戸主となった場合には適用がないと解さ
れる（平3・4・23民三2669号民事局第三課長回答）。そのため，このような場
合には新民法附則第26条第1項の規定は適されず，その戸主の家附の継子
であった者であっても，相続権を有することはない。F女が相続人となっ
た。

　相続事例88では，女戸主A女とD男が入夫婚姻したことで，D男は戸主
となり，D男は継父，C男は継子となった。さらに，D男がL女と婚姻し，
L女と先夫M男との子N男が甲家に入籍したことで，N男もD男の継子と
なった。ただ，C男は甲家で生まれた継子，つまり，D男にとって家附の
継子であったが，N男は甲家で生まれたものではなく，D男にとって継子
ではあっても，家附の継子ではなかった。その後，D男が，新民法施行後
に死亡し，D男には実子K女，O男がいるが，応急措置法の施行によって
C男，K女との親子関係（継親子関係）は消滅し，C男，N男はD男の子で
はなくなっている。しかしながら，D男は，応急措置法施行の際に甲家の

322

第1節　新民法施行後の家附の継子の相続権

戸主であり，入夫婚姻によって他家から甲家に入籍した者であったため，家附の継子であった者には新民法附則第26条第1項の規定が適用された。そこで，C男には同附則が適用されたが，N男には適用されない。したがって，L女，C男，K女，O男が，各々，9分の3，9分の2，9分の2，9分の2の相続分で相続人となった。

> **まとめ**　**新民法施行後の家附の継子の相続権**
>
> 　新民法の施行後に開始した相続であっても，家附の継子であった者が嫡出子と同一の相続権を有する場合があった。応急措置法施行の際における戸主が，婚姻又は養子縁組によって他家から入った者である場合には，その家において応急措置法施行の際に家附の継子であった者は，応急措置法施行後は，もはや，子ではないとしても，新民法施行後に開始する相続に関しては，嫡出子と同一の権利義務を有し，相続人となり得た。
>
> 　被相続人は戸主であったことがあっても応急措置法施行の際には戸主でなかった場合や，応急措置法施行の際には戸主であったとしても婚姻又は養子縁組によって他家から入った者ではない場合，あるいは，被相続人の家附の継子であったことがあっても応急措置法施行の際には継親子関係が消滅していた場合や，応急措置法施行の際に継子であっても家附ではない場合には，新民法附則第26条第1項の規定の適用はない。
>
> 　家附の継子に該当すべき者が複数いた場合は，それらの者すべてに同附則が適用され，また，家附の継子の相続権について代襲相続も成立した。
>
> 　なお，応急措置法施行の際の戸主が，応急措置法施行後に婚姻の取消し若しくは離婚又は縁組の取消し若しくは離縁によって氏を改めた場合には，新民法附則第26条第1項の規定は適用されなかった。
>
> 　家附の継子の相続権についての詳細は，拙著『事例でわかる　戦前・戦後の新旧民法が交差する相続に関する法律と実務』（日本加除出

第5編　新民法附則

323

第2章　家附の継子

版, 2017年）第3編を御覧いただきたい。

第2節　応急措置法施行中の家附の継子の相続財産分配請求権──

〈論点　応急措置法施行中に開始した相続において，家附の継子は相続人となり得たのか。〉

【概　説】

〈新民法附則〉

第26条　（前出）
2　前項の戸主であつた者について応急措置法施行後新法施行前に相続が開始した場合には，前項の継子は，相続人に対して相続財産の一部の分配を請求することができる。この場合には，第27条第2項及び第3項の規定を準用する。
3　（前出）

第27条　第25条第2項本文の場合を除いて，日本国憲法公布の日以後に戸主の死亡による家督相続が開始した場合には，新法によれば共同相続人となるはずであつた者は，家督相続人に対して相続財産の一部の分配を請求することができる。
2　前項の規定による相続財産の分配について，当事者間に協議が調わないとき，又は協議をすることができないときは，当事者は，家事審判所に対し協議に代わる処分を請求することができる。但し，新法施行の日から一年を経過したときは，この限りでない。
3　前項の場合には，家事審判所は，相続財産の状態，分配を受ける者の員数及び資力，被相続人の生前行為又は遺言によつて財産の分配を受けたかどうかその他一切の事情を考慮して，分配をさせるべきかどうか並びに分配の額及び方法を定める。

　前節で解説した**家附の継子**の相続権に関する新民法附則第26条第1項の規定は，その被相続人が新民法の施行後に死亡した場合に適用されるもので，被相続人が新民法の施行前，応急措置法の施行後（つまり，応急措置法

第2節　応急措置法施行中の家附の継子の相続財産分配請求権

の施行中）に死亡した場合には適用されなかった。応急措置法の施行中に
開始した相続については応急措置法が適用され（第4編第2章），もはや，
子ではない家附の継子であった者が相続人となることはなかったことにな
る。

　ただ，家附の継子に対する手当として，新民法附則第26条第2項の規定
が適用された。これにより，その被相続人が応急措置法施行の際における
戸主であった者で，婚姻又は養子縁組によって他家から入った者である場
合に，その家において応急措置法施行の際に家附の継子であった者は，そ
の被相続人が応急措置法の施行中に死亡し，相続が開始した場合には，相
続人に対して相続財産の一部の分配を請求することができたのである。

　この場合も，応急措置法施行の際の戸主が，応急措置法施行後に婚姻の
取消し若しくは離婚又は縁組の取消し若しくは離縁によって氏を改めた場
合には，新民法附則第26条第2項の規定は適用されなかった。

相続事例89：応急措置法施行中の家附の継子

被相続人D男

大正1・12・13	丙家戸主E男が丁家家族F女と婚姻（F女が丙家戸籍に入籍）
大正3・7・10	E男とF女に嫡出子G男が誕生（G男は丙家戸籍に入籍）
大正5・3・6	E男とF女に嫡出子D男が誕生（D男は丙家戸籍に入籍）
昭和10・9・30	G男が己家家族J女と婚姻（J女が丙家戸籍に入籍）
昭和11・9・12	D男が戊家家族H女と婚姻（H女が丙家戸籍に入籍）
昭和13・1・31	D男とH女に嫡出子I女が誕生（I女は丙家戸籍に入籍）
昭和14・2・28	H女が死亡
昭和15・8・15	甲家戸主A女が乙家家族B男と入夫婚姻（B男が甲家戸籍に入籍）
	※　入夫が戸主となる旨婚姻届書に記載なし
昭和16・10・4	A女とB男に嫡出子C男が誕生（C男は甲家戸籍に入籍）

第5編　新民法附則

325

第2章　家附の継子

昭和19・7・4　　B男が死亡
昭和20・10・1　 G男及びJ女がI女を養子とする養子縁組
昭和21・12・3　 A女が丙家家族D男と入夫婚姻（D男が甲家戸籍に入籍）
　　　　　　　　※　入夫が戸主となる旨婚姻届書に記載
　　　　　　　　※　D男を戸主とする甲家の新戸籍編製
昭和22・2・13　 A女が死亡
昭和22・6・15　 D男が死亡

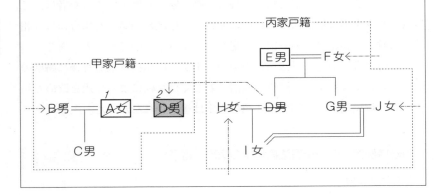

事例の解説

　この事例は，被相続人D男の死亡の日が異なることの他は相続事例84と変わらない。すなわち，D男には，実子I女と，応急措置法施行の際に家附の継子であったC男がいた。D男が新民法の施行後に死亡したとすると相続事例84のとおり，C男も相続人となるが，D男は応急措置法の施行中に死亡し，そのため，新民法附則第26条第1項ではなく同条第2項の規定が適用され，C男は相続財産分配請求権を有したものの，相続人とはならなかった。したがって，I女が相続人となった。

まとめ　応急措置法施行中の家附の継子の相続財産分配請求権

　被相続人が応急措置法施行の際における戸主であった者で，婚姻又は養子縁組によって他家から入った者である場合に，その家において

326

第2節　応急措置法施行中の家附の継子の相続財産分配請求権

応急措置法施行の際に家附の継子であった者は，その被相続人が応急措置法の施行中に死亡し，相続が開始した場合には，相続人に対して相続財産の一部の分配を請求することができた。この場合，相続人とはならなかった。

　なお，応急措置法施行の際の戸主が，応急措置法施行後に婚姻の取消し若しくは離婚又は縁組の取消し若しくは離縁によって氏を改めた場合には，新民法附則第26条第2項の規定は適用されなかった。

付　録

■　索　引　■

■　資　料　■

事 項 索 引

【 あ 】

家 ··73, 108, 122, 158, 169
家附 ···184, 231
──の継子 ·····································184, 313, 324
──の継子の相続権 ·····························313
家に入る → 入籍
家を去る → 去家
遺産相続 ···240, 247
──人 ···252
一家創立 ·····································79, 95, 125
隠居 ·····························23, 113, 161, 233, 238
──戸主 ······························114, 161, 238
姻族 ···44
応急措置法 ···············4, 16, 275, 286, 313
女戸主 → にょこしゅ【な】行へ

【 か 】

改製 ···29
懐胎 ···137
外地 ···2
家女 ·····································184, 194, 220
家族 ···································74, 168, 233
家督相続 ·······84, 98, 114, 123, 158, 199, 283
──届 ·······························159, 169, 227
──の届出 → 家督相続届
──人 ·······················123, 163, 168, 181
──人の選定 ···································220
──人不選定 ···············124, 222, 234, 299
──の特権に属する権利 ·····················245

旧々民法 ·······································3, 21
旧民法 ···3, 18
兄弟姉妹 ···286
去家 ···63, 199
──による養親子関係の消滅 → 養親の去家による養親子関係の消滅
──の制限 → 法定推定家督相続人の去家の制限
継子 ·····································51, 184, 256
──の家督相続権 ·····························184
──の子 ·····································57, 214
継親子 ···51
携帯入籍 ·································99, 188
欠格事由 ·································168, 249
血族 ···43
現在戸籍 ···30
子 ···78
国籍喪失 ···244
戸主 ······73, 83, 114, 119, 122, 158, 269, 313
戸籍 ···25
──の改製 ·······································29
戸内婚 ·································134, 199
子の継子 ·································56, 214
子の入る家 ···78
子の養子 ·································49, 213
婚姻 ·····································129, 131, 151
──準正 ···144
婚家 ···77

事項索引

【 さ 】

再興 ···································· 103, 124
財産留保 ······································ 238
自家 ·· 77
私生子 ································ 59, 79, 140
自然血族 ······································ 43
実家 ······················ 77, 93, 95, 154
──再興 ·································· 104
指定家督相続人 ········· 102, 109, 216
準正 ·································· 144, 180
準正子 ······································ 180
昭和改製原戸籍 ················ 29, 277
昭和23年式戸籍 ······················ 29
女戸主 → にょこしゅ【な】行へ
庶子 ···················· 58, 79, 140, 257
職権絶家 ······························ 125
所有者不明土地 ······················ 31
新戸籍 ································ 29, 277
壬申戸籍 ································· 27
親族 ·································· 43, 233
──会 ··············· 172, 222, 233
──入籍 ···················· 87, 187
親等 ··· 44
新民法 ····················· 4, 15, 299
新民法附則 ···················· 299, 314
随従入籍 ········ 99, 100, 111, 119, 125
随伴入籍 → 随従入籍
数次相続 ································· 23
絶家 ···················· 95, 103, 123, 234
──再興 → 廃絶家再興
選定 → 家督相続人の選定
選定家督相続 ·················· 220, 232

相続人曠欠 ······················ 124, 234
相続人不存在 → 相続人曠欠
相続分 ······························ 252, 286
尊属 ··· 44

【 た 】

第1種選定家督相続人 ········· 226, 301
第1種法定家督相続人 ········· 108, 168,
            187, 193, 203, 301
胎児 ········· 161, 206, 249, 259, 286
代襲 ···················· 204, 258, 322
──原因 ···················· 204, 258
──による遺産相続 ·············· 258
──による家督相続 ·············· 204
太政官布告・達等 ······················ 3
大正4年式戸籍 ······················ 28
第2種選定家督相続人 ······ 102, 109, 232, 301
第2種法定家督相続人 ········· 225, 301
他家 ································ 77, 313
──相続 ······························ 102
他人 ·· 233
男子養子の制限 ·············· 149, 152
単身戸主 ······················ 76, 237
地域福利増進事業 ······················ 34
嫡出子 ······························ 137, 252
嫡出でない子 → 嫡出ニ非サル子 → 非嫡
  出子
嫡母 ··· 58
──庶子 ··································· 57
長期相続登記等未了土地 ·············· 39
直系 ··· 44
──尊属 ·············· 44, 227, 269, 286
──卑属 ·············· 44, 170, 252, 286

事項索引

続柄 ································· 142
同家 ··································· 77
同時存在の原則 ················· 161
特定所有者不明土地 ············· 33
特定登記未了土地 ············ 33, 38
特別隠居 ···························· 114
特別養子縁組 ························· 4

【 な 】

南西諸島 ······························· 2
日本国憲法 ···························· 4
日本国籍 ···························· 244
入籍 ························· 73, 87, 186
――者 ···························· 187
入夫 ················· 84, 162, 197, 277
――婚姻 ····· 24, 83, 132, 162, 197, 238
――離婚 ························· 198
女戸主 ······················· 83, 238
認知 ·························· 141, 180
認知準正 ························· 144

【 は 】

配偶者 ················· 44, 254, 269, 286
廃家 ············· 84, 88, 95, 103, 119, 233
――戸主 ························· 119
――再興 → 廃絶家再興
――の制限 → 廃家
廃除 ···························· 172
廃絶家再興 ················· 103, 124
半血の兄弟姉妹 ················ 6, 16
引取入籍 ····················· 88, 187
卑属 ······························· 44
非嫡出子 ············· 58, 79, 140, 252

夫婦 ················· 129, 135, 137, 149, 151
復籍 ···················· 93, 95, 154, 188
分家 ····················· 63, 77, 98, 233
――戸主 ·························· 98
分娩 ···························· 137
平成改製原戸籍 ·················· 30
放棄 ············· 169, 216, 221, 227, 249
傍系 ······························· 44
法定隠居 ························· 115
法定血族 ·························· 43
法定推定家督相続人 ········· 103, 108,
171, 181, 193, 203
――の去家の制限 ········· 84, 88, 94,
99, 108, 131, 233
法定相続 ····················· 169, 227
――人情報 ···················· 39, 42
本家 ··························· 77, 98
本家相続 ······················ 63, 109

【 ま 】

婿養子 ········· 93, 131, 149, 152, 193, 257, 277
――縁組 → 婿養子
明治5年式戸籍 ···················· 27
明治31年式戸籍 ·················· 28
明治19年式戸籍 ·················· 27

【 や 】

遺言養子 ························· 149
養家 ······························· 77
養子 ········· 47, 131, 148, 151, 154, 180, 256
――縁組 → 養子
――の子 ····················· 50, 214
養親子 ····················· 47, 149, 151

事項索引

養親の去家による養親子関係の
 消滅……………………………………69, 276

【 ら 】

離縁………………………………66, 67, 93, 154
離婚………………………………………………135
離籍………………………………………………96

条 文 索 引

◎旧民法

725条 ······ 43	762条 ······ 118
726条 ······ 43	763条 ······ 118
727条 ······ 47	764条 ······ 121
728条 ······ 51	788条 ······ 83, 129, 131, 151
729条 ······ 62, 135	820条 ······ 137
730条 ······ 65, 67, 69	827条 ······ 79
731条 ······ 62	836条 ······ 144
732条 ······ 73	839条 ······ 151
733条 ······ 78	860条 ······ 148
735条 ······ 78	861条 ······ 148
736条 ······ 18, 83, 162	862条 ······ 153
737条 ······ 87	874条 ······ 154
738条 ······ 88	875条 ······ 154
739条 ······ 92, 135, 153	876条 ······ 154
740条 ······ 94	964条 ······ 18, 157, 162, 244
741条 ······ 94	968条 ······ 157
742条 ······ 95	969条 ······ 167
743条 ······ 98	970条 ······ 18, 162, 167, 180
744条 ······ 108	971条 ······ 18, 162
745条 ······ 111	972条 ······ 18, 187
746条 ······ 73	973条 ······ 151, 193
749条 ······ 95	974条 ······ 203
750条 ······ 95	975条 ······ 168
752条 ······ 113	976条 ······ 168
753条 ······ 113	979条 ······ 18, 215
754条 ······ 114	980条 ······ 216
755条 ······ 113	981条 ······ 216
756条 ······ 113	982条 ······ 18, 219
757条 ······ 113	983条 ······ 219
	984条 ······ 18, 225

付録

条文索引

985条	18, 232	
986条	157	
987条	157	
988条	238	
990条	18, 244	
992条	19, 247	
993条	247	
994条	16, 19, 251	
995条	16, 19, 258	
996条	19, 269	
997条	247	
998条	247	
999条	247	
1000条	247	
1001条	247	
1002条	247	
1003条	247	
1004条	16, 19, 251	
1005条	258	
1010条	248	
1011条	248	
1012条	248	
1017条	248	
1020条	168	
1051条	121	
1052条	121	
1053条	121	
1054条	122	
1055条	122	
1056条	122	
1057条	122	
1058条	122	
1059条	122	

◎新民法

887条	6, 8, 10, 12, 14
889条	6, 8, 10, 12, 14
890条	6, 8, 10, 12, 14
900条	6, 8, 10, 12, 14
附則25条	299
附則26条	313, 324
附則27条	299, 324
附則28条	300, 313

◎応急措置法

1条	275
2条	275
3条	275
4条	275
5条	275
7条	283, 285
8条	16, 285
9条	286
10条	276

◎明治31年戸籍法

71条	138, 140
75条	79
102条	151
133条	159
135条	161
152条	119
154条	99
179条	159

◎大正3年戸籍法

23条	159

条文索引

26条	119
39条	159
64条	159
72条	138, 140
78条	79
83条	140
100条	151
125条	159, 163, 198
127条	161
143条	119
145条	99

◎戸籍法

6条	78
16条	130

◎土地特措法

1条	31
2条	31, 33, 34
3条	31
4条	31
5条	31
6条	34
7条	34
10条	34
11条	35
13条	35
14条	36
15条	36
19条	36
24条	36
27条	37
37条	37
38条	37
39条	38
40条	39, 40, 41

◎土地特措法施行令

1条	31
2条	33
6条	34, 35
10条	39

◎土地特措法施行規則

1条	32
2条	32, 33
3条	33
4条	38

◎土地特措法登記省令

1条	40
2条	40
3条	41
4条	41
5条	41
6条	41
7条	41
8条	42

付録

判 例 索 引

大二民判明37・5 ・23大民録10輯712頁
....59

大二民判明39・10・4 民録12輯1162頁
....22

大二民判大 2・7・7 大民録19輯614頁
....103

大二刑判大 4・5 ・24大刑録21輯657頁
....45

大二民判大 5・1 ・20大民録22輯49頁
....115

大二民判大 5・12・25民録22輯2484頁
....22

大連判大 8・3 ・28大民録25輯507頁
....205

大判大 9・4・8 大民録26輯466頁................52

大三民判大13・10・15大民集 3 巻11号482頁
....233

大一民判大14・3・9 大民集 4 巻 3 号106頁
....257

大判大14・5 ・22法律評論全集14巻410頁
....187

大三民判昭 3・5・5 大民集 7 巻 5 号317頁
....194

大二民判昭 6・5 ・22大民集10巻 7 号384頁
....187

大四民判昭 7・5 ・11大民集11巻11号1062頁
....213

大連判昭15・1 ・23大民集19巻 1 号54頁
....138

大一民判昭17・8 ・27大民集21巻16号882頁
....204

高松高判昭37・5 ・22高民15巻 3 号214頁
....309

最二小判昭38・4 ・19民集17巻 3 号518頁
....309

最二小判昭43・11・22民集22巻12号2777頁
....298

最二小判平21・12・4 集民232号517頁
....277

最大決平25・9・4 民集67巻 6 号1320頁
................................4，7，9，11

最大判平27・12・16民集69巻 8 号2427頁
....138

先 例 索 引

明31・9・16民刑1336号民刑局長回答⋯⋯⋯221

明31・9・19民刑1172号民刑局長回答⋯⋯⋯108

明31・10・15民刑1679号民刑局長回答⋯⋯⋯220

明31・10・19民刑1406号民刑局長回答⋯⋯⋯161

明31・10・25民刑1489号民刑局長回答⋯⋯⋯142

明32・2・17民刑2425号民刑局長回答⋯⋯⋯217

明32・3・7民刑局長回答⋯⋯⋯⋯⋯⋯⋯⋯⋯23

明44・2・18民刑120号民刑局長回答⋯⋯⋯194

明44・5・24民事184号民事局長回答⋯⋯⋯⋯57

大元・9・11民363号民事局長回答⋯⋯⋯⋯⋯226

大2・1・31民事861号民事局長回答⋯⋯⋯⋯99

大2・6・30民132号法務局長回答⋯⋯⋯⋯⋯239

大2・10・30民1007号法務局長通牒⋯⋯⋯⋯125

大3・7・20民1214号法務局長回答⋯⋯⋯⋯197

大3・12・28民1303号法務局長回答⋯⋯⋯⋯194

大4・3・3民260号法務局長回答⋯⋯⋯⋯⋯192

大4・5・6民562号法務局長回答⋯⋯⋯⋯⋯89

大5・3・17民390号法務局長回答⋯⋯⋯⋯⋯186

大5・11・13民1556号法務局長回答⋯⋯⋯⋯71

大7・5・30民1159号法務局長回答⋯⋯⋯57, 59

大7・5・31民1148号法務局長回答⋯⋯⋯⋯104

大8・1・8民2335号法務局長回答⋯⋯⋯⋯154

大8・5・30民事1409号司法省民事局長回答

⋯⋯⋯⋯⋯⋯⋯⋯⋯⋯⋯⋯⋯⋯⋯⋯⋯⋯⋯22

大8・7・3民事1137号民事局長回答⋯⋯⋯⋯89

大10・7・13民2887号民事局長回答⋯⋯⋯⋯221

大11・7・14民事1817号民事局長通牒⋯⋯⋯186

大11・7・14民事2397号民事局長通牒⋯⋯⋯184

大13・7・14民事8408号民事局長回答⋯⋯⋯71

大14・2・9民事715号民事局長回答⋯⋯⋯⋯89

大14・8・1民事7271号民事局長回答⋯⋯⋯188

昭11・3・9民事甲238号民事局長回答⋯⋯125

昭15・4・8民事甲432号民事局長通牒⋯⋯138

昭23・6・9民事甲1663号民事局長回答

⋯⋯⋯⋯⋯⋯⋯⋯⋯⋯⋯⋯⋯⋯⋯⋯⋯⋯⋯309

昭24・2・4民事甲3876号民事局長回答

⋯⋯⋯⋯⋯⋯⋯⋯⋯⋯⋯⋯⋯⋯⋯⋯⋯⋯⋯312

昭25・10・7民事甲2682号民事局長回答

⋯⋯⋯⋯⋯⋯⋯⋯⋯⋯⋯⋯⋯⋯298, 309, 312

昭26・6・1民事甲1136号民事局長回答

⋯⋯⋯⋯⋯⋯⋯⋯⋯⋯⋯⋯⋯⋯⋯⋯⋯⋯⋯311

昭26・12・28民事甲2434号民事局長回答

⋯⋯⋯⋯⋯⋯⋯⋯⋯⋯⋯⋯⋯⋯⋯⋯⋯⋯⋯321

昭29・6・15民事甲1188号民事局長回答

⋯⋯⋯⋯⋯⋯⋯⋯⋯⋯⋯⋯⋯⋯⋯⋯⋯⋯⋯161

昭31・9・25民事甲2206号民事局長通達

⋯⋯⋯⋯⋯⋯⋯⋯⋯⋯⋯⋯⋯⋯⋯⋯⋯⋯⋯312

昭32・12・14民事甲2371号民事局長回答

⋯⋯⋯⋯⋯⋯⋯⋯⋯⋯⋯⋯⋯⋯⋯⋯⋯⋯⋯322

昭34・1・29民事甲150号民事局長回答

⋯⋯⋯⋯⋯⋯⋯⋯⋯⋯⋯⋯⋯⋯⋯⋯⋯⋯⋯227

平3・4・23民三2669号民事局第三課長回答

⋯⋯⋯⋯⋯⋯⋯⋯⋯⋯⋯⋯⋯⋯⋯⋯⋯⋯⋯322

平25・12・11民二781号民事局長通達⋯⋯⋯9

平28・3・11民二219号民事局長通達⋯⋯⋯26

付録

付録

資料㉓ ・家督相続人の指定に関する戸籍の記載例

届出の種別	施行年月日	記載例	記載されている戸籍	記載されている欄
家督相続人の指定届	大正4年1月1日	千葉県千葉郡千葉町五番地戸主乙野忠蔵四男忠四郎ヲ家督相続人ニ指定届出大正拾年五月四日受附㊞	戸主の戸籍	戸主の事項欄

資料㉔ ・選定家督相続に関する戸籍の記載例

届出の種別	施行年月日	記載例	記載されている戸籍	記載されている欄
家督相続届（死亡による選定家督相続）	大正4年1月1日	大正参年拾弐月参拾壱日前戸主仁吉死亡ニ因リ選定家督相続人千葉県千葉郡千葉町五番地戸主乙野忠蔵四男忠四郎相続届出大正四年壱月拾日受附㊞	新戸主の戸籍	新戸主の事項欄

資料

資料㉒
・家督相続の戸籍の例

届出の種別	施行年月日	記　載　例	記載されている戸籍	記載されている欄
家督相続届（死亡による法定家督相続）	明治19年10月16日	何年何月何日相続㊞	新戸主の戸籍	新戸主の事項欄
右同	明治31年7月16日	父正義死亡ニ因リ明治参拾九年拾壱月五日戸主ト為ル同月六日届出同日受附㊞	右同	戸主ト為リタル原因及ヒ年月日欄
右同	大正4年1月1日	大正参年拾弐月参拾壱日前戸主仁吉死亡ニ因リ家督相続届出大正四年壱月拾日受附㊞	新戸主の戸籍	新戸主の事項欄

< 19 >

資料⑳　・養子縁組に関する戸籍（大正4年式戸籍）の記載例

届出の種別	施行年月日	記載例	記載されている戸籍	記載されている欄
夫婦が一五歳以上の者を養子とする縁組届	大正4年1月1日	麹町区元園町一丁目三番地戸主乙川孝輔二男甲野義太郎同人妻梅子ト養子縁組届出大正五年七月四日受附入籍㊞ （養親の本籍地届出）	養親の戸籍	養子の事項欄

資料㉑　・婿養子縁組に関する戸籍の記載例

届出の種別	施行年月日	記載例	記載されている戸籍	記載されている欄
婚姻婿養子縁組届	大正4年1月1日	千葉県千葉郡千葉町五番地戸主乙川忠吉二男大正拾年八月拾日甲野義太郎長女桜子ト婚姻婿養子縁組届出同日入籍㊞ （本籍地届出）	養家・妻の戸籍	婿養子の事項欄

資料

資料⑱ ・協議離婚に関する戸籍の記載例

届出の種別	施行年月日	記載例	記載されている戸籍	記載されている欄
協議離婚届	大正4年1月1日	大正拾年六月五日夫礼二郎ト協議離婚届出㊞同月七日入籍通知ニ因リ除籍㊞（本籍地届出）	夫の戸籍	妻の事項欄
協議離婚届（旧法中の離婚で妻が復籍する場合）	右同	東京市麹町区麹町四丁目六番地戸主甲野義太郎二男礼二郎ト協議離婚届出大正拾年六月五日麹町区長雲井高輔受附同月六日送付復籍㊞（右同）	妻の婚姻前の戸籍	右同

資料⑲ ・認知に関する戸籍の記載例

届出の種別	施行年月日	記載例	記載されている戸籍	記載されている欄
認知届	大正4年1月1日	神奈川県橘樹郡橘村五番地戸主丙野音吉孫父甲野義太郎認知届出大正五年九月弐拾日受附入籍㊞（父の本籍地届出）	父の戸籍	子の事項欄

資料

資料⑯
・絶家に関する戸籍の記載例

届出の種別	施行年月日	記載例		
絶家届（一家創立する場合）	大正４年１月１日	家督相続人ナキニ因リ絶家甲野菊子届出大正六年五月五日受附㊞	記載されている欄	記載されている戸籍
			絶家となる戸籍	最終戸主の事項欄

資料⑰
・職権絶家に関する戸籍の記載例

届出の種別	施行年月日	記載例		
絶家届（許可を得て職権抹消）	大正４年１月１日	相続人ナキニ因リ絶家大正六年九月六日附東京区裁判所ノ許可ニ依リ同月七日本戸籍抹消㊞	記載されている欄	記載されている戸籍
			絶家となる戸籍	最終戸主の事項欄

付録

< 16 >

資料

資料⑮
・家督相続（隠居）に関する戸籍の記載例

除籍											
本　籍	（婚姻事項省略）	（家督相続事項省略）	隠居届出昭和拾九年七月九日受附㊞	昭和拾九年七月九日乙川弥一ノ家督相続届出アリタルニ因リ本戸籍ヲ	抹消ス㊞						
東京都板橋区北大泉町六百番地											

前　戸　主	戸　　　　　主		
乙川倉三	前戸主トノ續柄　亡乙川倉三　長男	父　亡乙川倉三　長男	乙川米吉
		母　　ヨネ	
		出生　明治拾七年五月八日	

< 15 >

資料

資料⑭
・廃絶家再興に関する戸籍の記載例

届出の種別	施行年月日	記載例	記載されている戸籍	記載されている欄
廃絶家再興届	大正4年1月1日	千葉県千葉郡千葉町五番地戸主乙野忠二郎弟廃家（絶家）甲野氏再興届出大正拾年拾壱月拾壱日受附㊞	再興した新戸籍	戸主の事項欄

付録

< 14 >

資料

資料⑬
・携帯入籍に関する戸籍の記載例

届出の種別	施行年月日	記載例	記載されている戸籍	記載されている欄
分家届	明治31年7月16日	籍㊞ 明治参拾壱年拾月拾日父甲平分家シタルニ因リ入	分家の戸籍	分家戸主に随って入籍した者の事項欄
右同	大正4年1月1日	籍㊞ 大正拾五年拾月拾五日父義二郎分家ニ付キ共ニ入	右同	右同

< 13 >

資料

資料⑪ ・引取入籍に関する戸籍の記載例

届出の種別	施行年月日	記載例	記載されている戸籍	記載されている戸籍欄
入籍届（引取入籍）	大正4年1月1日	千葉県千葉郡千葉町五番地戸主乙野忠蔵曾孫入籍戸主妻梅子届出大正拾参年拾壱月拾日受附㊞	入った家の戸籍	入籍者の事項欄

資料⑫ ・分家に関する戸籍の記載例

届出の種別	施行年月日	記載例	記載されている戸籍	記載されている戸籍欄
分家届	明治31年7月16日	子丑村四番地甲野甲郎方ヨリ分家明治参拾壱年拾月拾日届出同日受附㊞	分家の戸籍	分家の戸主の事項欄
右同	大正4年1月1日	麹町区麹町四丁目六番地戸主甲野義太郎弟分家届出大正拾五年拾月拾五日受附㊞	右同	右同

付録

資料

資料⑨
・入夫婚姻に関する戸籍の記載例

届出の種別	施行年月日	記載例	記載されている欄	記載されている項欄
入夫婚姻届（入夫が戸主となる場合）	大正4年1月1日	千葉県千葉郡千葉町五番地戸主乙川忠吉二男大正拾年五月五日藤子ト入夫婚姻届出同日入籍戸主ト為ル㊞（本籍地届出）	入夫戸主の新戸籍	入夫戸主の事項欄

資料⑩
・親族入籍に関する戸籍の記載例

届出の種別	施行年月日	記載例	記載されている欄	記載されている項欄
入籍届（親族入籍）	大正4年1月1日	神奈川県橘樹郡橘村五番地戸主丙山忠吉二女戸主甲野義太郎姪入籍届出大正拾参年九月七日受附㊞	入った家の戸籍	入籍者の事項欄

資料

資料⑧

・養親の去家による養親子関係の消滅に関する戸籍の記載例

付録

改製原戸籍

			戸　主			前戸主
			養父	母	父	前戸主トノ續柄
			塩川春助	はつ	亡塩川米吉	亡塩川米吉
			養子			長男
出生 明治参拾八年拾月弐日	塩　川　浅　治					塩　川　米　吉

本籍　東京市本郷区北青木町六千番地　都文京

（出生事項省略）

大正四年八月四日前戸主米吉死亡ニ因リ家督相続親権ヲ行フ母塩川はつ届出同月弐拾日受附㊞

（後見事項省略）

母ノ夫春助ト養子縁組同人及縁組承諾者塩川はつ届出大正七年八月四日受附㊞

（婚姻事項省略）

昭和拾壱年参月六日養父家ヲ去リタルニ付キ同月拾五日養親ノ氏名及養親トノ続柄ノ記載抹消㊞

（改製事項省略）

資料

・継親を記載した戸籍の記載例

						七日乙山順吉ト婚姻届出同日入籍㊞	埼玉県入間郡吾妻村大字荒幡二千番地戸主丙野荘治三女大正拾年拾月

継	母		
	冬 子	母 あ さ	父 丙 野 荘 治 三女
		出生 明治拾参年拾弐月弐拾日	

< 9 >

資料

資料⑦

・継子を記載した戸籍の記載例

付録

大正拾壱年弐月壱日受附㊞

北多摩郡小平村野中新田四千番地戸主吉田庄一孫入籍戸主妻タツ届出

男　子　継

父	亡吉田忠治	長男
母	タツ	
出生 大正七年拾月壱日	平造	

< 8 >

資料⑥

・養子縁組に関する戸籍（明治31年式戸籍）の記載例

届出の種別	施行年月日	記載例	記載されている戸籍	記載されている欄
夫婦が夫婦を養子とする縁組届	明治31年7月16日	明治参拾壱年六月六日子丑府寅卯郡辰巳村九番地乙野乙郎弟養子縁組届出同日受附入籍㊞（養親の本籍地届出）	養親の戸籍	養子（夫）の事項欄
右同	右同	明治参拾壱年六月六日夫乙四郎ト共ニ養子縁組入籍㊞（右同）	右同	養子（妻）の事項欄

資料

資料⑤
・昭和23年式戸籍の記載例

付録

本籍　東京都渋谷区代々木上原町七番地

氏名　甲山竹雄

製㊞

昭和参拾弐年法務省令第二十七号により改製昭和参拾

四年六月拾五日同所同番地甲山太郎戸籍から本戸籍編

（出生事項省略）

父　亡甲山義助
母　亡ヨネ　三男

出生　昭和八年参月四日

竹雄

<6>

資料

資料④
・新戸籍への改製の記載例

改製原戸籍

本　籍	東京府北豊島郡大泉村千八百拾番地 東京市板橋区南大泉町 都練馬
明治参拾四年五月拾八日出生届出同日受附㊞	
大正九年六月七日前戸主喜一郎死亡ニ因リ家督相続届出同年七月壱日 受附㊞	
丙野タケト婚姻届出昭和弐年四月五日受附㊞	
昭和七年拾月壱日行政区画及ビ土地名称変更ニ付キ本籍欄ヲ東京市板 橋区南大泉町ニ更正㊞	
昭和弐拾年八月壱日行政区画変更ニ付キ本籍欄ヲ練馬区ト更正㊞	
昭和参拾弐年法務省令第二十七号により昭和参拾四年四月弐日本戸籍 改製㊞	
昭和参拾弐年法務省令第二十七号により昭和参拾六年六月拾五日あら たに戸籍を編製したため本戸籍消除㊞	

前戸主	戸　主		
乙　川　喜一郎	前戸主トノ續柄 亡乙川喜一郎　二男	父　亡乙川喜一郎　二男	
		母　亡乙川ヨシ　二男	
	乙　川　雄太郎		
	出生　明治参拾四年五月拾日		

< 5 >

資料

大正弐年参月拾日埼玉県北足立郡白子村大字白子三百番地丙野惣八妹

婚姻届出同日受附入籍㊞

昭和拾参年六月参日夫喜一郎死亡ニ因リ婚姻解消㊞

改製により新戸籍編製につき昭和参拾参年四月弐拾五日除籍㊞

本籍ニ於テ出生父甲野喜一郎届出大正五年拾月参拾日受附入籍㊞

竹野松子ト婚姻届出昭和拾九年壱月拾六日受附㊞

子の出生届昭和弐拾参年六月五日受附板橋区南大泉町八百番地に新戸

籍編製につき除籍㊞

	弟		母	
出生		父 亡甲野喜一郎	出生	父 亡丙野清五郎
大正五年拾月弐拾壱日	福治	母 亡ヒサ 二男	明治弐拾七年九月弐日	ヒサ 母 亡ユキ 三女

< 4 >

資料

資料③
・大正４年式戸籍の記載例

[改製原戸籍]

			前戸主
		前戸主トノ續柄	

本　籍
東京市板橋区南大泉町八百番地
都練馬

本籍ニ於テ出生父甲野喜一郎届出大正参年壱月拾九日受附入籍㊞

出生事項中出生ノ場所及届出人ノ資格氏名身分登記ニ依リ記載㊞

昭和拾参年六月参日前戸主喜一郎死亡ニ因リ家督相続届出同年七月壱
日受附㊞

乙野梅子ト婚姻届出昭和拾五年九月拾日受附㊞

昭和弐拾弐年法務省令第二十七号により昭和参年四月弐拾五日本
戸籍改製㊞

昭和弐拾弐年法務省令第二十七号により昭和参拾六年六月拾五日あら
たに戸籍を編製したため本戸籍消除㊞

前戸主
亡甲野喜一郎　長男

父　亡甲野喜一郎
母　ヒサ　　　長男

戸主
甲野　幸太郎

前戸主
甲野　喜一郎

出生
大正参年壱月拾五日

資料

資料②

・明治31年式戸籍の記載例

付録

本籍	前戸主
東京府北豊島郡大泉村八百番地　[除籍]	甲野寅吉

昭和拾参年六月参日午後八時本籍地ニ於テ死亡同居者甲野幸太郎届出同月五日受附㊞

昭和拾参年七月壱日甲野幸太郎ノ家督相続届出アリタルニ因リ本戸籍ヲ抹消ス㊞

昭和弐年弐月五日午前六時本籍地ニ於テ死亡戸主甲野喜一郎届出同月六日受附㊞

戸主	母
前戸主トノ続柄	家族トノ続柄
父　亡甲野寅吉　長男	父　亡甲野義助
母　亡甲野タミ　長男	母　亡甲野ツネ　長女
戸主トナリタル原因及ヒ年月日　父寅吉死亡ニ因リ明治四拾参年四月拾六日戸主ト為ル同月弐拾五日届出同日受附㊞	
出生　明治弐拾参年壱月拾四日	出生　明治弐年拾壱月六日
甲野喜一郎	タミ

< 2 >

資料①
・明治19年式戸籍の記載例

東京府北豊島郡大泉村八百番地

割印

明治拾九年四月拾日埼玉県新座郡上保谷村乙野銀次郎二男入籍ス㊞

明治弐拾弐年壱月九日相続㊞

明治四拾参年四月拾六日午前八時死亡同月拾七日届出同日受附㊞

明治弐拾年壱月九日退隠㊞

明治弐拾七年五月拾日死亡㊞

本府本郡本村高橋庄助長女入籍ス㊞

明治参拾九年六月参日午後五時死亡同月五日届出同日受附㊞

前戸主　養父　甲野　義助

戸主　甲野　寅吉
義助　養子
亡養祖父　留蔵　長男
慶応弐年七月拾参日生

養　父　養父　義助
弘化参年五月拾五日生
義助

養　母　養父　義助　妻
嘉永弐年拾弐月七日生
ツネ

妻　養父　義助　長女
明治弐年拾壱月六日生
タミ

著者略歴

末光　祐一 （すえみつ　ゆういち）

司法書士，土地家屋調査士，行政書士（以上，愛媛県会）
法制史学会会員

昭和63年　司法書士試験合格・土地家屋調査士試験合格・行政書士試験合格
昭和64年　愛媛大学工学部金属工学科中退
平成元年　司法書士登録・土地家屋調査士登録・行政書士登録
平成 3 年　愛媛県司法書士会理事
平成 7 年　愛媛県司法書士会常任理事研修部長
平成 8 年　日本司法書士会連合会司法書士中央研修所所員
平成11年　愛媛県司法書士会副会長総務部長
平成12年　社団法人（現：公益社団法人）成年後見センター・リーガルサポー
　　　　　トえひめ支部長
平成13年　日本司法書士会連合会司法書士中央研修所副所長
平成15年　日本司法書士会連合会理事
平成21年　日本司法書士会連合会執務調査室執務部会長
平成23年　国土交通省委託事業「都市と農村の連携による持続可能な国土
　　　　　管理の推進に関する調査検討委員会」委員（三菱UFJリサーチ＆
　　　　　コンサルティング株式会社）
平成24年　国土交通省委託事業「持続可能な国土管理主体確保のための検
　　　　　討会」委員（三菱UFJリサーチ＆コンサルティング株式会社）
平成24年　愛媛大学法文学部総合政策学科司法コース不動産登記非常勤講師
平成24年　松山地方法務局筆界調査委員
平成25年　司法書士総合研究所業務開発研究部会主任研究員
平成27年　日本司法書士会連合会空き家・所有者不明土地問題等対策部委員
平成28年　農林水産省委託事業「相続未登記農地実態調査　調査検討会」
　　　　　委員（公益財団法人日本生態系協会）
平成30年　日本司法書士会連合会司法書士執務調査室室委員

事例でわかる　基礎からはじめる
旧民法相続に関する法律と実務
―民法・戸籍の変遷，家督相続・遺産相続，戸主，婿・養子，
継子・嫡母庶子，入夫，相続人の特定，所有者不明土地―

2019年5月31日　初版発行

著　者　末　光　祐　一

発 行 者　和　田　　　裕

発 行 所　日 本 加 除 出 版 株 式 会 社

本　　　社　郵便番号 171-8516
　　　　　　東京都豊島区南長崎 3 丁目16番 6 号
　　　　　　T E L　(03)3953 - 5757 (代表)
　　　　　　　　　　(03)3952 - 5759 (編集)
　　　　　　F A X　(03)3953 - 5772
　　　　　　U R L　www.kajo.co.jp

営　業　部　郵便番号 171-8516
　　　　　　東京都豊島区南長崎 3 丁目16番 6 号
　　　　　　T E L　(03)3953 - 5642
　　　　　　F A X　(03)3953 - 2061

組版　㈱粂川印刷／印刷　㈱倉田印刷／製本　牧製本印刷㈱

落丁本・乱丁本は本社でお取替えいたします。
★定価はカバー等に表示してあります。
© Y. Suemitsu 2019
Printed in Japan
ISBN978-4-8178-4568-9

JCOPY　〈出版者著作権管理機構　委託出版物〉
本書を無断で複写複製（電子化を含む）することは，著作権法上の例外を除き，禁じられています。複写される場合は，そのつど事前に出版者著作権管理機構（JCOPY）の許諾を得てください。
また本書を代行業者等の第三者に依頼してスキャンやデジタル化することは，たとえ個人や家庭内での利用であっても一切認められておりません。

〈JCOPY〉　H P：https://www.jcopy.or.jp，e-mail：info@jcopy.or.jp
　　　　　　電話：03-5244-5088，FAX：03-5244-5089

Q&A 不動産の時効取得・瑕疵担保責任に関する法律と実務

占有・援用・登記・売買・契約不適合・現況有姿

末光祐一 著
2018年8月刊 A5判 712頁 本体6,700円+税 978-4-8178-4497-2 商品番号:40728 略号:不時効

事例でわかる戦前・戦後の新旧民法が交差する相続に関する法律と実務

家督相続人不選定・家附の継子の相続登記、
家督相続、遺産相続、絶家、隠居

末光祐一 著
2017年9月刊 A5判 344頁 本体3,200円+税 978-4-8178-4420-0 商品番号:40689 略号:新旧相

Q&A 隣地・隣家に関する法律と実務

相隣・建築・私道・時効・筆界・空き家

末光祐一 著
2016年7月刊 A5判 440頁 本体4,100円+税 978-4-8178-4322-7 商品番号:40636 略号:隣実

Q&A 道路・通路に関する法律と実務

登記・接道・通行権・都市計画

末光祐一 著
2015年6月刊 A5判 584頁 本体5,300円+税 978-4-8178-4233-6 商品番号:40588 略号:道通

Q&A 農地・森林に関する法律と実務

登記・届出・許可・転用

末光祐一 著
2013年5月刊 A5判 616頁 本体5,600円+税 978-4-8178-4085-1 商品番号:40509 略号:農地森林

日本加除出版　〒171-8516　東京都豊島区南長崎3丁目16番6号
TEL（03）3953-5642　FAX（03）3953-2061　（営業部）
www.kajo.co.jp